KB176024

헌법은 밥이다

헌법은
밥이다

초판인쇄 2018년 3월 26일
초판발행 2018년 3월 26일

지은이 최진열
펴낸이 채종준
기획·편집 이강임
디자인 박능원
마케팅 송대호

펴낸곳 한국학술정보(주)
주소 경기도 파주시 회동길 230(문발동)
전화 031 908 3181(대표)
팩스 031 908 3189
홈페이지 http://ebook.kstudy.com
E-mail 출판사업부 publish@kstudy.com
등록 제일산-115호(2000. 6. 19)

ISBN 978-89-268-8323-5 03360

대한민국 국민이라면
반드시 알아야 할
시민들의 헌법 교과서

최진열 지음

헌
법
밥
은
다

이담
Books

헌법 제1조는 우리나라를 민주공화국으로 규정하며 '주권은 국민에게 있고 모든 권력은 국민으로부터 나온다'고 적시한다. 그럼에도 헌법이 누구를 위해 존재하는가에 대한 의문은 여전히 진행형이다.

『헌법은 밥이다』 역시 위와 같은 의문에서 출발한다. 저자 최진열은 제정 이후 9차례에 이르는 개헌 과정에서 훼손되고 악용됐던 헌법의 고된 궤적을 통해 촛불혁명 이후 우리 사회의 지향점을 설득력 있게 가리킨다. 또한 헌법이 권력의 소유가 아니며 시민의 기본권을 담보하는 최상위의 가치임을 엄중히 강조한다. 나아가 헌법의 기본권에 대한 설명은 군더더기 없이 탁월하다. 구체적 사례들을 통해 제시되는 '팩트'는 읽는 내내 시원함을 준다. 특히 개헌 과정에서 노동자의 이익균점권이 삭제된 배경을 추론하는 등 그동안 알려지지 않았던 사실을 새롭게 발굴·고증하는 구절에선 무릎을 치지 않을 수 없었다.

31년 만의 개헌을 앞두고 있다. 시대의 요구를 오롯이 담아 헌법의 존재가치가 무엇인지 명확히 할 때다. 이 시점에 『헌법은 밥이다』는 '사이다' 같은 헌법 담론서임에 분명하다. 왜 '헌법이 밥'인지 독자 여러분과 공감하고 싶다. 일독을 권한다.

2018년 3월
이재명

헌법은 밥이다

헌법은 밥이다

　　　　　　　1987년 6월 항쟁과 개헌, 대통령 선거의 광풍이 지나간 다음 해. 온 나라가 88서울올림픽 열기로 들떴던 그해, 필자는 중학교 3학년 학생이었다. 사회 선생님은 사회교과서 뒤쪽에 부록으로 붙어 있던 헌법을 공책에 써서 제출하라는 여름방학 숙제를 내주셨다. 관심도 없는 지겨운 숙제라서 불만은 많았지만, 저녁에 라디오로 프로야구 중계나 '이문세의 별이 빛나는 밤에'를 들으며 기계적으로 헌법을 베꼈다. 그때 헌법전문의 일부가 유일하게 기억난다. '상해임시정부의 법통 계승'. 세상 물정은 몰라도 '대한민국'을 지배하는 사람들이 친일파라는 사실을 알았던 그때, 헌법에 '임시정부'라는 단어가 등장하게 된 배경이 신기했지만 그뿐이었다.

　　헌법은 내 인생과 전혀 상관이 없을 줄 알았다. 그러나 바로 그해, 헌법재판소에서 과외금지를 위헌이라고 판결했다. 전두환 정권은 개인교습과 학원수강을 금지시켰다. 과외금지 덕분에 밤 10시까지 학교에서 야간 '자율학습'을 했던 농어촌의 고등학생들도 시험을 잘 보면 대학교에 갈 수 있었다. 이들이 1980년대 민주화운동에 기여했다고 자부하는 86세대이다(이전에는 컴퓨터의 사양처럼 386, 486, 586으로 불렸지만, 그들은 86세대로 불리길 원한다). 학원 과외금지는 몇 년 후에 풀렸지만 과외금지가 위헌판결로 사문화된지라, 고입 연합고사(중학교 3학년 때 고등학교 입학을 위해 시·도 교육청마다 보던 시험)가 끝나자마자 영어와 수학 선행학습을 하러 다들 단과학원에 갔다. 필자는 돈이 없다는 부모님의 말에 학원 문턱을 밟아보지도 못했다. 고등학교에 입학한 후에도 학원가는 애들이 부러웠다. 선배와 동기들이 '감옥'이라고 부른 빨간 벽돌의 교실에서 몽둥이를 든 교사들의 감시 아래 강제로 야간 '자율' 학습을 할 수밖에 없었다.

필자는 우연히 헌법을 다시 보게 되었다. 그때 인상적인 구절은 경자유전(耕者有田), 즉 농사짓는 사람들은 반드시 토지를 소유해야 한다는 원칙과 의무교육은 무상으로 한다는 조항이다. '강남'으로 상징되는 서울 혹은 도시 사람들이 투기 목적으로 땅을 사고 일확천금을 번다. 또 그들로부터 땅을 빌려 농사짓는 농민들이 많다. 이런 현실에서 무슨 경자유전? 의무교육을 무상으로 한다는 후자의 조항은 우리에게 아직 낯설다. 빈부의 격차가 심해지면서 2010년 지방선거에서 복지가 화두가 되었다. 그 다음 해에 무상급식 문제가 불거지고 오세훈 시장이 무상급식 실시여부를 묻는 주민투표를 실시하려다가 정족

수 미달로 투표가 무산되자 서울시장직을 던졌다. 그때 언론에서는 무상급식이 옳으니 그르니 서로 두 진영으로 나뉘어 싸웠다. 무상급식을 찬성하는 쪽은 일부만 무상급식을 하게 되면 해당 학생들은 가난이 공개적으로 낙인찍히니 상처 줘서는 안 된다는 논리를 폈다. 반대편은 이건희 손자가 공짜로 밥을 먹어서 되느냐는 극단적인 논리를 들이댔다. 둘 다 감성에 호소하는 주장이었다. 의무교육은 무상으로 한다는 헌법 구절로 모든 논쟁이 해결되었을 텐데 말이다. 물론 무상으로 해야 하는 범위에 대한 법적 혹은 철학적 토론이 있어야 하지만. 기레기들과 정치인들의 수준을 알 수 있는 해프닝이었다.

2016년 10월부터 시작된 촛불집회에 참여하면서 촛불문화제에서 국민연예인 김제동은 박근혜 전 대통령이 어긴 헌법 조항들을 열거하였다. 그 많은 조항을 외운 김제동 씨의 기억력에 감탄했다. 그리고 촛불을 들며 외치던 구호이자 노랫말이기도 했던 "대한민국은 민주공화국이다. 대한민국의 권력은 국민으로부터 나온다." 집으로 돌아오는 지하철에서 '헌법 제1조만 중요할까?'라는 물음이 갑자기 뇌리에 스쳤다. 그래서 다시 한 번 현행 헌법을 찾아보았다. 제2장 국민의 권리와 의무 가운데 기본권 조항을 읽어보면서 뒤통수를 맞는 느낌이었다. 현행 헌법 제34조 2항에서 "국가는 사회보장·사회복지의 증진에 노력할 의무를 진다."라고 하였다. 같은 조 4항에서 "국가는 노인과 청소년의 복지향상을 위한 정책을 실시할 의무를 진다."고 하였다. 이 두 조항은 제대로 지켜지고 있는가? 헌법뿐만 아니라 법률도 마찬가지다. 야당 3당의 국회의원들은 2018년 지방선거에 불리하다며 아동수당과 노인기초연금은 지방선거 이후에 지급해야 한다고 주장했다. 결국 2017년 12월 4일 이들의 억지는 수용되었다. 그 결과 정부가 애초 만 5세 이하 아동 전원에게 월 10만 원을 새롭게 주려던 아동수당은 2인 가구 기준 소득수준 90% 이하 아동에게 선별 지급하기로 바뀌었다. 그것도 7월부터. 만 65세 이상(소득 하위 70% 이하)에게 기존 월 20만 원에서 월 25만 원으로 올려 지급하는 기초연금 인상 시기도 2018년 4월에서 9월로 늦췄다. 대통령 선거 때 아동수당과 노인기초연금을 주겠다고 '공약'했지만, 문재인 정부가 잘되는 게 보기 싫고 2018년 지방선거에서도 지기 싫다는 속내다. 중고생 등의 스마트폰 데이터요금을 덜어주려는 예산도 삭감되었다. 수혜 대상이 청소년과 청년이라 자신의 당에 표가 안 된다는 이유다. "학생들이 공부해야지 무슨 스마트폰?" 야당의원이 반대한 핑계다. 그들에게는 헌법이 국가의 의무로 규정한 사회보장과 사회복지, 노인과 청소년 복지 향상을 위해 일할 의지조차 없다. 국민들이야 굶어죽건 말건 자기 지역구와 자기 당만 지키겠다는 심보다. 그들은 헌법을 읽어나 보았을까? 알고도 복지 문제에 침묵하면 사기꾼이고 모르면 무능한 정치인들이다. 일부 여당 국회의원들도 마찬가지다.

촛불집회와 탄핵 덕분에 보궐선거에서 당선된 문재인 대통령은 2018년 지방의회 선거와 동시에 개헌 국민투표를 해야 한다고 주장했다. 필자는 다른 정치인들처럼 어차피 지키지도 못하는 선거 공약이나 떠드는 거겠지라고 생각했다. 그러나 당선 후 그의 진정성과 실천력을 알게 되면서 전율을 느꼈다. 문 대통령은 일부학자들이 사용하자고 주장하는 '지방정부'라는 용어를 썼을 뿐만 아니라 연방제 수준의 지방분권을 실현하겠다고 말하였다. 핵발전소 가동 중단을 위해 배심원단을 구성하여 토론하게 한 뒤 그 결과를 수용하였다. 갈등이 심하거나 국회가 외면한 이슈를 시민을 배심원으로 뽑아 토론하는 심의(숙의)민주주의를 시험한 것이다. 2월말 국민헌법자문특별위원회를 출범시키고 홈페이지를 통해 국민들의 개헌 여론을 수렴하고 새로 추가하거나 삭제하고자 하는 헌법 조항을 올릴 수 있도록 하는 것을 보면 적어도 국민의 의견을 청취하려는 진정성이 엿보인다. 그러나 개헌이 필요하지만 시간이 부족하다. 유권자들이 헌법에 보장된 자신의 권리가 무엇인지 깨닫고, 앞으로 자신들에게 필요한 권리가 무엇인지 배우고 토론하기에는 너무나 짧은 시간이다. '착한' 대통령이 '선의'로 개헌을 추진한다고 해도(그 반대도 마찬가지) 어떤 내용이 기본권에 포함될지 혹은 빠질지도 모르는 묻지마 찬반 국민투표를 해야 할지도 모른다(대통령이나 국회가 발의한 개헌안은 국회에서 재적의원의 2/3의 찬성을 거쳐 국민투표를 통과하면 확정된다). 국민투표가 국민주권의 실현처럼 생각될 수 있으나 실제로는 또 다시 거수기가 될 뿐이다.

필자는 대통령과 여당의 주장과 달리, 촉박한 시간 때문에 2018년 지방선거 때 권력구조, 즉 4년 중임의 대통령제나 의원내각제, 영장청구 주체와 수사권, 법원 등에 대한 조항부터 바꾸고 기본권과 경제 조항은 시민들의 학습과 토론을 거쳐 2~3년 후에 다시 바꾸어야 한다고 생각한다. '대통령중심제'이건 '의원내각제'이건 이원집정부제는 정치인들의 관심사이지만, 자유와 평등, 기본권(특히 사회적 기본권), 경제문제는 우리의 절실한 현실, 즉 우리의 밥이기 때문이다. 이것이 이 책에 담긴 고민이며, 중고등학교 사회(정치) 교과서나 헌법학 개론서에서 권력구조만 다룬 것을 벗어나 기본권의 변화 과정, 즉 기본권의 역사에 주목한 이유이다.

이 책은 촛불집회와 그 성과인 탄핵이 아니었으면 쓸 생각조차 못했다. 박근혜와 최순실에 대한 분노로 광화문으로 가면서도 두려움이 앞섰다. 백남기 농민이 '민중의 지팡이'라는 경찰이 쏜 물대포를 맞고 사경을 헤매다가 결국 돌아가셨다. 부끄럽지만, 그분이 변을 당하신 후 유신철폐와 민주화, 우리밀 살리기를 위해 운동하신 분이라는 사실을 알았다. 경찰들이 촛불집회에 참여한 시민들을 '민중의 지팡이'로 패지 않을까? 다행히 박원순 서울시장은 경찰들에게 수돗물을 사용하지 못하게 하여 물대포를 원천 봉쇄하였다. 그리고 촛불집회에 참석한 시민들을 위해 광화문 광장 주변의 화장실을 확보하는 등 질서유지와 촛불시민들의 편의를 위해 많은 조치를 취했다. 그가 아니었으면 촛불집회는 성공하지 못했을 것이다. 여야 국회의원들이 박근혜 대통령에게 2선 후퇴, 질서 있는 퇴진 등을 요구할 때 제일 먼저 탄핵을 주장한 김용민 시사평론가와 정치인으로 처음으로 광화문

광장에서 시민들과 함께 촛불을 든 이재명 성남시장, 심상정 정의당 대표(당시) 등 용기 있는 소수가 앞장서지 않았더라면 어떻게 되었을까? 어떤 국회의원의 말대로 촛불이 바람에 꺼졌을지도 모르는 일이다. 정유라의 불법 입학에 분노한 학생들, 최순실의 비리와 국정농단에 화가 난 시민들 등 이유는 다양하지만 광화문에 모여 "박근혜 퇴진"을 외쳤던 1,600여만 시민들도 가장 중요한 역사의 주역이다. 법학을 전공하지도 헌법 전문가도 아닌 필자가 어줍잖은 책을 쓸 때 헌법 학자들과 헌법 대중화에 힘쓴 저술가들의 논문과 책들의 도움을 받았다. 이 자리를 빌어 감사드린다. 원래 이 책을 출판하기 위해 한 출판사에 문의했으나 출판사 사정으로 무산되었다. 촉박한 시간에도 필자의 원고를 꼼꼼히 검토하고 흔쾌히 출판에 동의해준 이강임 팀장 이하 이담북스 관계자분들께도 사의를 표한다.

차
례

Part 1

쓴쓸한
개헌의 역사

구한말
헌법

구한말에 1884년의 정령(政令), 1895년의 홍범(洪範) 14조, 1898년의 헌의(獻議) 6조, 1899년의 대한국국제(大韓國國制) 등 헌법으로 볼 수 있는 법률 혹은 헌법문서가 반포되었다. 헌법학자들은 국민국가, 민주주의, 권력분립, 인권보장 등의 요소가 반영되지 않았고 헌법전의 형식이 아니라 몇 개 조항으로 구성된 헌장이라는 점에서 근대적인 입헌주의 헌법은 아니라고 본다. 그래서 '헌법'이라는 단어 대신 '헌법문서' 혹은 '원시 헌법문서'라고 한다.

이 가운데 정령, 홍범 14조, 헌의 6조는 모두 제1조에서 조선(대한제국)의 독립과 주권을 강조하고 재정과 경제, 중앙과 지방의 행정개혁, 평등하고 공정한 인재등용, 조세제도 개혁, 사법제도를 강조하였다.[1] 이 가운데 홍범 14조의 조문을 살펴보자.

---

1) 신우철, 『비교헌법사』, 법문사, 2008, 57-93쪽 이하; 신우철, 『대한민국헌법(1948)의 '민주주의 제 제도 수립'-그 역사적 연속성의 복원을 위하여-』, 『중앙법학』 11-1, 2009, 10-11쪽.

제1조. 청국에 의존하는 생각을 끊고 자주독립의 기초를 세운다.

제2조. 왕실 전범(王室典範)을 작성하여 대통(大統)의 계승과 종실(宗室) · 척신(戚臣)의 구별을 밝힌다.

제3조. 국왕(大君主)이 정전에 나아가 정사를 친히 각 대신에게 물어 처리하되, 왕후 · 비빈 · 종실 및 척신이 간여함을 용납치 아니한다.

제4조. 왕실 사무와 국정 사무를 분리하여 서로 혼동하지 않는다.

제5조. 의정부와 각 아문(衙門)의 직무 권한의 한계를 명백히 규정한다.

제6조. 부세(賦稅, 세금의 부과)는 모두 법령으로 정하고 명목을 더하여 거두지 못한다.

제7조. 조세 부과와 징수 및 경비 지출은 모두 탁지아문(度支衙門)에서 관장한다.

제8조. 왕실은 솔선하여 경비를 절약해서 각 아문과 지방관의 모범이 되게 한다.

제9조. 왕실과 각 관부(官府)에서 사용하는 경비는 1년간의 예산을 세워 재정의 기초를 확립한다.

제10조. 지방관 제도를 속히 개정하여 지방관의 직권을 한정한다.

제11조. 널리 자질이 있는 젊은이를 외국에 파견하여 학술과 기예(技藝)를 익히도록 한다.

제12조. 장교(將校)를 교육하고 징병제도를 정하여 군제(軍制)의 기초를 확립한다.

제13조. 민법 및 형법을 엄정히 정하여 함부로 가두거나 벌하지 말며, 백성의 생명과 재산을 보호한다.

제14조. 사람을 쓰는 데 문벌(門閥)을 가리지 않고 널리 인재를 등용한다.

제1조는 독립, 제2조는 왕실과 외척의 구분, 제3조는 대신과의 협치(왕후·후궁·외척의 간섭 배제), 제4조는 왕실사무와 국가사무의 분리, 제5조는 정부 부처 직무의 분담, 제6조는 조세 법률주의, 제7조는 재정담당 기관, 제8조는 왕실의 경비절감, 제9조는 예산안의 수립, 제10조는 지방관 제도, 제11조는 유학생 파견, 제12조는 군대제도 개혁, 제13조는 민법과 형법 제정, 제14조는 공평한 인재의 등용을 다루었다. 14개 조항을 보면 백성(국민)의 대표를 뽑는 국회 등 민주적인 제도나 백성(국민)의 기본권은 거의 언급되지 않았다. 제13조에서 백성의 생명과 재산을 보호한다고 기록하였지만, 생명권과 재산권 등을 규정한 것은 아니었다.

대한제국이 건국된 다음 해인 1899년(광무 2년) 8월 14일에 대한국국제가 반포되었다.

제1조. 대한국은 세계 만국에 공인되온 바 자주 독립하온 제국이니라.

제2조. 대한제국의 정치는 이전부터 오백년간 전래하시고 이후부터는 항만세(恒萬歲) 불변하오실 전제 정치이니라.

제3조. 대한국 대황제께옵서는 무한하온 군권을 향유하옵시느니 공법(公法)에 이르는 바 자립 정체이니라.

제4조. 대한국 신민이 대황제의 향유하옵시는 군권을 침손할 행위가 있으면 그 행위의 사전과 사후를 막론하고 신민의 도리를 잃어버린 자로 인정할지니라.

제5조. 대한국 대황제께옵서는 국내 육해군을 통솔하옵셔서 편제(編制)를 정하

옵시고 계엄 · 해엄을 명령하옵시니라.

제6조. 대한국 대황제께옵서는 법률을 제정하옵셔서 그 반포와 집행을 명령하옵시고 만국의 공공(公共)한 법률을 효방(效做)하사 국내 법률로 개정하옵시고 대사 · 특사 · 감형 · 복권을 명하옵시느니 공법에 이른바 자정율례(自定律例)이니라.

제7조. 대한국 대황제께옵서는 행정 각 부부(府部)의 관제와 문무관의 봉급을 제정 혹은 개정하옵시고 행정상 필요한 칙령을 발하옵시느니 공법에 이른바 자행치리(自行治理)이니라.

제8조. 대한국 대황제께옵서는 문무관의 출척(黜陟) · 임면을 행하옵시고 작위 · 훈장 및 기타 영전(榮典)을 수여 혹은 체탈(遞奪)하옵시느니 공법에 이른바 자선신공(自選臣工)이니라.

제9조. 대한국 대황제께옵서는 각 국가에 사신을 파송 주찰(駐紮)케 하옵시고 선전 · 강화 및 제반약조를 체결하옵시느니 공법에 이른바 자견사신(自遣使臣)이니라.

대한국국제는 9개 조항으로 구성되었다. 제1조에서는 대한제국이 자주독립국임을 밝혔다. 제2~4조에서는 대한제국 황제가 전제적이고 무한한 권력(군권)을 지녔음을 명시하였다. 제5~9조까지 대한제국의 황제는 입법 · 사법 · 행정 · 선전(宣戰) · 강화 · 계엄 · 해엄에 관한 권한을 가진다고 규정하였다. 9개의 조항을 보면 일본, 청나라와 달리 의회를 설치한다는 규정이 없고 입헌군주제가 아닌 전제군주정을 지향함을 알 수 있다. 그리고 국민의 기본권은 전혀 언급되지 않았다. 대한국국제를 우리나라 최초의 근대적인 헌법이라고 보기도 한다. 그러나 대한국국제도 홍범 14조처럼 민주주의와 국민의 기본권을 전혀 담지 않았고, 의회를 설립하지 않았으며 부국강병과 전제군주의 무한한 권력만 강조했다는 점에서 근대적인 헌법이라고 보기 어렵다.

임시정부의
헌법

　　　　　　1910년 국권 침탈 이후 1919년 3·1 운동에 영향을 받아 3월 17일 러시아 연해주의 대한국민의회, 4월 11일 상해임시정부, 4월 23일 한성정부 등의 임시정부가 수립되었다. 대한국민의회는 대통령제를 명시한 결의안, 상해임시정부는 대한민국임시헌장, 한성정부는 집정관총재제를 핵심으로 한 약법(約法)이라는 헌법을 각각 제정하였다. 상해임시정부가 다시 1919년 9월 11일 대한국민의회와 한성정부를 통합하였고 새 헌법을 제정하였다. 조소앙이 쓴 이 헌법은 대한민국임시헌장이라고 불리며 8장 58개조로 구성되었다. 제1장은 총령(7개 조항), 제2장은 인민의 권리와 의무(3개 조항), 제3장은 임시대통령(7개 조항), 제4장은 임시의정원(17개 조항), 제5장은 국무원(7개 조항), 제6장은 법원(6개 조항), 제7장은 재정(7개 조항), 제8장은 보칙(4개 조항)이었다. 이 헌법에서는 '국민' 대신 '인민'이라는 단어를 사용하였다. 사실 '국민'은 북한 공산당정권이 '인민'이라는 단어를 사용하기에 불온하다고 하여 1948년 헌법 때 대신 사용한 용어였다. 벗을 뜻하는 '동무'와 '노동자' 역시 북한이 사용한다는 이유로 '친구'와 '근로자'로 바뀐 것과 같다. 제8조와 제9조에는 대한민국 인민의 자유와 권리를 규정하였다.

제8조 대한민국의 인민은 법률범위 내에서 좌열 각항의 자유를 향유함.

1. 신교의 자유

2. 재산의 보유와 영농의 자유

3. 언론 · 저작 · 출판 · 집회 · 결사의 자유

4. 서신비밀의 자유

5. 거주이전의 자유

제9조 대한민국의 인민은 법률에 의하여 좌열 각항의 권리를 향유함.

1. 법률에 의치 아니하면 체포 · 사찰 · 신문 · 처벌을 수치 아니하는 권

2. 법률에 의치 아니하면 가택의 침입 또는 수색을 수치 아니하는 권

3. 선거권 및 피선거권

4. 입법부에 청원하는 권

5. 법원에 소송하여 그 재판을 수하는 권

6. 행정관서에 소원하는 권

7. 문무관에 임명되는 권 또는 공무에 취하는 권

현행 헌법은 기본권과 관련된 조항을 문장으로 표현한데 비해 명사형으로 간단하게 쓴 것이 낯설기는 하다. 위의 두 조항을 보면 간단하기는 하지만 제8조에서는 종교의 자유, 재산권 보장과 경제 활동(영농)의 자유, 언론 · 저작 · 출판 · 집회 · 결사의 자유, 통신의 자유, 거주이전의 자유가 규정되었다. 우리가 흔히 말하는 언론 · 출판 · 집회 · 결사라고 불리는 자유 조항에 '저작'이 추가된 것이 이채롭다. 제9조에는 신체의 자유, 선거권과 피선거권, 청원권, 재판권, 공무담임권을 규정하였다. 제10조에서는 납세의 의무, 병역의 의무, 교육의 의무를 명시하였다. 사회권은 없지만 기본권은 갖출 만큼 갖췄다.

제3장은 임시대통령에 대한 조항들로 구성되었는데, 제1차 개헌으로 대한민국임시정부가 대통령제를 채택했음을 알 수 있다. 4월 11일 수립된 상해임시정부에서는 정부수반의 명칭을 '총리'로 정하고 이승만을 추대하였으나 이때 '대통령'으로 바뀌었다. 정부수반이 된 이승만의 의중이 반영된 칭호였다. 제12조에서는 임시의정원에서 임시대통령을 선출하는 규정을 밝혔다. 즉 임시대통령 선출은 직접선거가 아닌 간접선거였으며, 총투표수의 2/3 이상의 표를 얻어야 당선되었다.

제4장은 임시의정원에 대한 조항이다. 제21조에 따르면, 의정원은 법률안 제안권과 의결권, 세금 · 화폐제도 · 도량형의 표준과 공채 · 국고부담 등 의결권, 임시대통령 선거권을 비롯하여 외교관 임명과 전쟁 · 강화 · 조약체결 동의권, 대통령과 국무위원 파면권, 비리 관리

와 위법한 사건의 조사권 등의 권한을 가졌다. 또 대통령의 직권을 규정한 제15조 3항에서 관제·관규의 제정은 임시의정원 결의를 규정하였고, 전쟁·강화·조약체결과 대사면은 임시의정원의 동의를 거쳐야 했다. 요컨대 대통령중심제가 아니라 의정원 중심의 정치체제였다. 임시의정원 의원의 자격은 만33세 이상이며, 중등교육 이상의 학력을 지닌 대한민국 인민이어야 했다(제19조). 1948년 이후의 헌법에서 찾아볼 수 없는 학력 제한 규정이다. 제20조에서는 지역별 의원 선출 방식을 기록하였다. 경기·충청·경상·전라·함경·평안 6도와 중국과 러시아에 사는 교민 가운데 각각 6인의 대표를, 강원도와 황해도, 미국 거주 교민들 가운데 각각 3인을 대표로 선출하였다. 당시 한반도가 일제의 강점 하에 있었기 때문에 8도에서 대표를 선출하는 것이 현실적으로 불가능하였다. 그러나 통합 이전의 상해임시정부가 4월 22일 국내의 8도 대표와 러시아, 중국, 미주 등 3개 지방대표가 각각 지방선거회를 통해 의정원 의원을 선출했던 것으로 보면, 제1차 개헌 이후 8도의 임시의정원 의원 선출을 규정한 제20조는 유명무실한 조항이 아니라 실제로 지켜졌던 조항이었음을 알 수 있다.

이처럼 1919년의 대한민국임시헌법은 나름대로 헌법의 구색을 갖췄으며, 1944년의 대한민국임시헌장(제5차 개헌)과 함께 근대 입헌주의적 헌법의 면모도 발견할 수 있다고 한다.

3개의 임시정부를 통합하여 출범한 대한민국임시정부는 기대와는 달리 제 기능을 발휘하지 못하였다. 이념 간의 차이(이승만의 미국식

헌법은 밥이다

자유민주주의 대 이동령의 사회주의), 파벌(이르쿠츠크파, 상하이파, 엠엘파(ML) 등 사회주의자의 분열)이 원인으로 제기되지만, 가장 중요한 이유는 대통령 이승만의 독선 때문이었다. 이승만은 하와이와 미국에서 해외 독립자금 마련에 편하다며 대통령의 직함을 요구하자 의정원은 이에 동의하였다. 그러나 이승만이 하와이에서 거둔 독립운동 자금을 상하이로 제대로 보내지 않았다. 임시정부 출범 초기에는 교통국과 연통제 조직을 통해 한반도에서 인구세와 각종 의연금이 상해로 송금되었다. 그러나 일제의 탄압으로 이러한 자금이 격감하자 하와이 교포들이 내는 독립운동 자금의 비중이 높아졌다. 이런 상황에서 이승만은 임시정부의 중요한 돈줄을 가로챈 것이다. 그는 대한민국임시정부의 대통령 직함을 사용하면서도 상해에서 활동하지 않고 구미위원부를 별도로 설치하였다. 이 구미위원부가 독립운동 자금을 관리하였고 이승만은 외교활동비 명목으로 사용하였다. 임시정부에 참여한 다른 독립운동가들은 무장투쟁이 아닌 외교활동에 치중하고 국제연맹의 위임 통치를 주장하는 이승만의 독립운동을 강하게 비판하였다. 여기에 이승만 개인의 독선적인 성격에 대한 반감까지 더해져 이승만에 반대하는 독립운동가들이 늘어났다. 게다가 대통령 이승만은 재임 6년 동안(1919~1925) 대부분 하와이에 머물렀고, 상해의 임시정부에서 집무한 것은 6개월(1920년 12월~1921년 6월)에 불과했다. 대통령 역할도 제대로 하지도 않고 상해임시정부, 특히 국무원이 자신을 뒷방 늙은이 취급했다고 비난하였다.

이미 1921년부터 쇄신을 위해 국민대표회의가 소집되었으나 결렬되었고, 개헌안도 실현되지 못하였다. 이승만은 각종 수습책을 반대하고 1924년 임시정부와 정면으로 맞서며 임시의정원을 공격하였다. 이에 임시의정원은 1925년 3월 13일 대통령탄핵안을 상정하였다. 대통령의 국가 대표 및 정무 총람(헌법 제11조), 취임 선서(제14조), 법률 및 명령의 국무위원 부서(제39조), 법률 공포 등의 위반, 임시의정원의 노골적인 부인이 탄핵 원인이었다. 3월 23일 심판위원회에서 대통령의 면직안이 통과되었다. 이승만의 뒤를 이어 대통령이 된 박은식은 대통령제를 국무령제로 고친 후 사임하였다.

이때의 제1차 개헌을 비롯하여 1925년 4월 7일 제2차 개헌(대한민국임시헌법), 1927년 4월 11일 제3차 개헌(대한민국임시약헌), 1940년 10월 9일 제4차 개헌(대한민국임시약헌), 1944년 4월 22일 제5차 개헌(대한민국임시헌장) 등 대한민국임시정부 헌법은 모두 다섯 차례 개정되었다.

제3호 헌법은 대한민국임시헌법이라 불리며 대한민국(제1장), 임시정부(제2장), 임시의정원(제3장), 광복운동자(제4장), 회계(제5장), 보칙(제6장) 등 6개 장과 35개 조항으로 작성되었다. 정치체제로 국무령제, 즉 국무령이 지도하는 내각책임지도제를 채택하였다. 국무령과 국무원으로 구성된 국무회의가 행정과 사법을 총괄하며 국무령은 임시의정원에 대해 책임을 졌다. 임시의정원은 국무령과 국무원을 선출하였다. 이 시기는 임시정부 27년 가운데 존재감을 찾아볼 수 없는 암흑기 혹은 침체기(1925~1931)에 해당한다.

　제4호 헌법은 대한민국임시약헌이라고 불리며, 전문 없이 총강(제1장), 임시의정원(제2장), 임시정부(제3장), 회계(제4장), 보칙(제5장) 등 5개 장과 50개 조항으로 작성되었다. 국무령 지도체제가 다수의 의견이 반영되기 어렵고 비현실적이라는 이유로 국무위원제를 채택하였다. 대통령·국무령·국무총리를 없애고 국무위원이 국무회의를 운영하는 집단지도체제였다. 국무위원은 국무를 총괄하고 임시의정원에 대해 책임을 지며 임기는 3년에 재선이 가능했다. 국무위원은 2개월 동안 일을 하지 않으면 자동 해임되었다. 이때는 일본이 중국을 침략한 중일전쟁 시기와 겹치며, 임시정부는 일본군의 위험을 피해 항주(1932), 진강(1935), 장사(1937), 광주(1938), 유주(柳州, 1938), 기강(綦江, 1939), 중경(1940)으로 옮겨다녀야 했다.

　제5호 헌법은 대한민국임시약헌이라 불리며, 전문 없이 총강(제1장), 임시의정원(제2장), 임시정부(제3장), 회계(제4장), 보칙(제5장) 등 5개 장과 42개 조항으로 작성되었다. 주석제(主席制)가 특징이다. 임시의정원에서 국무위원회의 주석을 선출하고, 주석이 국군을 지휘하고 대내외로 임시정부를 대표하였다(제27조). '민주공화국'과 2개월 궐석으로 국무위원이 자동 해임되는 조항(제34조)이 삭제되었고, 국권이 주권으로, 국무회의가 국무위원회로 바뀌었다.

　제6호 헌법은 대한민국임시헌장이라고 하며, 총강(제1장), 인민의 권리의무(제2장), 임시의정원(제3장), 임시정부(제4장), 심판원(제5

장), 회계(제6장), 보칙(제7장) 등 7개 장과 62개 조항으로 작성되었다. 주석의 권한을 강화하였고 부주석제를 신설하였다. 제2차 세계대전이 한창인 상황에서 장개석의 국민정부는 임시정부를 승인하였으며, 중국정부의 용인 하에 1942년 7월부터 광복군의 활동이 활발해졌다. 1943년 카이로 회담에서 한국의 독립안이 가결되었다. 이처럼 독립의 가능성이 밝아지면서 독립 이후의 청사진을 제시할 개헌이 필요하게 되었다. 제5차 개헌을 통해 제정된 제6호 헌법은 그 결과물이었다.

제6호 헌법(대한민국임시헌장)은 조선민족혁명당(좌파)의 헌법 초안인 「임시약헌개정초안」(1943. 5. 22)과 한국독립당의 의도가 반영된 「임시헌장개정안」(1943. 6. 28), 「임시헌장재수정안」(1943. 12. 13)을 거쳐 가결되어 공포되었다고 한다. 이 헌법의 특징은 3·1독립정신, 삼균주의(三均主義), 국민주권, 자유권보장, 삼권분립주의, 의회제도, 법치주의, 성문헌법 등이다. 특히 임시정부의 각 단계의 헌법에서 전문이 있는 것의 경우, 현행 헌법의 전문에 이르기까지 '3·1독립정신'을 삽입하여 우리 민족의 건국정신임을 천명하였다. 또 대한민국임시헌장은 1948년 헌법과 체제 면에서 비슷하다고 한다.

〈표 1〉 대한민국임시헌장과 1948년 헌법의 비교 [2]

명칭	대한민국임시헌장(1944. 4. 22)	1948년 헌법(1948. 7. 12)
전문	3·1 대혁명정신	3·1 운동

총강	제1장(제1-4조) 민주공화국(제1조) 인민주권(제4조)	제1장(제1-7조) 민주공화국(제1조) 국민주권(제4조)
국민 (인민)의 권리와 의무	제2장(제5-8조) 언론 · 출판 · 집회 · 결사, 파업, 신앙, 거주, 여행, 통신비밀의 자유(제5조 1항과 2항), 취학, 취직, 부양 요구권(제5조 3항), 선거권, 피선거권(제5조 4항), 신체의 자유(제5조 6항과 7항), 재산권의 보장(제5조 8항), 준법, 병역, 공역, 납세의 의무(제6조), 질서유지, 공공복리 등으로 인한 기본권의 제한(제7조), 광복운동자 규정(제8조)	제2장(제8~30조) 평등권(제8조), 신체의 자유(제9조), 거주이전 · 주거의 자유(제10조), 통신비밀의 자유(제11조), 신앙양심의 자유(제12조), 언론 · 출판 · 집회 · 결사의 자유(제13조), 학문과 예술의 자유(제14조), 재산권의 보장(제15조), 교육을 받을 권리와 의무교육(제16조), 근로의 권리 · 의무, 노동조건의 기준, 여자와 소년의 노동 보호(제17조), 근로자의 단결권, 이익균점권(제18조), 생활무능력자에 대한 국가의 보호(제19조), 선거권(제25조), 피선거권(제26조), 청원권(제21조), 재판을 받을 권리(제22조), 질서유지 · 공공복리 등으로 인한 기본권의 제한(제28조), 납세의 의무(제29조), 국방의 의무(제30조)
입법부	제3장 임시의정원(제9-28조)	제3장 국회(제31-50조)
행정부	제4장 임시정부(제29-44조)	제4장 정부(제51-75조)
사법부	제5장 심판원(제45-56조)	제5장 법원(제76-83조)
경제		제6장 경제(제84-89조)

2) 서희경, 「대한민국 건국헌법의 역사적 기원(1898~1919): 만민공동회 · 3.1운동 · 대한민국임시정부헌법의 '민주공화' 정체 인식을 중심으로-」, 『한국정치학회보』 40-5, 2006, 157쪽, 〈대한민국임시헌장(1944. 4)과 건국헌법(1948. 7) 비교 도표.

회계 · 재정	제6장 회계(제57-60조) 조세법률주의(제57조) 의회재정주의(제58조)	제6장 회계(제57-60조) 조세법률주의(제57조) 의회재정주의(제58조)
지방자치		제8장 지방자치(제96-97조)
헌법개정	제7장 보칙(제61-62조) 헌법개정(제61조)	제9장 헌법개정(제98조)
부칙	제7장 보칙(제61-62조) 헌법개정(제61조)	제10장 부칙(제99-103조)

위의 〈표 1〉을 비교하면 대한민국임시헌장에는 1948년 헌법에 있는 경제, 지방자치의 장이 없지만 전문, 총강, 국민(인민)의 권리와 의무, 입법부, 행정부, 사법부, 경제, 재정(회계), 헌법개정 및 부칙의 명칭과 체계가 거의 같다. 국민의 권리와 의무도 상당히 유사하다. 따라서 대한민국임시헌장이 1948년 헌법에 영향을 주었고, 시원적 헌법의 성격을 지녔다고 한다.

조소앙이 기초한 것으로 알려진 대한민국건국강령은 1941년 11월에 반포되었다. 건국강령은 제1장 총강(總綱) 7개조, 제2장 복국(復國) 8개조, 제3장 건국 7개조 등 합계 22개조로 구성되었다. 이 가운데 제3장 건국에 해당하는 조항을 살펴보자.

1. 적의 일체 통치기구를 국내에서 완전히 박멸하고 국도를 정하고 중앙정부와

중앙의회의 정식 활동으로 주권을 행사하여 선거와 입법과 임관과 군사, 외

교, 경제 등에 관한 국가정령이 자유로 행사되어 삼균제도의 강령과 정책을

국내에 추행하되 시작하는 과정을 건국의 제1기라 함.

2. 삼균제도를 골자로 한 헌법을 시행하여 정치, 경제, 교육의 민주적 시설로 실제상 균형을 도모하며 전국의 토지와 대생산기관의 국유화가 완성되고 전국 학령아동의 전수가 고등교육의 면비수학이 완성되고 보통선거 제도가 구속 없이 완전히 실시되어 전국 각 동, 리, 촌과 면, 읍과 도, 군, 부와 도의 자치조직과 행정조직과 민중단체와 조직이 완비되어 삼균제가 배합, 실시 되고 경향 각층의 극빈계급에 물질과 정신상 생활정도와 문화수준을 높이 어 보장되는 과정을 건국의 제2기라 함.

3. 건국기의 헌법상 국민의 기본권리와 의무는 다음 원칙에 의거하고 법률로 따로 정하여 시행함….

4. 건국시기의 헌법상 중앙과 지방의 정치기구는 다음 원칙에 의거 함….

5. 건국시기의 헌법상 경제체계는 국민 각개의 균등생활을 확보함과 민족 전 체의 발전 및 국가를 건립, 보위함과 민족 전체의 발전 및 연환관계를 가지 게 하되 다음에 열거한 기본원칙에 의거하여 경제정책을 추진, 실행함.

(1) 대산업기관의 공구와 시설을 국유로 하고, 토지, 광산, 어업, 수리, 임업 소 택과 수상, 공중의 운수사업과 은행, 전신, 교통 등과 대규모의 농, 공, 상, 기업과 성시, 공업구역의 공용적 주요산업은 국유로 하고, 소규모 혹 중소 기업은 사영으로 함.

(2) 적의 침략, 침점 혹은 시설한 관공, 사유 토지와 어업, 광산, 농림, 은행, 회 사, 공장, 철도, 학교, 교회, 사찰, 병원, 공원 등의 산업과 기타 토지 및 경

제, 정치, 군사, 문화, 교육, 종교, 위생에 관한 일체 사유자본과 부적자의

일체 소유자본과 부동산을 몰수하여 국유로 함.

(3) 몰수한 재산은 빈공, 빈농 및 일체 무산자의 이익을 위하여 국영 혹은 공영

의 집단 생산기관에 충당함을 원칙으로 함.

(4) 토지의 상속, 매매, 저압, 전양, 유증, 전조차의 금지와 고리대금업과 사인

의 고용농업의 금지를 원칙으로 하고 농장생산 소비와 무역의 기구를 조

직 확대하여 농공대중의 물질과 정신상 생활정도와 문화수준을 높임.

(5) 국제무역, 전기, 수도, 대규모의 인쇄소, 출판, 영화극장 등을 국유, 국영으로 함.

(6) 노공, 유공, 여인의 야간노동과 연령, 지대, 시간의 불합리한 노동을 금지함.

(7) 농공인의 면비의료를 보급, 실시하여 질병소멸과 건강을 보장함.

(8) 토지는 자력 자경인에게 나누어줌을 원칙으로 하되, 원래의 고용농, 자작

농, 소지주농, 중지주농 등 농민지위를 보아 저급으로부터 우선권을 줌.

대한민국건국강령은 이름에서 알 수 있듯이, 독립 이후 실천할 규

정을 담고 있다. 특히 5절의 경제체계에서 8개 항의 내용을 규정하였

다. 제1항과 제2항, 제5항에서 적산과 대기업, 무역·전기·수도·교

통·전신·은행 등 공공성이 있는 기업은 국유로 할 것을 규정하였

다. 제4항과 제8항에서 소작제도(고용농업)를 금지하고 토지 분배를

약속하였다. 제6항에서는 노인과 연소자, 여성의 노동조건 개선, 제7

항에서는 노동자와 농민에게 무상의료를 제공한다고 하였다. 이 규정

들은 1948년 헌법에서도 발견된다.

제1 · 2 · 5항의 각종 산업국유화 규정은 지하자원 · 수산자원 · 수력 등 자연력의 국유화(제85조), 운수 · 통신 · 금융 · 보험 · 전기 · 수리 · 수도 · 가스 및 공공기업의 국유 · 공유화 조항, 대외무역의 통제(제87조)와 유사하다. 제4항과 제8항의 소작제도 금지와 토지 분배는 1948년 헌법의 제86조에 보인다. 제6항의 노인 · 연소자 · 여성의 노동조건 개선은 근로조건 및 여성과 소년의 근로보호를 규정한 제17조와 유사하다. 제7항 무상의료는 1948년 헌법에 비슷한 조항이 없지만, 제20조 가족의 건강을 국가가 특별히 보호한다는 조항이 참조가 된다. 대한민국건국강령은 주요 산업의 국유화와 집단생산을 강조하는 등 사회주의적인 요소를 담고 있다. 이 때문에 1948년 우익 중심의 대한민국 정부수립 때 배제되었을 것 같지만, 실제로는 반대였다. 이처럼 조소앙의 대한민국건국강령은 1944년 대한민국임시헌장의 기초가 되었고, 1948년 7월 제정된 대한민국헌법에도 반영되었다고 높이 평가된다.

해방기
헌법

우리는 미군정과 제헌국회를 거쳐 1948년 헌법(소위 '제헌헌법')이 만들어진 사실만 알고 있다. 해방 후 미군정이 들어서기 전에 여운

형이 중심이 되어 만든 건국준비위원회가 활약한 것처럼 많은 단체에서 헌법 혹은 헌법안을 내놓았다. 1946년 1월 민족주의민족전선의 「임시약법」과 1946년 3월 남조선대한국민대표민주의원의 「임시헌법」, 1947년 8월 6일 남조선과도입법의원의 「조선임시약헌」, 1946년 3월 1일 신익희 등 행정연구위원회가 만든 「한국헌법」, 1946년 우들(Emery J. Woodall)의 「조선헌법」 등이 있었다. 이러한 헌법들은 서로 영향을 주면서 1948년 헌법(제헌헌법)의 기본이 된 유진오 초안이나 권승렬 초안(법전기초위원회안)에도 영향을 주었다.

1948년
헌법

　　　　　1945년 해방을 맞이했지만, 또한 민족분단의 비극을 맞이하였다. 북위 38도선을 기준으로 남쪽은 미군이, 북쪽은 소련군이 주둔하였다. 이 분단선은 미국의 전쟁성 작전국 전략정책단 정책과장인 찰스 본스틸(Charles H. Bonesteel Ⅲ, 1909~1977) 대령과 딘 러스크(David Dean Rusk, 1917~1963) 대령이 30분 만에 지도를 보고 북위 38도선을 분할선으로 결정하였고 미국 대통령의 재가를 얻어 확정되었다. 미국은 8월 14일에 38도선 획정안을 소련 측에 전달했고 소련은 미국의 제안에 동의했다. 후일담이지만, 두 나라 모두 놀랐다고 한다. 미국은 소련이 이 분할안을 순순히 허락해서 놀

랐다. 반면 소련은 자신들이 예상한 것보다 위도가 훨씬 남쪽으로 내려간 데 대해 놀랐다고 한다.[3]

38선만큼이나 분단을 촉진한 것은 모스크바 3상회의라고 한다. 전후문제를 처리하기 위해 미국, 영국, 소련 등 3국의 외무장관들이 모스크바에서 모여 논의하였다. 12월 28일 미·영·소 세 나라 수도에서 발표된 모스크바 결정서에는 먼저 임시정부를 수립하게 되어 있었고 신탁통치는 결정하지 않았다. 신탁통치는 미·소 공동위원회가 임시정부와 협의하여 실시하게 되어 있었기 때문에 임시정부가 신탁통치를 강력히 반대한다면 신탁통치를 받지 않을 수도 있었다. 그러나 당시 최대 일간지 『동아일보』 12월 27일자 머리기사에서는 "번스 미 국무장관은 출발 당시에 소련의 신탁통치안에 반대하여 즉시 독립을 주장하도록 훈령을 받았다고 하는데 삼국 간에 어떠한 협정이 있었는지 없었는지는 불명하나 미국의 태도는 '카이로 선언'에 의하여 조선은 국민투표로써 그 정부의 형태를 결정할 것을 약속한 점에 있는데 소련은 남북 양 지역을 일괄한 일국신탁통치를 주장하여 38선에 의한 분할이 계속되는 한 국민투표는 불가능하다고 하고 있다. 워싱턴 25일발 합동 지급보(至急報)."라고 보도하였다. 이 기사는 3상회의 결정서가 발표되기 하루 전, 주한 미군사령부가 결정서를 입수하기 이틀 전에 나온 이른바 관측보도였다. 이 기사는 3상회의 당

---

3) 강준만, 『미국사 산책』 7, 인물과사상사, 2010, 105쪽.

시 미·소 양측 입장과 주장을 정반대로 보도했을 뿐만 아니라 결정서 내용과 전혀 다른 왜곡보도였다.[4] 백범 김구조차도 『동아일보』의 오보를 사실로 믿고 흥분하여 신탁통치 반대운동을 벌였다. 이 오보 덕분에 남북이 통일된 임시정부를 거쳐 독립될 수 있는 기회를 놓치고 신탁통치를 반대하는 우익과 찬성하는 좌익으로 갈리게 되었고, 결국 분단으로 이어지게 되었다.

우여곡절 끝에 38선 이남에 단독 정부가 세워지게 되었다. 1948년 5월 10일 대한민국 국회의원 선거가 UN임시한국위원단의 감시 하에 실시되어 북한지역에 배당된 100명을 제외한 198명이 임기 2년의 제헌국회의원으로 뽑혔고 헌법을 만들게 되었다. 이미 5·10총선 이전 과도정부 사법부에서 조선법전 편찬위원회를 만들었고, 헌법기초분과위원회에서 유진오에게 초안을 맡겼다. 공교롭게도 5·10총선 이후 이승만의 대한독립촉성국민회와 김성수의 한국민주당이 모두 유진오에게 헌법초안을 의뢰하였다. 유진오가 작성한 헌법초안에는 의원내각제와 양원제를 권력구조의 기본으로 정했다. 제헌국회는 5월 30일 소집되어 국회헌법기초위원회를 구성하여 유진오 안을 토대로 조금 바꾼 권승열의 안을 참고안으로 채택한 후 6월 3일부터 22일까지 헌법초안을 3회나 검토한 후 6월 23일 헌법안을 본회의에 상정하였다. 국회에서도 3회에 걸쳐 독회하여 검토한 후 7월 12일 표결을

---

4) 강준만, 『미국사 산책』 7, 170~173쪽.

헌법은 밥이다

통해 통과시켰다. 제헌국회가 소집된 후 통과까지 겨우 44일 걸렸다. 참고로 일본이 맥아더 사령부가 만들어준 헌법 기초안을 통과시키는데 3개월이 걸렸고, 인도 헌법은 만드는데 2년 반이나 걸렸다. "번개불에 콩 구워먹는다."라는 속담이 딱 어울렸다. 초스피드로 진행되는북새통 속에서 당시 국회의장 이승만은 의원내각제를 혼자서 반대하고 우겨서 억지로 대통령제를 관철시켰다. 결국 유진오 초안의 의원내각제는 대통령제로, 양원제 국회는 단원제 국회로 바뀌었다. 한 사람의 권력욕 때문에 정치체제가 하루 아침에 바뀐 것이다.

겨우 44일 걸려 만든 헌법이었지만 헌법학자 유진오 박사가 만든 1948년 헌법은 제정 당시에도 세계에서 가장 민주주의적인 헌법이었다고 한다. 이 헌법은 10개 장과 103개 조항으로 구성되었다. 제1장 총강은 7개, 제2장 국민의 권리의무는 23개, 제3장 국회는 20개, 제4장 정부는 제1절 대통령(17개), 제2절 국무원(5개), 제3절 행정각 부(3개), 제5장 법원은 8개, 제6장 경제는 6개, 제7장 재정은 6개, 제8장 지방자치는 2개, 제9장 헌법개정은 1개, 제10장 부칙은 5개 조항으로 이루어졌다.

형식이나 내용에서 일본의 헌법이나 독일의 바이마르 헌법을 본떴다고 하기도 하지만, 유진오가 스스로 밝힌 것처럼 대한민국건국강령과 대한민국임시헌장을 참고했다.[5] 실제로 1948년 헌법과 대한민

---

5) 유진오, 『신고 헌법해의』, 일조각, 1953, 26쪽; 유진오 『헌법기초회고록』, 일조각, 1980, 22쪽;

국임시헌장은 기본체계와 전문의 내용도 거의 일치한다. 또 조소앙의 건국강령에 규정된 사회적 기본권은 1948년 헌법의 사회적 기본권에 계승되었다고 한다.[6]

정치체제는 대통령과 국무원, 단원제 국회, 법원으로 구성된 3권 분립 제도였다. 대통령과 부통령은 국회에서 뽑는 간선제이며 임기는 4년이고 2번만 중임할 수 있었다. 대통령은 법률안 거부권과 법률안 제안권, 계엄선포권, 긴급명령권을 지녔다. 부통령은 국무원에도 속하지 않고 특별한 권한이 없었으며 대통령 유고 시 승계 1순위였던 명예직에 불과했다. 국무원은 대통령(의장), 국무총리(부의장), 국무위원으로 구성되며 중요한 정책을 의결하였다. 각 부 장관은 국무위원 가운데 임명되었다. 국회는 대통령과 부통령을 뽑고 법안을 제안하고 통과시켰으며, 국정감사권을 지녀 행정부를 감시하였다. 법원의 우두머리인 대법원장은 국회의 승인을 거쳐 대통령이 임명하였다. 기본권의 대부분은 법률로 제한하였다(기본권의 법률 유보).

1948년 헌법의 진보적인 조항은 노동과 경제 분야에서 살펴볼 수 있다. 먼저 제18조를 살펴보자.

김영수, 『대한민국임시정부헌법론-헌법제정의 배경 및 개헌과정을 중심으로-』, 삼영사, 1980, 203쪽; 신우철, 「건국강령(1941. 10. 28) 연구-'조소앙 헌법사상'의 헌법사적 의미를 되새기며-」, 『중앙법학』 10-1, 2008, 94쪽.

6) 서희경, 『대한민국 건국헌법의 역사적 기원(1898~1919), 157~158쪽; 서희경·박명림, 「민주공화주의와 대한민국헌법 이념의 형성」, 『정신문화연구』 30-1, 2007, 87~88쪽; 신우철, 「건국강령(1941. 10. 28) 연구, 95쪽.

제18조 근로자의 단결, 단체교섭과 단체행동의 자유는 법률의 범위 내에서 보장된다. 영리를 목적으로 하는 사기업에 있어서는 근로자는 법률의 정하는 바에 의하여 이익의 분배에 균점할 권리가 있다.

제18조의 첫 문장(1항)은 단결, 단체교섭과 단체행동의 자유를 규정하였는데, 현재는 단결권·단체교섭권·단체행동권의 노동 3권이라고 한다. 제헌국회의 국회 속기록에 따르면, 원래의 헌법 초안에는 제18조에 노동자의 파업권 조항이 있었으나 삭제되었다. 왜냐하면, "단체교섭과 단체행동의 자유는 법률의 범위 안에서 보장된다."는 구절에 파업권이 포함된다고 해석했기 때문이다. 조봉암 의원은 제18조에 노동자 파업권이 삭제되어 나중에 파업권이 인정되지 않을 상황을 걱정하며 회의록에 남겨 제18조에 노동자 파업권이 없어도 사실상 파업권이 보장됨을 확인하려고 하였다. 전진한 의원은 단체교섭의 자유라는 개념이 모호하다며 헌법조문에 '파업권'으로 명문화하자는 수정안을 제출하였지만, 결국 수정안을 철회하였다. 이처럼 노동 3권을 법률로 보장한다는 단서 조항을 달았기 때문에 불완전한 권리 보장이라고 한다.

제18조의 두 번째 조항에서 노동자가 기업에서 벌어들인 이익의 일부를 분배받을 이익균점권이 보장되었다. 이 조항은 현행 헌법에 존재하지 않으며, 자본주의에 반하는 공산주의 혹은 사회주의적인 조항으로 보일 수 있다. 헌법학자들은 제18조의 노동 3권과 노동자의

이익균점권이 바이마르 헌법의 조항을 따른 것이라고 보았다. 반면 한국현대사 연구자들은 조소앙의 삼균주의나 대한민국임시정부의 헌법의 영향으로 보았다.

다음으로 제85 · 87 · 88조를 살펴보자.

제85조 광물 기타 중요한 지하자원, 수산자원, 수력과 경제상 이용할 수 있는 자연력은 국유로 한다. 공공필요에 의하여 일정한 기간 그 개발 또는 이용을 특허하거나 또는 특허를 취소함은 법률의 정하는 바에 의하여 행한다.

제87조 중요한 운수, 통신, 금융, 보험, 전기, 수리, 수도, 가스 및 공공성을 가진 기업은 국영 또는 공영으로 한다. 공공필요에 의하여 사영을 특허하거나 또는 그 특허를 취소함은 법률의 정하는 바에 의하여 행한다. 대외무역은 국가의 통제 하에 둔다.

제88조 국방상 또는 국민생활상 간절한 필요에 의하여 사영기업을 국유 또는 공유로 이전하거나 또는 그 경영을 통제, 관리함은 법률이 정하는 바에 의하여 행한다.

제85조에서는 광물과 지하자원, 수산자원, 수력 등 각종 자원을 국유로 한다고 하였다. 제87조에서도 운수, 통신, 금융, 보험, 전기, 수리, 수도, 가스 등의 기업과 공공성을 지닌 기업은 국영이나 공영으로

한다고 명시하였다. 제88조는 국방이나 국민생활이라는 단서를 달았지만 사영기업을 국영기업 혹은 공영기업으로 바꾸거나 경영을 통제하거나 관리할 수 있다고 하였다. 이는 국가가 사기업의 경영에 관여하거나 국유화할 수 있다는 점에서 제85조나 제87조처럼 자본주의가 아닌 공산주의 혹은 사회주의에 가까운 조항이다.

제85·87·88조의 조항에서는 국가의 개입 혹은 국유, 공유를 강조하였다. 그러나 일제가 남긴 적산기업을 주로 친일기업가들에게 헐값에 넘겨준 것을 보면, 자연력과 공공성 기업을 국유 혹은 공유로 한다는 헌법규정이 얼마나 잘 지켜졌는지 의문이다.

1948년 헌법은 바이마르 헌법의 영향을 받아 기본적인 인권뿐만 아니라 사회권 조항도 포함하였다. 이 점에서 1948년 헌법은 당시 가장 민주적인 헌법의 하나였다고 자부할 수 있다. 그러나 헌법은 끝까지 읽어야 한다. 제99~103조의 부칙은 여러 독소 조항을 담고 있다. 부칙의 제100조는 "현행 법령은 이 헌법에 저촉되지 아니하는 한 효력을 가진다."라고 규정하였다. 1948년 헌법이 만들어질 당시 존재했던 법령은 일제강점기에 만들어진 법령이었다. 이 조항 때문에 일제의 잔재가 '대한민국 정부수립' 이후에도 지속되었다. 일본 민법은 1960년에 대한민국민법을 만들기 전까지 통용되었다. 이처럼 일제 법률의 잔재가 남아 있었고, 일부는 현재까지도 영향을 주게 되었다. 예컨대 한국 검찰은 제2차 세계대전 이전 일본이 채택했다가 패전 이후에는 포기한 기소독점주의를 아직까지 손에 쥐고 있다. 이는 일제강점기 검사는 일본인, 경찰은 조선인이었기 때문에 일본인 검사가 수사권과 기소권을 장악하여 조선인 경찰을 통제한 장치였다.[7] 경찰은 이를 근거로 영장청구권과 기소권을 달라고 하는데, 한국 경찰 역시 일제의 주구가 아니었던가?

또 1948년 헌법 제101조는 "이 헌법을 제정한 국회는 단기 4278년 8월 15일 이전의 악질적인 반민족행위를 처벌하는 특별법을 제정할 수 있다."라고 규정하였다. 당시 많은 정당과 사회단체가 친일파를 처단하는 특별재판소 설치를 주장했다. 그러나 본문이 아닌 부칙에 집어넣어 영향력이 줄어들었다. 이 때문에 후일 반민족행위처벌법이 시행되었을 때 친일세력은 특별조사부와 특별감찰부, 그리고 특별재판소 설치가 위헌이라고 반발하였다.[8] 또 제103조에 "이 헌법 시행 시에 재직하고 있는 공무원은 이 헌법에 의하여 선거 또는 임명된 자가 그 직무를 계승할 때까지 계속하여 직무를 행한다."고 규정했다. 이 조항 덕분에 일제강점기 일본의 경찰과 군인, 공무원으로 일하던 친일파들은 1948년 헌법 이후에도 공무원으로 근무할 수 있었다.[9] '대한민국 정부수립' 이후에도 친일파들이 그들의 재산과 권력을 유지하게 도와 준 조항이었다. 1948년 헌법은 대한민국임시정부의 재건이면서 친일파의 온상이 된 이중적인 성격을 지녔다. 그리고 그 폐

---

7) 조유진, 『헌법 사용설명서-공화국 시민, 헌법으로 무장하라-』, 이학사, 2012, 377~378쪽.
8) 이영록, 『우리헌법의 탄생: 헌법으로 본 대한민국 건국사』, 서해문집, 2006, 136~137쪽.
9) 조유진, 『헌법 사용설명서』, 378~379쪽.

헌법은 밥이다

해는 지금까지 이어지고 있다.

헌법 개정의
역사

1948년 공포된 대한민국헌법은 모두 9차례나 바뀌었다. 그래서 현행 헌법은 10번째 헌법이다. 아래에서 헌법 개정의 역사를 간단히 요약하여 살펴본다.

1952년 7월 7일 제1차 개헌은 발췌 개헌이라고 한다. 1950년 5월 30일 국회의원선거에서 야당이 압승하였다. 이승만은 대통령 재선이 어려워지자 1951년 11월 30일 대통령직선제 개헌안을 국회에 제출하였다. 국회가 1952년 1월 18일에 개헌안을 부결시켰다. 이승만은 5월 26일 대통령직선제 개헌안 발의를 강행함과 동시에 헌병대를 보내 내각제를 주장하는 야당 의원 50여 명을 연행하게 하였다. 이를 부산 정치파동이라고 한다. 이승만을 지지하는 민중자결단이 6월 30일, 국회의사당을 포위하고 80여 명의 국회의원을 연금하는 등 국회의원을 협박하는 일도 벌어졌다. 이러한 가운데 국회의원 장택상 등 신라회가 타협안을 만들었다. 7월 4일 군인과 경찰들이 국회의사당을 포위한 가운데 국회의원들은 찬성에 기립하는 공개투표로 여당이 주장한 대통령직선제와 야당이 주장한 국회의 국무위원 불신임 의결권을 절충한 개헌안을 통과시켰다. 대통령직선제와 내각책임제 개헌안을 발췌 · 절충했다는 뜻에서 '발췌 개헌'이라 불렀다.

개헌 결과, 국회는 단원제에서 양원제로 바뀌었지만, 이승만 정권은 헌법을 지킬 생각이 없었다. 동아일보 1955년 10월 27일자 1면 「민의원 국회의원선거법의 심의촉구안폐기」 기사에 따르면, 이승만 정권과 자유당의 반대로 참의원선거법은 만들어 지지 못했다. 박혜정 의원은 헌법기구인 탄핵심판소를 설치하기 위해서라도 참의원을 구성해야 한다고 하였다. 헌법상 탄핵심판소 위원에 참의원이 포함되기 때문이다. 이승만 정권은 끝내 헌법기관인 참의원과 탄핵심판소를 설치하지 않았다.

1954년 11월 29일 제2차 개헌은 사사오입 개헌이라고 한다. 이승만은 헌법에 규정된 대통령의 중임제한 조항 때문에 더 이상 출마할 수 없게 되자 초대 대통령에 한해 중임제한을 철폐하는 개헌안을 국회에 상정하였다. 국회의 투표 결과 개헌 찬성이 135표로 의결정족수인 136표에 1표 부족하였다. 여당인 자유당은 서울대 수학과 교수까지 동원하여 이미 부결된 개헌안을 억지로 통과시켰다. 즉 당시 총투표수의 2/3이 135.33...명으로 정확히 자연수로 떨어지지 않았다. 따라서 소수점 이하는 삭제해야 한다는 '4사5입'론을 들어 총투표수의 2/3는 136명이 아니라 135명이라고 우겨서 개헌안을 가결시켰다.

헌법 제3호에서는 초대 대통령에 한하여 3선 제한을 철폐하고 횟수에 상관없이 대통령 선거에 출마할 수 있도록 바뀌었다. 또 국무총리를 없애고 국회가 국무위원을 개별적으로 불신임할 수 있도록 바

헌법은 밥이다

꾸었다. 국민투표와 50만 명 이상의 유권자가 헌법개정안을 발안하는 국민발안제 등 직접민주주의 요소를 도입하였다. 임시정부 시기의 헌법과 바이마르 헌법의 영향을 받은 경제조항 제85·87·88조를 삭제하거나 바꿈으로써 경제 질서를 통제 경제에서 자본주의적 경제 체제로 바꾸었다. 이승만은 1956년 5월 선거에서 제3대 대통령에 당선되었다.

1960년 6월 15일 제3차 개헌은 3.15부정선거와 이에 항거한 4·19 의거의 여파로 이승만이 대통령의 자리에서 물러난 이후 행해졌다. 우리나라 역사상 처음으로 헌법에 규정된 절차대로 헌법을 개정하였다. 헌법 제4호에서 민주정치의 재건과 정치적 자유를 전면적으로 회복할 것을 목표로 하였다. 이에 기본권을 보장하고 헌법재판소를 설치하는 등 독일기본법을 모방하였다. 양원제를 처음으로 실시하여 국회는 233명의 민의원과 58명의 참의원으로 구성되었다. 대통령은 국회에서 뽑는 간선제였으며, 임기는 5년이고 1차례 중임할 수 있었다. 이승만 정권의 경찰·공무원 횡포를 막기 위해 공무원의 정치적 중립성을 규정하고 헌법기관인 중앙선거관리위원회를 설치하여 중립적인 선거관리를 꾀하였다. 대법원장과 대법관은 선거인단이 뽑도록 규정하여 사법의 민주화가 시도되었다. 지방자치를 살펴보면, 지방의회뿐만 아니라 읍·면·동 등 기층 지방자치단체장도 주민이 직접 뽑는 직선제를 선택하였다.

역대 헌법 가운데 국민의 기본권을 강화한 점이 헌법 제4호의 가장 큰 특징이다. 법률로 기본권을 제한할 수 있었던 개별적 법률유보 조항을 삭제하여 기본권을 보장하였다. 제28조에 기본권의 본질적 내용을 침해할 수 없음을 명시하였다. 이 밖에 정당 조항을 신설하여 복수 정당을 보호하지만, 헌법재판소의 판결을 통해 정당을 해산할 수 있도록 하였다(이를 방어적 민주주의라고 함).

제4차 개헌안은 이미 재판을 통해 가벼운 처벌을 받은 3.15부정선 거 관련자 및 부정축재자들을 다시 재판하여 처벌하기 위하여 1960 년 11월 29일 제정되었다. 법원은 1960년 10월 8일 4·19(4월 혁명) 이후 부정선거 관련자, 경무대 앞 발포 책임자 등의 형량을 선고하였 다. 그런데 실무 책임자인 서울시경 국장 유충렬과 서울시 경비과장 백남규에게 각각 사형과 무기징역을 선고했지만, 정작 주범인 내무장 관 홍진기, 치안국장 조인구, 경무대 비서실장 곽영주에게는 가벼운 형벌을 선고하였다. 고대생 습격사건의 배후자 신도환, 임화수 등 정 치깡패도 가벼운 형벌을 받았다. 4·19 당시 부상당한 학생들이 이 판결에 화가 나서 국회에 난입하고 여론의 비난이 쏟아졌다. 장면 정 권은 반민주행위자를 처벌하는 특별법을 제정하기 위해 1960년 11 월 29일 반민주행위자 처벌을 위해 해당자의 공민권을 제한하고 특 별재판소와 특별검찰부를 신설하는 내용을 헌법 부칙에 추가한 헌법 제5호를 공포하였다. 이후 1960년 12월 13일 반민주행위자를 처벌 하기 위한 '특별재판소 및 특별검찰부 조직법안'이 통과되고 12월 31 일 '부정선거관련자 처벌법'과 '반민주행위자 공민권제한법'이 공포되었다. 부정선거 및 부정축재자에 대한 소급 처벌 근거를 헌법부칙에 넣었기 때문에 소급입법 개헌이라고 한다. 헌법의 원문 조항을 바꾸지 않고 부칙만 바꾼 유일한 헌법이다. 권력구조 개편을 다루지 않았기 때문에 중고등학교의 한국사 교과서나 사회 교과서에서 거의 다루지 않았다.

개헌 이후 1960년 7월 치러진 민의원·참의원 동시 선거로 집권한 민주당은 윤보선을 대통령으로, 장면을 국무총리로 선출하였다. 민주당은 윤보선을 중심으로 한 구파와 장면을 중심으로 한 신파로 나뉘어 정쟁을 벌였으며, 1년도 안 되어 5·16쿠데타로 무너졌다. 장면 정권은 과도한 민주주의로 인한 무질서(잦은 데모), 신파와 구파의 당파싸움에 휘둘리다 무능으로 망한 정권으로 평가절하 되었다. 과연 그런가? 일부 학자들의 주장은 다르다. 장면 정권은 재무장관 김영선을 중심으로 경제정책을 강력히 추진하여 1961년 4월 말에 경제개발 5개년 계획을 세웠다. 얼마 후 5·16쿠데타가 일어나 장면 정권에서는 실행되지 못하였고, 박정희가 경제개발 5개년 계획을 선포하여 장면 정권의 공을 가로챘다. 『프레이저 보고서』에서는 이 부분을 아래와 같이 서술하였다.

"장면 정부는 미국의 경제고문들과 함께 장기 경제계획을 수립했는데, 그 계획

---

10) 미 하원 국제관계위원회 국제기구소위원회 지음, 김병년 엮음, 『프레이저 보고서-악당들의 시대, 한국현대사와 박정희시대에 대한 가장 완벽한 평가서』, 레드북, 2014, 46쪽.

들의 대부분은 1961년 이후 군사정권의 경제계획들과 결합되었다."[10]

위의 인용문에서 미국이 장면 정부의 경제개발계획에 관여했고 이 경제개발계획이 박정희 정권에 이어졌음을 밝혔다. 장면 정권은 전력산업과 광공업, 중소기업 예산을 늘렸고, 400억 환으로 편성한 추경예산을 경지정리, 관개, 배수, 산림녹화, 위생시설, 도로교량, 댐 건설(소양강 댐, 남강 댐, 춘천 댐)에 배정하고 1961년 3월경부터 국 토개발 사업을 추진하였다. 이 또한 박정희 정권이 과실을 가로챘다. 장면 정권은 1961년 3월, 해방 이후 처음으로 2,000명 이상의 공무원 을 공채로 대규모로 뽑았고 인사 담당 기관의 독립성을 인정했으며 공무원 신분을 보장하는 등 직업 공무원제가 자리잡는데 기여하였다. 이때 뽑힌 공무원들이 박정희 정권 때 테크노크라트로 활약했다. 따 라서 5 · 16쿠데타가 없었으면 장면 정권 시기에 민주주의가 발전하 고 경제가 성장했을 것이라고 보는 학자들도 있다.

제5차 개헌(1962. 12. 26)은 박정희가 5 · 16쿠데타를 일으켜 장 면의 민주당정권을 무너뜨린 후 만든 국가재건최고회의가 주도한 개 헌이다. 4년 중임제와 직선제를 바탕으로 한 대통령중심제, 단원제 국회를 권력구조의 기본으로 삼았으며 국민투표를 통한 헌법 개정 절차를 신설하였다. 처음으로 헌법의 전문을 개정하고 단기 대신 서 기를 연호로 사용하였다. 국무원을 폐지하고 국무총리와 국무회의의 권한을 약화시켜 대통령의 권한을 강화하였다. 정당의 공천을 받아야

헌법은 밥이다

만 대통령과 국회의원에 입후보할 수 있고, 당적을 이탈·변경할 경우 국회의원 직을 상실하는 규정을 두었다(이를 '정당제 국가'라고 한다). 장면 정권이 신설한 헌법재판소를 없애는 대신 대법원에 위헌 법률심사권을 부여하였고, 법관추천회의 제청으로 법관을 임명하는 규정을 신설하였다. 인간의 존엄과 가치, 기본적 인권을 보장하는 제8조를 신설하였지만 노동자의 이익균점권을 삭제하였고, 기본권을 법률로 제한할 수 있는 법률유보 조항을 부활시켰다.

쿠데타를 일으킨 박정희는 국가재건최고회의 의장과 대통령권한대행을 거쳐 육군대장으로 예편한 후 실시된 대통령 선거에서 이기고 대통령에 취임하였다. 박정희는 헌법에 규정된 대통령 중임제한 조항 때문에 더 이상 대통령 선거에 출마할 수 없게 되자 1969년 10월 21일 대통령의 임기를 4년 중임에서 3선 연임으로 연장하는 개헌안을 통과시켰다. 당시 여당인 공화당 의원들은 개헌 저지 농성을 벌이던 야당 의원들을 따돌리고 일요일 새벽 2시 국회 별관에 모여 2분 만에 개헌안을 통과시켰다. 『프레이저 보고서』에 따르면, 공화당과 국회에 영향력을 행사했던 김종필과 김성곤이 개헌안을 지지하는 대가로 중앙정보부장 김형욱과 청와대 비서실장 이후락을 해임시키기로 박정희와 합의했다고 한다.[11] 개헌의 결과, 국회의원의 수를 200명에서 250명으로 늘렸으며, 국회의원이 장관을 겸직할 수 있도록 하

---

11) 『프레이저 보고서』, 67쪽.

였다. 대통령은 3번까지 연임하도록 하였고, 대통령의 탄핵소추 요건을 강화하였다(30인 이상의 발의와 재적 과반수 의결을 50인 이상의 발의와 재적 2/3 이상의 의결로 바꿈). 1969년 10월 17일에 실시된 국민투표에서 약 65%의 찬성으로 이 개헌안은 통과되었다. 이때 서울 지역에서는 과반수가 헌법 개정을 반대했다고 한다.[12)]

3선 출마가 가능하게 된 박정희는 1971년 4월 실시된 대선에서 신민당의 김대중 후보를 물리치고 3선에 성공하였다. 『프레이저 보고서』에 따르면, 박정희 정권은 선거에서 이기기 위해 경제를 조작했다고 한다. 즉 선거 몇 달 전에 현금의 유통량을 늘렸고 신용 대출을 쉽게 만들었다. 쉽게 말해 돈줄을 필요이상으로 풀었다. 이는 선거 후 경제의 후유증이 되었다고 한다. 미국의 기업들은 이 선거를 위해 공화당에 850만 달러(걸프사가 300만 달러, 칼텍스가 400만 달러, 다른 3개의 미국기업이 150만 달러)를 바쳤다. 이 정치헌금이 박정희가 약 8%의 표차로 승리하는데 영향을 주었다고 한다.[13)] 1971년 대통령 선거가 있었던 4월 환율이 1달러 당 347.15원이므로 약 29억 5,078만 원에 해당한다. 2018년 1월 원화 가치로 54,627,697,575원 (2,950,775,000원×18.513[물가상승배수])에 해당된다.[14)] 현재가치

---

12) 위의 책, 67쪽.
13) 『프레이저 보고서』, 73쪽, 380~381쪽.
14) 물가상승배수는 통계청 홈페이지의 CPI 소비자물가지수 계산법에 따랐다(CPI 소비자물가지수(http://kostat.go.kr/incomeNcpi/cpi/cpi_ep/2/index.action?bmode=pay)를 클릭한 후 '체험 →화폐가치계산' 카테고리를 클릭하면 연도와 월을 넣고 물가지수에 따라 원화 가치를 계산할 수 있다).

로 약 546억 정도의 정치자금을 대통령 선거에 사용한 것이다.

박정희는 제6차 개헌 전에 3선 출마가 마지막이라고 말했던 자신의 말을 번복하고 제7차 개헌을 통해 영구 집권을 꾀하였다. 1971년 총선에서 공화당은 204석 가운데 113석을 얻었고, 야당은 89석을 얻었다. 공화당이 다수당이었지만 개헌에 필요한 정족수인 국회의원의 2/3는 확보하지 못했다. 그렇다고 개헌을 못할 박정희가 아니었다. 박정희는 1972년 10월 중국의 유엔 가입과 북한의 호전적 태도에 모종의 조치를 취할 필요가 있다고 주장하며 한국적 민주주의 실현을 명목으로 국회를 해산하고 각종 정치활동을 금지시키는 '유신'을 단행하였다. 국회를 해산시켰으니 국회의 표결도 필요 없었다. 12월 27일 유신헌법을 통과시켰다. 유신헌법의 큰 특징은 통일주체국민회의에서 대통령을 선출하는 대통령간선제였다. 또 대통령의 임기를 6년으로 정했으나 무제한 중임을 보장하였고, 기본권을 제한하였으며 국회와 사법부의 권한을 약화시켰다. 지방의회 구성을 통일 이후로 미루는 조항을 부칙에 넣어 사실상 지방자치를 없앴다.

제8차 개헌은 1979년 김재규의 박정희 암살(10.26사건)과 전두환의 쿠데타(12.12사태), 1980년 5월 17일 비상계엄 확대, 광주민주화운동(1980. 5. 17) 등 정치적 격변을 거친 후 1980년 10월 27일 정권을 차지한 신군부 세력이 주도하였다. 선거인단이 대통령을 선출하는 대통령간선제와 대통령의 7년 단임제를 채택하였다. 법원에 위헌법률심사권을 부여하고 대법원장에게 일반 법관의 임명권을 주었다. 행복추구권, 형사피고인의 무죄 추정, 연좌제 폐지, 사생활의 비밀과 불가침, 환경권 등 기본권 조항을 신설하고 기본적 인권을 보장하였다. 또 자유 시장경제 질서를 유지하면서도 경제의 규제와 조정, 광범위한 통제경제 · 관리경제가 가능하도록 규정을 바꾸었다. 기본권과 경제 조항만 보면, 양적 · 질적으로 가장 획기적이고 선진적이었다. 그러나 이 조항들이 얼마나 잘 지켜졌는지는 회의적이다. 예컨대 전두환 정권이 신설한 연좌제금지는 제대로 지켜지지 않았다.

제9차 개헌(현행 헌법)은 1987년 6월 항쟁 등 민주화운동과 대통령직선제 개헌안 요구, 6.29선언 등을 거쳐 헌정사상 최초로 여야 합의로 1987년 10월 29일 통과되었다. 대통령직선제와 5년 단임 대통령제를 채택하고, 국정감사권이 부활되고 연한 회기 제한규정이 삭제되는 등 국회의 권한이 강화되었으며, 지방자치가 부활되었다. 적법절차, 범죄피해자국가구조청구권, 최저임금제, 모성보호, 언론 · 출판 · 집회 · 결사의 허가나 검열 금지, 언론기관 법정주의, 과학기술자의 권리보호, 대학의 자율성 등의 규정을 신설하였다. 또 사법부의 인사독립을 보장하고 헌법재판소를 설치하였다. 헌법 제정에 참여한 야당 대표들은 다음과 같은 헌법전문을 구상하였다.

> "4 · 19의거와 5 · 18광주의거로 부당한 국가권력에 대하여서는 단호히 거부하는 국민의 권리를 극명히 하였고, 군인의 정치 개입을 단호히 반대하고 문민정치의 이념을 천명함으로써 자유민주주의 체제를 확립하며"

헌법은 밥이다

처음에는 5·18광주민주화운동, 국군의 정치적 중립, 국민 저항권을 헌법전문에 집어넣으려고 시도하였다. 그러나 당시 최대 야당 통일민주당의 대표들(통일민주당의 이중재, 이용희, 박용만, 김동영)은 꼬리를 내리고 말았다. 군의 정치적 중립을 헌법 총강에 넣으면 전문 중 광주의거 부분은 삭제 가능하다고 양보하였다. 결국 5·18과 저항권은 반영되지 않았고, 군의 정치적 중립성만 제5조 2항에 규정되었다. 이에 국민운동본부에서는 "너무 쉽게 많은 부분을 양보하고 있는 것 같다."며 불만을 표시했다.[15] 1987년 개헌의 근본적 동력이라고 할 수 있는 5·18광주민주화운동과 저항권은 여야의 정략적 야합으로 사라졌다.[16] 문재인 대통령은 2017년 5월 18일 광주민주화운동 기념식에서 개헌을 통해 5·18광주민주화운동을 헌법전문에 포함시키겠다고 말했다. 그러나 개헌안 저지 가능한 의석수를 확보한 자유한국당의 반발로 난항이 예상된다.

국민의 민주화와 정권 교체 열망과는 달리 야당 지도자 김대중과 김영삼이 각자 대통령 선거에 출마하여 민정당의 노태우가 겨우 36.6%의 득표율로 어부지리로 대통령에 당선되었다. 김영삼 후보가 28.0%, 김대중 후보가 27.0%의 득표율을 얻어 두 사람이 후보단일화를 했으면 야당이 이길 수 있었던 선거였다고 한다.

---

15) 강원택 외, 『헌법 개정의 정치』, 인간사랑, 2011.
16) 조유진, 『헌법 사용설명서』, 125~126쪽.

1987년 제정된 헌법 제10호는 현재까지 개정되지 않고 유지되고 있다. 대통령의 임기를 5년 단임제로 정한 현행 헌법은 대통령의 권력누수(레임덕)가 임기 말에 자주 찾아오고 제왕적 대통령제라서 권력 분산을 위해 의원내각제로 바꿔야 한다는 개헌론이 제기된다.

우리민족에게 헌법을 자주 고치는 DNA라도 있는 걸까? 대한민국임시정부는 5차례 헌법을 개정하였다. 남한이 9번 개헌을 했지만, 북한도 1948년 9월 8일 조선민주주의인민공화국 헌법을 만든 이후 1954년 4월 23일과 10월 30일, 1955년, 1956년, 1962년, 1972년, 1992년, 1998년, 2009년, 2010년, 2012년, 2016년 등 12번이나 헌법을 바꾸었다. 우리나라에서 개헌론이 한창인 2018년 3월 11일 중국에서는 시진핑의 국가주석 3연임을 가능하게 한 헌법 개정안이 통과되었다. 동아시아에서 일본만이 1946년 제정된 헌법을 바꾸지 않았다.

Part 2

누구를
위하여
기본권은
바뀌나

기본권 신설과
개정 요약

　　　　　1948년 헌법의 제2장 국민의 권리의무에 23개 조항이 있었다. 이 가운데 제29조의 납세의 의무, 제30조의 국방의 의무를 제외하면(제17조에는 근로의 권리와 의무를 동시에 규정하였다), 21개 조항에 국민의 각종 기본권이 명시되었다. 9차례 헌법을 바꾸었으니 기본권도 바뀌지 않을 리 없다. 기본권 조항은 새로 만들어지거나 내용이 바뀌거나 추가, 혹은 삭제되었다.

　먼저 신설된 조항을 살펴보면, 헌법 제6호에서는 제10조 인간의 존엄성과 기본적 인권 보장, 제15조 직업선택의 자유 등 2개의 조항이 신설되었다. 헌법 제9호에서는 제13조 3항 연좌제금지, 제17조 사생활의 비밀과 자유, 제35조 환경권 등 3개 조항이 새로 생겼다. 헌법 제10호에서는 제30조 국가의 피해구조 조항이 새로 생겼다.

　다음으로 각 헌법 때 변경된 조항을 살펴보자. 1960년 4·19의거 이후 만들어진 헌법 제4호에서 7개의 조항이 바뀌었다. 박정희 정권 때인 헌법 제6호와 1972년 유신헌법(헌법 제8호)에서 각각 15개와 10개의 조항이 바뀌었다. 전두환 정권이 탄생하게 된 1980년 개헌, 즉 헌법 제9호에서 14개의 조항이 각각 바뀌었다. 현행 헌법인 헌법 제10호는 9개 조항이 바뀌었다. 단순하게 개정된 헌법 조항의 수만 따져보면 헌법 제6호(5차 개헌)이 15개 조항으로 가장 많고, 헌법 제9호(8차 개헌)가 14개 조항을 개정하여 그 다음이다. 이어서 헌법 제10호(현행 헌법)가 10개 조항, 헌법 제8호(7차 개헌, 유신헌법)이 9개 조항, 헌법 제4호(3차 개헌)이 7개이다.

헌법 제4호의
기본권 신장

　　　　이승만 정권 시기의 개헌은 권력구조와 관련된 조항을 바꾸었을 뿐, 기본권 조항은 변함없었다. 장면 정권 시기에 기본권이 처음으로 바뀌었다. 구체적으로 제7조 공무원 파면 청원권, 제16조 주거의 자유, 제18조 통신의 비밀, 제21조 언론·출판·집회·결사의 자유, 제24조 선거권, 제29조 국가의 배상, 제37조 자유와 권리 보장과 제한 등 7개 조항이 바뀌었다. 주로 1948년 헌법(제헌헌법)의 독소조항이 많이 바뀌었다. 아래에서 1948년 헌법의 몇 가지 조항을 살펴보자.

제10조 모든 국민은 <u>법률에 의하지 아니하고는</u> 거주와 이전의 자유를 제한받

지 아니하며 주거의 침입 또는 수색을 받지 아니한다.

제11조 모든 국민은 법률에 의하지 아니하고는 통신의 비밀을 침해받지 아니한다.

제13조 모든 국민은 법률에 의하지 아니하고는 언론, 출판, 집회, 결사의 자유를 제한받지 아니한다.

제10조는 거주·이전의 자유, 제11조는 통신의 자유, 제13조는 언론·출판·집회·결사의 자유를 다루었다. 이 세 조항에서는 "법률에 의하지 아니하고는 ~ 받지 아니한다."라는 문구가 있다. 이는 이중부정이므로 긍정으로 읽어보면 실제로는 헌법에서 보장하는 거주·이전의 자유, 통신의 자유, 언론·출판·집회·결사의 자유를 법률로 제한할 수 있음을 알 수 있다. 실제 이승만 정권에서 위에서 언급한 자유가 제대로 지켜지지 않았고 경찰이 체포, 구금, 수색, 심문, 처벌을 마음대로 하였다. 이 조항들은 헌법 제4호에서 아래와 같이 바뀌었다.

제10조 모든 국민은 거주와 이전의 자유를 제한받지 아니하며 주거의 침입 또는는 수색을 받지 아니한다.

제11조 모든 국민은 통신의 비밀을 침해받지 아니한다.

제13조 모든 국민은 언론, 출판의 자유와 집회, 결사의 자유를 제한받지 아니한다.

이 세 조항을 읽어보면 앞의 세 조항과 어떻게 다른지 확실히 알 수 있다. '법률에 의하지 않고서는'이라는 구절을 빼니 거주·이전의 자유와 통신의 자유, 언론·출판·집회·결사의 자유가 완벽히 보장되었다. 법학계에서는 법률로 제한할 수 없는 자유와 평등 등의 권리를 자연권이라고 한다. 미국 독립선언서와 영국 헌법의 권리장전, 프랑스 대헌장 등에서 규정되었던 국민의 기본권이었다. 이러한 기본권은 20세기 바이마르 헌법 등에 보이는 국가의 시장경제 개입과 근로의 권리(노동권) 보호, 복지 정책 등 사회민주주의적 요소가 반영된 사회적 기본권과 구별된다. 1948년 헌법에서는 남북분단과 치안의 편의 때문에 법률로 거주·이전의 자유와 통신의 자유, 언론·출판·집회·결사의 자유를 제한하였지만, 헌법 제4호에서는 이러한 제한을 없애버렸다. 대한민국 국민들은 장면 정권 시기에 통신·언론·출판·집회·결사 등의 자유, 특히 집회의 자유를 마음껏 누릴 수 있었다. 장면 정권 시기에 각종 시위와 데모가 많았던 것도 헌법 덕분이었다. 집회의 자유가 방종이 되었을까? 데모가 많아져서 "데모하지 맙시다."라는 구호를 외치고 데모하는 웃지 못할 상황까지 이르렀다. 그러나 국민들에게 집회의 자유를 보장한 장면 정권은 무능하고 유약한 정권의 이미지가 깊이 각인되었고, 박정희의 쿠데타를 정당화하는 구실이 되기도 했다.

이러한 부작용은 헌법의 기본권 보장이 문제가 아니라 자유를 방종으로 여긴 사람들의 문제였다. 헌법 제4호에서는 헌법 제3호까지 제한한 자유와 권리의 보장을 명시하였다. 제28조의 개정은 이를 종합한 것이다.

헌법 제1~3호	헌법 제4호
제28조 국민의 모든 자유와 권리는 헌법에 열거되지 아니한 이유로써 경시되지는 아니한다. 국민의 자유와 권리를 제한하는 법률의 제정은 질서유지와 공공복리를 위하여 필요한 경우에 한한다.	제28조 ①국민의 모든 자유와 권리는 헌법에 열거되지 아니한 이유로써 경시되지는 아니한다. ②국민의 모든 자유와 권리는 질서유지와 공공복리를 위하여 필요한 경우에 한하여 법률로써 제한할 수 있다. 단, 그 제한은 자유와 권리의 본질적인 내용을 훼손하여서는 아니되며 언론, 출판에 대한 허가나 검열과 집회, 결사에 대한 허가를 규정할 수 없다. 〈개정 1960.6.15.〉

제28조에서 갑자기 자유와 권리가 다시 언급되어서 어리둥절할 수도 있다. 제28조는 국민의 기본권 조항의 마지막에 위치한다. 따라서 이 조항은 자유와 평등, 각종 기본권을 요약하는 결론 역할을 한다. 현행 헌법에는 제37조에 있으며 2항은 표현이 바뀌었지만 기본적인 내용은 비슷하다. 헌법학자들에 따르면 제28조의 첫 번째 조항, 즉 "국민의 모든 자유와 권리는 헌법에 열거되지 아니한 이유로써 경시되지는 아니한다."의 구절은 헌법을 제정할 당시 포함되지 못한 자유와 권리 조항이 후에 새로 발견될 때 헌법에 명시되지 않더라도 보장될 수 있음을 밝힌 것이다. 사실, 헌법재판소나 판사, 국회의원들이 이 조항에 따라 다른 나라 헌법에 추가된 권리나 인권도 기본권으로

간주하여 재판하거나 입법활동을 하면 아무 문제가 없다. 미국헌법을 보면, 금주, 소득세, 여성의 참정권 등 위헌 소지가 있거나 특별히 헌법에 명시해야 할 권리나 조항만 수정헌법 몇 조의 형식으로 추가한다. 반면 자칫 헌법을 문자 그대로 해석하면 헌법에 언급되지 않은 기본권은 종종 무시된다. 1948년 헌법 제정 당시 조봉안 의원은 제18조에 노동자 파업권이 삭제되자 "단체교섭과 단체행동의 자유는 법률의 범위 안에서 보장된다."라는 구절이 노동자 파업권을 인정하였음을 회의록에 남겼다. 그러나 취지는 취지일 뿐이므로, 헌법에 없다는 이유로 실제 생활에서 노동자 파업권은 무시되었다. 이처럼 헌재와 법원, 정치인들의 난독증 때문에 다음 개헌 때 생명권, 사생활 보호(프라이버시) 등 이런저런 기본권을 넣어야 한다는 주장이 분출하는 것이다. 헌법의 아전인수식 해석 때문에 생긴 불신 덕분이다.

1948년 헌법에서 제정되어 헌법 제3호까지 개정되지 않은 제28조의 두 번째 조항은 질서유지와 공공복리를 위해 자유와 권리를 제한하는 법률을 만들 수 있다는 단서 조항이다. 일제의 손발이 되어 동족을 괴롭힌 친일파들이 여전히 경찰과 검찰, 법원을 중심으로 포진하였다. 친일파들은 '반공'투사로 변신하여 이 단서 조항을 악용하여 이승만의 장기집권을 위해 통신·언론·출판·집회·결사 등의 자유를 무시했으며, 국민을 감시·감청하고 무고한 사람을 체포하고 고문하는 등 일제강점기처럼 나쁜 짓을 저질렀다. 이러한 인권유린을 경험한 후 이를 막기 위해 개헌 과정에서 자유와 권리의 제한을 최소화하려고 하였다. 이에 "단, 그 제한은 자유와 권리의 본질적인 내용을 훼손하여서는 아니되며 언론, 출판에 대한 허가나 검열과 집회, 결사에 대한 허가를 규정할 수 없다."라는 문장을 삽입한 것이다. 이 조항으로 질서유지와 공공복리를 핑계로 자유와 권리를 자의적으로 제한하는 것을 막으려고 하였다. 또 이승만 정권에서 유린된 언론·출판·집회·결사의 자유를 확실하게 보장하기 위해 언론·출판·집회·결사의 허가와 검열을 헌법에서 차단하였다. 헌법의 조항과 헌법재판소의 위헌판결에도 불구하고 경찰이 조례로 집회를 마음대로 허가하는 현재의 상황을 보면 이 조항이 얼마나 중요한지 알 수 있다. 이 조항이 지금 헌법에도 남아 있으면 경찰이 자의적으로 집회의 허가 여부를 결정하는 짓을 저지를 수 없을 것이다. 그러나 박정희는 쿠데타를 일으킨 후 개헌을 통해 이 조항을 "국민의 모든 자유와 권리는 질서유지 또는 공공복리를 위하여 필요한 경우에 한하여 법률로써 제한할 수 있으며, 제한하는 경우에도 자유와 권리의 본질적인 내용을 침해할 수 없다."라고 바꾸었다. 대체적인 취지는 반영하였지만 언론·출판·집회·결사의 허가와 검열을 금지하는 문구를 삭제하였다. 이는 언론·출판·집회·결사의 허가와 검열을 마음껏 하겠다는 뜻이다. 실제 박정희 정권에서 이 네 가지 자유는 제대로 보장되지 않았다. '반공'과 질서유지를 이유로.

제10조, 제11조, 제13조, 제28조처럼 이승만 정권의 인권과 권리 유린을 막기 위해 제27조 2항에 다음과 같은 조항이 추가되었다.

제27조 ①공무원은 주권을 가진 국민의 수임자이며 언제든지 국민에 대하여 책임을 진다. 국민은 불법행위를 한 공무원의 파면을 청원할 권리가 있다.

②공무원의 정치적 중립성과 신분은 법률의 정하는 바에 의하여 보장된다.

〈신설 1960.6.15.〉

공무원의 정치적 중립성을 강조한 조항은 헌법 제4호에서 처음으로 추가되었다. 이후 헌법 제6호에는 제2장 국민의 권리와 의무가 아닌 제1장 총강의 제6조 2항으로 배치되었고, 현행 헌법에는 제7조 2항에 있다.

이 조항이 헌법 제4호에서 처음 추가된 이유는 이승만 정권의 부정선거 때문이다. 이승만 정권에서는 내무부가 선거의 관리와 개표를 책임졌다. 내무부는 특별시·직할시·도·시·군·읍·면 등 지방 행정조직을 관리 감독하고 치안을 담당하는 경찰을 지휘하였다. 내무부 장관은 규정상 지방 관청의 공무원과 경찰을 동원하여 선거를 마음대로 할 수 있었다. 이승만이 이를 이용하지 않을 리 없었다. 이승만은 대통령 선거와 국회의원 선거 때 경찰과 공무원을 동원하여 여당인 자유당을 지원하고 야당을 탄압하였을 뿐만 아니라 선거결과도 조작하였다. 이는 1960년 정·부통령 선거 때 가장 심했다. 사실 이승만은 부정선거를 할 필요가 없었다. 1956년 제3대 대통령 선거에서는 신익희 후보가, 제4대 대통령 선거 때는 조병옥 후보가 선거 전에 죽었다. 유력한 야당인 민주당 후보가 선거운동 도중에 죽었기 때문에 사실상 이승만의 당선은 확정되었다. 이때 이승만의 나이 86세였다. 여당 자유당은 이승만이 나이가 많아서 당선 후 갑자기 죽거나 병에 걸려 대통령직을 수행할 수 없을 상황을 걱정하였다. 대통령이 죽을 경우 부통령이 대통령의 자리를 이어받기 때문에 자유당은 부통령 자리를 확보하는 것이 중요하였다. 미국에서는 대통령과 부통령을 한꺼번에 뽑는 러닝메이트 제도를 채택하고 있지만, 한국은 대통령과 부통령을 따로 뽑았다. 자유당의 2인자인 이기붕은 이미 1956년 부통령 선거에서 장면 후보에 밀려 낙선하였다. 이기붕은 1960년 선거에서 부통령에 당선되기 위해 수단과 방법을 가리지 않았다. 이때 이기붕의 수족으로 악명이 높았던 이가 최인규 내무부장관이었다. 그는 지방행정기구의 경찰과 공무원을 선거운동에 동원하였고, 온갖 부정행위를 저질러 이기붕을 부통령으로 당선시키는데 성공하였다. 예상과 달리 이기붕이 부통령에 당선되자 국민들은 더 이상 부정선거를 참지 못하고 거리로 나왔다. 이것이 4·19(4월 혁명)다. 국민의 희생 덕분에 정권을 잡은 민주당정권은 공정한 선거를 위해 두 가지 장치를 마련했다. 공무원의 정치적 중립과 별도의 선거관리기구 설치이다. 제27조 2항에서 규정한 공무원의 정치적 중립은 공무원들이 여당의 선거운동에 동원되고 선거부정에 참여하지 못하도록 하기 위한 장치였다.

제27조 2항 공무원의 정치적 중립 조항 이외에 공정한 선거관리를 위해 선거관리위원회를 창설하였다. 대통령의 지휘를 받는 내무부

가 선거를 관리하고 그 대통령이 대통령 선거에 출마하거나 특정 후보를 지원하면 공정한 선거는 불가능했다. 이를 막기 위해 대통령과 행정부에서 독립된 헌법기관으로 선거관리위원회를 두었다. 1년 만에 박정희가 쿠데타를 일으켜 선거관리위원회는 제 기능을 하지 못하고 사라졌다.

장면 정권을 탄생시킨 헌법 제4호에는 이승만 정권이 탄압한 자유와 권리를 회복하고 민주주의에 필요한 기본권과 국민의 참정권을 보장하는 규정이 있었다. 그러나 옥에 티도 있었다. 제25조의 투표권이다.

제25조 모든 국민은 20세에 달하면 법률의 정하는 바에 의하여 공무원을 선거할 권리가 있다. 〈개정 1960.6.15.〉

투표권을 행사하는 유권자의 나이를 법률이 아닌 헌법에 명시한 것은 헌법 제4호가 처음이었다. 이 조항은 헌법 제9호(5공 헌법)까지 삭제되지 않고 유지되었다. 법률이 아닌 헌법에 투표할 수 있는 유권자의 나이를 명시한 것은 좀 이상하다. 헌법은 쉽게 바꿀 수 없기 때문이다.

사실 우리나라는 1948년 헌법과 선거 관련 법률 때문에 일정 연령 이상의 국민들이 투표할 수 있는 권리가 처음부터 있었다. 그래서 선거권이 얼마나 중요한지 모른다. 그런데 영국과 프랑스, 미국의 역사를 보면 처음부터 모든 사람들에게 투표권이 주어진 것은 아니었다. 처음에 투표권은 소수의 사람들만이 가진 특권이었다. 예컨대 세계 최초로 의회 정치와 입헌군주제, 정당 정치를 실시한 영국에서 처음에 국회의원 선거권을 가진 유권자는 귀족과 상층시민(상업자본가), 일부 중산자이며, 이들은 전체 인구의 약 3%에 해당하였다. 이후 산업혁명이 진행됨에 따라 선거권을 요구하는 사람들의 수가 많아졌다. 1832년 제1차 선거법 개정으로 산업자본가와 도시와 농촌의 중산자에 참정권을 부여하여 유권자는 4.5%로 늘었다. 이후 1867년 제2차 선거법 개정 때 소시민, 도시노동자에 참정권을 부여하면서 유권자는 전체 인구의 9%로 늘었다. 1884년 제3차 선거법 개정 때에는 농촌과 광산 노동자들이 선거권을 가졌고, 전체 인구의 19%가 투표권을 가지게 되었다. 여기까지 투표권을 가진 유권자는 모두 성인 남성이었다. 이에 여성들도 투표권을 얻기 위해 투쟁하였고 그 결과 1918년 제4차 선거법 개정으로 만 21세 이상의 성인 남성과 만 30세 이상의 여성이 투표권을 행사할 수 있었다. 이후 1928년에는 만 21세 이상의 성인 남성과 여성이 평등하게 투표권을 얻었고, 1969년에는 투표할 수 있는 연령이 만 18세로 낮춰졌다. 프랑스는 1848년 2월 혁명 이전에는 전 인구의 0.7%의 성인 남성들에게 투표권이 주어졌고 2월 혁명 이후 성인 남성들에게 투표권이 주어졌다. 그 후 1944년에야 처음으로 여성에게 선거권이 주어졌다.

반면 대한민국은 국민(시민)들의 투쟁 없이 일정 연령 이상의 남성과 여성이 모두 투표권을 얻었다. 그런데 투표할 수 있는 연령을 20세로 정한 것은 헌법 제4호가 처음이다. 4·19혁명 당시 대학생들이 활동했다고 하지만, 실제로 거리에 나간 것은 중학생과 고등학생이다. 4·19혁명의 수혜를 입은 장면의 민주당정권은 중학생과 고등학생들의 도움을 받았지만 그들에게 투표권을 주는 것이 위험하다고 생각했을 지도 모른다. 또 박정희 정권 때에는 대학생들이 독재정권과 유신 타도를 위해 거리에 나섰기 때문에 전 세계적으로 18세의 성인 남녀에게 투표권을 주는 제도가 대한민국에 정착되기 어려웠다. 그래서 특정지역과 노인들의 지지를 받는 공화당, 민정당, 신한국당, 한나라당, 새누리당 등 수구세력은 투표권 연령 낮추기를 거부하였다. 반면 야당들은 지속적으로 투표 연령을 낮추려고 시도하였다. 현재 대한민국은 만 19세 이상의 남성과 여성들이 투표할 수 있다. 2016년 10월부터 2017년 3월까지 지속된 박근혜 퇴진 촛불집회에 수많은 중학생과 고등학생도 참여하였다. 이들 가운데 일부는 투표권을 16세의 남성과 여성들에게도 달라고 주장하였고 민주당을 비롯한 야당이 이를 받아들여 투표권 행사 연령을 만 18세 이상으로 낮추자는 법안을 국회에 제출하였다. 그러나 자유한국당은 무조건 반대하였다. 젊은이들의 표가 야당에게 유리하겠다고 판단했기 때문일까? 수구정당과 지배층은 세계적인 추세에 맞춰 선거연령을 낮추자는 주장에 귀를 막을 뿐만 아니라 투표 날짜를 4월 중순(국회의원), 6월 중순(지방선거)과 12월 중순(대통령 선거)으로 못 박았다. 이때는 대학교의 중간고사와 기말고사 기간이다. 다행인지불행인지 탄핵때문에 대통령 선거만 시험을 피한 5월에 실시된다. 대학생들이 투표할 수 없도록 국회의원과 지방자치단체장, 지방의회 선거 때 대학생들의 투표를 막으려는 꼼수일까? 학생들이 학교 안에 부재자투표소를 설치해 달라고 해도 선관위는 이런저런 핑계를 대며 외면한다. 선거 1-2주 전에 동 주민센터 등에 가서 미리 투표하는 사전투표가 시행되었지만, 투표율을 높이는데 얼마나 도움이 되는지 모르겠다. 정치권과 선관위가 투표율을 높이고 싶다면, 선거 날짜를 바꿔서 대학생들의 투표권을 보장하라.

헌법에는 모든 사람이 투표할 권리가 규정되었지만, 투표할 수 없는 사람들도 많다. 선거 당일에 출근하라는 회사의 사장님들, 투표 기간에 지방 수학여행을 보내는 교장님들, 장사 때문에 자리를 비울 수 없는 자영업 사장님들과 그 밑에서 일하는 알바생들. 국회나 선관위는 이들이 투표할 수 있도록 법률을 개정하고 투표를 독려해야 하지만 미온적이다. 특히 보궐선거는 임시공휴일이 아니기 때문에 투표율이 저조하다. 그래서 조직표를 가진 정당이 유리하다. 유권자의 절반이 투표하지 않는 투표가 정당성을 지니고 있을까? 많은 사람들이 자신의 권리를 행사할 수 있도록 정치권과 선관위가 신경 써야 할 것이다.

::

처음부터 모든 사람들이 선거권을 가진 것은 아니었다. 아래는 영국에서 연도마다 선거권을 가진 사람들의 비중이 달랐음을 보여준다.

⟨표 2⟩ 영국의 유권자 비율 변천

시기	내각 (정당)	요점	유권자 비율
개정전		• 귀족, 상층시민(상업자본가), 일부 　중산자에 참정권 부여	3%
제1차 (1832)	그레이 (휘그당)	• 산업자본가, 도시와 농촌의 중산자 　에 참정권 부여 • 부패선거구 폐지(144석 재배분)	4.5%
제2차 (1867)	다비 (보수당)	• 소시민, 도시노동자에 참정권 부여 • 선거구 개정(46석 재배분)	9%
제3차 (1884)	글래드스턴 (자유당)	• 농촌과 광산 노동자에 참정권 부여 • 소선거구제 채용, 비밀투표제 확립	19%
제4차 (1918)	로이드 조지 (자유당)	• 남자 보통선거제－만 21세 이상 • 여자 보통선거제－만 30세 이상	46%
제5차 (1928)	볼드윈 (보수당)	• 만 21세 이상, 남녀평등의 　보통선거제	62%
제6차 (1969)	윌슨 (노동당)	• 만 18세 이상	71%

⟨표 2⟩를 보면 알 수 있듯이 처음에는 성인 남성들 가운데 일부가 투표권을 얻었다. 영국에서 여성들이 투표권을 처음 얻은 해가 제1차 세계대전이 끝난 1918년이었다. 아래 ⟨표 3⟩은 여성들이 처음으로 투표권을 얻은 해를 나라 별로 나열한 것이다.

⟨표 3⟩ 세계 각국이 여성 참정권을 인정한 해

국가	연도	국가	연도	국가	연도	국가	연도	국가	연도
뉴질랜드	1893	오스트레일리아	1902	핀란드	1906	노르웨이	1913	덴마크	1915
소련	1917	영국 (30세 이상)	1918	독일 폴란드	1919	미국 헝가리	1920	스웨덴	1921
프랑스 일본	1945	한국	1948	스위스	1971				

헌법 제5호의
기본권 제한과 소급
입법

헌법 제5호에서는 조문만을 보면 개정된 조항이 없다. 그러나 부칙에 아래의 세 조항을 삽입하여 제23조의 효력을 정지시켰다.

1. 이 헌법 시행 당시의 국회는 단기 4293년 3월 15일에 실시된 대통령, 부통령 선거에 관련하여 부정행위를 한 자와 그 부정행위에 항의하는 국민에 대하여 살상 기타의 부정행위를 한 자를 처벌 또는 단기 4293년 4월 26일 이전에 특정지위에 있음을 이용하여 현저한 반민주행위를 한 자의 공민권을 제한하기 위한 특별법을 제정할 수 있으며 단기 4293년 4월 26일 이전에 지위 또는 권력을 이용하여 부정한 방법으로 재산을 축적한 자에 대한 행정상 또는 형사상의 처리를 하기 위하여 특별법을 제정할 수 있다. 〈신설 1960.11.29.〉

2. 전항의 형사사건을 처리하기 위하여 특별재판소와 특별검찰부를 둘 수 있다. 〈신설 1960.11.29.〉

3. 전2항의 규정에 의한 특별법은 이를 제정한 후 다시 개정하지 못한다. 〈신설 1960.11.29.〉

이 부칙은 법원이 4·19 당시 시위대에 총을 쏘도록 명령한 내무장관과 법무장관, 경찰 간부 등에게 가벼운 처벌을 내리자 추가되었다. 비난 여론을 의식한 장면 정권은 홍진기, 조인구, 곽영주, 신도환, 임화수 등 반민주행위자들을 다시 재판하도록 이 부칙 3개 조항을 넣었고 특별법을 만들어 반민주행위자들을 처벌하기 위해 특별재판소와 특별검찰부를 만들 수 있도록 하였다. 이는 제23조 "모든 국민은 행위 시의 법률에 의하여 범죄를 구성하지 아니하는 행위에 대하여 소추를 받지 아니하며 또 동일한 범죄에 대하여 두 번 처벌되지 아니한다."라는 조항의 효력을 정지시킨 것이다. 4·19를 탄압한 반민주행위자를 제대로 처벌하기 위한 불가피한 조치였지만, 나쁜 선례를 남겼다. 이를 본받은 박정희 정권은 1972년 개헌을 통해 유신헌법의 부칙 제10조에 "이 헌법에 의한 지방의회는 조국통일이 이루어질 때까지 구성하지 아니한다."라는 조항을 삽입하여 유명무실한 지방자치의 숨통을 확실히 끊어 놓았다. 또 5공 헌법의 부칙 제7조에 "새로운 정치질서의 확립을 위하여 이 헌법 시행과 동시에 이 헌법 시행 당시의 정당은 당연히 해산된다. 다만, 늦어도 이 헌법에 의한 최초의 대통령선거일 3월 이전까지는 새로운 정당의 설립이 보장된다."라는 구절을 삽입하였다. 이는 전두환 정권이 박정희 정권 시절 여당인 공화당과 야당인 신민당을 해산하고 정계 개편을 하기 위한 꼼수였다. 전두환은 공화당을 해산했지만 신군부 인사를 중심으로 공화당의 법인격과 조직, 당원을 이어받아 민정당(민주정의당)을 만들었다. 그리고 해체한 야당 신민당 인사들을 두 무리로 나누어 민한당(민주한국당)과 국민당이란 관제 야당 2개를 만들었다. 또 부칙 제10조에도 "이 헌법에 의한 지방의회는 지방자치단체의 재정자립도를 감안하여 순차적으로 구성하되, 그 구성시기는 법률로 정한다."라는 조항을 삽입하여 헌법에 규정된 지방자치, 특히 지방의회 설치를 미루었다. 그리고 지방자치법을 만들지 않아 지방의회선거도 실시하지 않았다. 1980년대 신문에는 야당은 지방의회 선거를 하자고 주장하지만 전두환정권은 무시하는 기사가 자주 실렸다.

헌법 제6호의
기본권 개악

　　　　　장면 정권을 무너뜨리고 권력을 잡은 박정희 정권은 개헌을 통해 헌법 제6호를 제정하였다. 제10조 행복추구권, 제15조 직업선택의 자유 등 2개의 조항이 신설되었다. 또 제7조 공무원 파면 청원권, 제12조 신체의 자유, 제14조 거주 · 이전의 자유, 제19조 양심의 자유, 제20조 종교의 자유, 제21조 언론 · 출판 · 집회 · 결사의 자유, 제27조 재판권, 제28조 형사재판 보상, 제29조 국가의 배상, 제31조 교육권, 제32조 근로의 권리(노동권), 제33조 노동 3권, 제34조 사회권, 제36조 결혼, 제37조 자유와 권리 보장과 제한 등 15개 조항이 바뀌었다. 기본권의 15개 조항이 바뀌었으니 국민의 권리 향상에 도움이 되었을 것처럼 생각하기 쉽다. 기본권이 향상된 조항도 있고 그렇지 않은 조항도 있다.

먼저 기본권이 향상된 예를 살펴보면 제11조가 있다.

제11조 ①모든 국민은 행위 시의 법률에 의하여 범죄를 구성하지 아니하는 행위로 소추되지 아니하며, 동일한 범죄에 대하여 거듭 처벌받지 아니한다.
②모든 국민은 소급입법에 의하여 참정권의 제한 또는 재산권의 박탈을 받지 아니한다.

제11조 1항은 헌법 제5호에도 있었지만, 헌법 제5호에서는 부정선거와 4·19 불법 진압에 앞장선 반민주행위자를 처벌하기 위해 부칙에 이중처벌 금지 조항을 무력화하는 소급 조항과 특별법을 넣었다. 반면 헌법 제6호에서는 이를 삭제하여 동일 범죄의 이중처벌 금지를 보장하였다. 또 2항에서 참정권과 재산권을 소급입법으로 박탈당하지 않도록 규정하였다. 제11조는 최소한 동일 범죄의 이중처벌을 금지하고 소급입법으로 참정권·재산권 박탈을 규정하지 않았다는 점에서 기본권 보장에 크게 기여하였다. 그러나 좀 삐딱하게 보면, 부정선거와 발포 책임자를 봐주기 위한 규정일 수도 있다. 또 김지태로부터 부산일보와 MBC, 장학재단 재산을 뺏은 박정희가 자기 재산을 빼앗기지 않기 위해 넣었을 것 같은 의심도 든다.

다음으로 제30조를 살펴보자.

제30조 ①모든 국민은 인간다운 생활을 할 권리를 가진다.

②국가는 사회보장의 증진에 노력하여야 한다.

③생활능력이 없는 국민은 법률이 정하는 바에 의하여 국가의 보호를 받는다.

헌법 제6호는 헌법 제1~5호 제19조의 조항에 1항과 2항을 추가하여 인간다운 생활을 할 권리를 보장하고 국가의 사회보장 증진 의무를 규정하였다. 국가의 보호와 사회보장의 대상을 생활능력이 없는 사람에서 국민 전체로 확대하여 사회권의 보장 범위를 넓혔다는 점에서 획기적인 조항이었다. 그러나 박정희 정권이 이 헌법 조항을 현실 사회에 얼마나 실현하려고 노력했는지 의문이다. 사회보장의 하나인 의료보험을 예로 들어보자. 1963년 의료보험법이 처음 제정되어 의료보험조합을 설립할 수 있었고 청십자조합이 1968년 처음으로 설립되었다. 1977년 직장의료보험이 500인 이상 노동자가 있는 사업장에 도입되었다. 직장에만 의료보험을 도입하여 공무원과 재벌·대기업의 임직원 및 가족들만 가입하고 혜택을 누렸다. 이에 비판적인 사람들은 이때 재벌 혹은 대기업과 국가의 공무원 등 소수 엘리트만의 건강을 챙겼을 뿐, 모든 국민의 건강을 신경 쓴 것이 아니라고 주장한다. 김대중 정권 때인 1998년 비로소 지역의료보험조합 등을 통합하여 국민의료보험을 단일화하였고 2000년 직장의료보험을 통합하여 국민건강보험공단을 만들었다. 그러나 여전히 직장의료보험료와 지역의료보험료 징수 체계가 이원화되어 보험료 납입자의 부담이 균일하지 않고 보장되는 의료보험의 종류도 많지 않다. 게다가 일부 재벌의 배를 불려주기 위해 의료민영화를 도입하고 건강보험을 점차 엉망으로 만드는 거꾸로 가는 보건정책이 실시되고 있다.

다음으로 기본권이 후퇴한 개악의 조항을 살펴보자.

제12조에는 "모든 국민은 거주·이전의 자유를 가진다."라고 하였다. 헌법 제4~5호에 기록된 "주거의 침입 또는 수색을 받지 아니한다."의 구절을 삭제했기 때문에 헌법 제4~5호보다 후퇴한 조항으로 보인다. 거주·이전의 자유를 보장하였지만 주거를 침입하거나 수색할 수 없다는 구절을 삭제하여 주거 침입과 수색의 여지를 남겼기 때문이다. 제14조 주거의 자유에서도 비슷한 경향을 보인다.

> 제14조 모든 국민은 주거의 침입을 받지 아니한다. 주거에 대한 수색이나 압수
>
> 에는 법관의 영장을 제시하여야 한다.

위 조항에서는 주거의 침입을 받지 않는다고 하면서도 영장이 있으면 압수와 수색이 가능하다고 하였다. 이는 "모든 국민은 거주와 이전의 자유를 제한받지 아니하며 주거의 침입 또는 수색을 받지 아니한다."라고 하여 헌법 제4~5호에서 어떤 경우라도 주거의 침입과 수색을 받지 않는다는 규정에서 후퇴한 것이다. 이는 간첩과 범죄자를 잡기 위해서는 편리하지만, 반대로 반정부 인사의 체포를 위해 악용될 수 있었다.

제18조의 3~4항에서는 신문과 통신, 옥외집회를 허가하거나 규제

할 수 있다고 하였고 5항에서 "언론 · 출판은 타인의 명예나 권리 또는 공중도덕이나 사회윤리를 침해하여서는 아니된다."라고 하여 언론과 출판의 자유를 규제하였다. 이는 헌법 제4~5호 제28조 2항에 규정된 언론 · 출판 · 집회 · 결사의 허가나 검열을 금지한 조항을 삭제한 제32조 2항의 수정과도 일치한다. 요컨대 언론 · 출판 · 집회 · 결사의 자유에 대한 조항(제18조)은 헌법 제 4-5호의 2개 항보다 3개 항이 늘어났지만 도리어 언론 · 출판 · 집회 · 결사의 자유는 줄어들었다.

교육권을 규정한 제27조 4항에서 교육의 자주성과 정치적 중립성을 규정하였다. 이 조항은 공정한 교육을 보장하기 위한 조항으로 보이지만, 교사들의 정치참여와 노동조합 결성을 금지한 조항으로 보인다.

개선된 항목과 개악된 항목이 동시에 포함된 조항도 있었다. 대표적인 것이 노동 3권을 명시한 헌법 제6호의 제29조이다.

헌법 제1~5호	헌법 제6호
제18조 근로자의 단결, 단체교섭과 단체행동의 자유는 법률의 범위 내에서 보장된다. 영리를 목적으로 하는 사기업에 있어서는 근로자는 법률의 정하는 바에 의하여 이익의 분배에 균점할 권리가 있다.	제29조 ①근로자는 근로조건의 향상을 위하여 자주적인 단결권 · 단체교섭권 및 단체행동권을 가진다. ②공무원인 근로자는 법률로 인정된 자를 제외하고는 단결권 · 단체교섭권 및 단체행동권을 가질 수 없다.

왼쪽은 1948년 헌법 때 제정되어 헌법 제5호 때까지 남아 있던 노

동 3권에 대한 조항이다. 이 조항에서는 노동 3권, 즉 단결권·단체교섭권·단체행동권이 법률이 정해진 한계에서만 보장된다고 규정하였다. 그러나 1962년 12월 26일에 개정된 헌법 제6호에서는 "법률의 범위 내에서"라는 구절을 없애서 노동 3권을 완벽하게 보장한 것처럼 보인다. 그러나 반전은 제29조 2항에서 일어났다. 헌법 제1~5호에 규정된 제18조 노동자의 이익분배 균점권이 헌법 제6호 제29조에서는 삭제되었다. 게다가 2항에서 '법률로 인정된 자를 제외하고는'이라는 단서를 달았지만, 사실상 공무원의 노동 3권을 금지시켰다. 뒤에서 자세히 살펴보겠지만, 노동자의 이익균점권은 재벌들의 배를 불려주기 위해 삭제한 것이다. 이어서 재판권을 규정한 제24조를 살펴보자.

제24조 ①모든 국민은 헌법과 법률에 정한 법관에 의하여 법률에 의한 재판을 받을 권리를 가진다.

②군인 또는 군속이 아닌 국민은 대한민국의 영역 안에서는 군사에 관한 간첩죄의 경우와, 초병·초소·유해음식물공급·포로에 관한 죄 중 법률에 정한 경우 및 비상계엄이 선포된 경우를 제외하고는, 군법회의의 재판을 받지 아니한다.

③모든 국민은 신속한 재판을 받을 권리를 가진다. 형사피고인은 상당한 이유가 없는 한 지체 없이 공개재판을 받을 권리를 가진다.

제24조 1항은 헌법 제1~5호의 제22조이며, 3항은 헌법 제1~5호

의 제24조의 형사피고인에게 주어진 공개재판 권리에다 모든 국민이 신속한 재판을 받을 권리를 추가하였다. 이는 국민의 재판권을 개선했다는 점에서 기본권 확대에 긍정적인 조항이었다. 위의 인용문에 보이는 2항은 '제외하고는, 군법회의의 재판을 받지 아니한다'의 구절을 취하고 있지만, 사실상 민간인이 군사재판을 받는다고 규정하였다. 이는 1항과 3항에서 보장한 재판권을 제한하는 조항이다. 즉 간첩죄와 초병·초소·유해음식물공급·포로 등 군인과 관련된 몇 가지 사항, 비상계엄 때 민간인이 일반 형법이 아닌 군법으로 재판을 받는다고 규정하였다. 군법재판은 1심이고 형법보다 형벌이 중하다는 점에서 인권침해의 여지가 있었다.

이처럼 인권침해가 가능한 기본권 조항은 제8조의 규정과 배치된다.

제8조 모든 국민은 인간으로서의 존엄과 가치를 가지며, 이를 위하여 국가는 국민의 기본적 인권을 최대한으로 보장할 의무를 진다.

헌법 제6호에서 신설된 이 조항은 인간의 존엄성을 규정하였고, 국가는 기본적 인권을 보장할 의무를 진다고 하였다. 그러나 앞에서 살펴본 것처럼 기본권을 유린할 수 있는 예외 조항을 집어넣은 헌법 규정과 제8조의 규정은 서로 모순이 되지 않을까? 이 조항이 박정희 정권에서 얼마나 지켜졌고, 국가가 기본적 인권을 얼마나 보장했고, 보장하려고 노력했는지는 모르겠다.

유신헌법의
기본권 제한

　　박정희 정권은 1969년 3선 개헌 때 헌법 제6호의 기본권 조항을 바꾸지 않았다. 종신집권을 꾀하며 만든 헌법 제8호를 제정할 제12조 신체의 자유, 제14조 거주·이전의 자유, 제15조 직업선택의 자유, 제16조 주거의 자유, 제18조 통신의 비밀, 제21조 언론·출판·집회·결사의 자유, 제27조 재판권, 제29조 국가의 배상, 제32조 노동 3권, 제37조 자유와 권리 보장과 제한 등 10개 조항을 바꾸었다. 바뀐 조항들을 보면 정권 유지를 위한 기본권 제한이었음을 짐작할 수 있다.

　　유신헌법의 제10조 신체의 자유조항에서 체포·구금된 사람의 적부 심사 청구권, 구제 청구권을 규정한 헌법 제6호의 5항과 고문·폭행·협박·구속과 장기 구속으로 인한 자백과 자백이 유일한 증거일 때 유죄의 증거로 삼거나 처벌하지 못하게 한 6항을 삭제하였다. 이는 노골적으로 국가권력이 개인을 체포·구금하고 고문과 폭행, 협박 등의 방법으로 자백을 받아내 처벌할 수 있도록 한 것이다.

　　제12조와 제15조, 제18조는 헌법으로 기본권을 보장하면서 법률로 제한하는 이중 조항으로 바뀌었다.

　　제12조 모든 국민은 법률에 의하지 아니하고는 거주·이전의 자유를 제한받지 아니한다.

제15조 모든 국민은 법률에 의하지 아니하고는 통신의 비밀을 침해받지 아니한다.

제18조 모든 국민은 법률에 의하지 아니하고는 언론·출판·집회·결사의 자유를 제한받지 아니한다.

제12조 거주·이전의 자유는 '법률에 의하지 아니하고는'라는 단서 조항을 집어넣어 법률로 거주·이전의 자유를 제한할 수 있음을 명시한 것이다. 이는 "모든 국민은 거주·이전의 자유를 가진다."라고 규정한 박정희 정권의 헌법 제6~7호 조항(제12조)보다도 후퇴한 것이다. 제15조 통신의 비밀보장 조항은 헌법 제6~7호의 "모든 국민은 통신의 비밀을 침해받지 아니한다."와 비교하면 법률로 통신의 비밀을 침해할 수 있다고 규정을 바꾼 것이다. 또 제18조 언론·출판·집회·결사의 자유 조항도 '법률에 의하지 아니하고는'의 단서를 달아 사실상 법률로 언론·출판·집회·결사의 자유를 제한할 수 있는 여지를 남겨 놓았다. 같은 박정희 정권의 헌법 제6~7호에서는 언론·출판·집회·결사의 자유에 대한 조항이 5개나 있었는데 4개 조항을 없앴다. 이로써 언론·출판·집회·결사의 자유는 상당 부분 축소되었다.

박정희 정권은 거주·이전·언론·출판·집회·결사의 자유와 통신의 비밀을 침해할 수 있는 독소 조항을 심어놓았을 뿐만 아니라 재판을 받을 권리도 약화시켰다.

②군인 또는 군속이 아닌 국민은 대한민국의 영역 안에서는 군사에 관한 간첩 죄의 경우와, 초병·초소·유해음식물공급·포로에 관한 죄 중 법률에 정한 경우 및 비상계엄이 선포되거나 대통령이 법원의 권한에 관하여 긴급조치를 한 경우를 제외하고는 군법회의의 재판을 받지 아니한다.

위의 조항은 제24조 2항으로 헌법 제6~7호의 2항보다 군법회의 재판을 받을 수 있는 범위를 확대하였다. 즉 긴급조치 위반도 군법회의 재판에 회부할 수 있도록 하였다. 긴급조치는 대통령이 취할 수 있었던 특별조치이다. 예컨대 긴급조치 제1호의 7개 조항은 아래와 같다.

① 대한민국헌법을 부정, 반대, 왜곡 또는 비방하는 일체의 행위를 금한다.

② 대한민국헌법의 개정 또는 폐지를 주장, 발의, 청원하는 일체의 행위를 금한다.

③ 유언비어를 날조, 유포하는 일체의 행위를 금한다.

④ 전 1, 2, 3호에서 금한 행위를 권유, 선동, 선전하거나 방송, 보도, 출판, 기타 방법으로 이를 타인에게 알리는 일체의 언동을 금한다.

⑤ 이 조치에 위반한 자와 이 조치를 비방한 자는 법관의 영장 없이 체포, 구속, 압수, 수색하며 15년 이하의 징역에 처한다. 이 경우에는 15년 이하의 자격정지를 병과할 수 있다.

⑥ 이 조치에 위반한 자와 이 조치를 비방한 자는 비상 군법회의에서 심판, 처단한다.

⑦ 이 조치는 1974년 1월 8일 17시부터 시행한다.

1항과 2항은 유신헌법을 비판하거나 개정 혹은 폐지를 주장하면 법원의 영장 없이 체포 · 구속 · 압수 · 수색하고 비상 군법회의에서 재판할 수 있었다. 개헌은 논의조차 할 수 없었다! 긴급조치 위반은 제24조 2항에 따라 군법회의에 회부될 수 있었다. 그러나 법원의 영장 없는 체포 · 구속 · 압수 · 수색에 사전 혹은 사후 영장이 있어야 한다는 제10조 3항을 위반한 것이다. 긴급조치 제1호의 5항은 헌법의 조항도 무시한 위헌 혹은 초헌법적인 폭거였다. 긴급조치 제4호에서는 학생의 출석거부, 수업 또는 시험의 거부, 학교 내외의 집회, 시위, 성토, 농성 등을 금지하고 위반하면 퇴학 혹은 정학에 처하는 규정이 있었다. 이 규정을 위반하는 학생들은 퇴학 혹은 정학 당할 뿐만 아니라 제24조 2항에 따라 군법회의에서 재판을 받아야 했다.

박정희 정권이 만든 유신헌법은 거주 · 이전 · 언론 · 출판 · 집회 · 결사의 자유와 통신의 비밀, 재판을 받을 권리 등 자연권적 기본권을 침해했을 뿐만 아니라 먹고 사는 문제, 즉 경제와 관련된 기본권 혹은 사회권도 규제되었다. 대표적인 조항이 제13조 직업선택의 자유이다.

제13조 모든 국민은 법률에 의하지 아니하고는 직업선택의 자유를 제한받지 아니한다.

직업의 자유는 거주 · 이전의 자유와 마찬가지로 자본주의 경제

발전과 함께 형성된 권리 개념이다. 1919년 독일의 바이마르 헌법부터 구체적으로 기본권으로 명시되었고, 박정희 정권의 헌법 제6호부터 기본권으로 수록되었다. 한 헌법학자는 이 조항을 좁은 의미의 직업선택 혹은 결정, 직업수행의 자유를 보장하는 규정으로 해석하였다.[17)]

위에서 보는 것처럼 '법률에 의하지 아니하고는'이라는 단서 조항을 달아 직업선택을 제한할 수 있는 장치를 마련하였다. 직업선택의 자유뿐만 아니라 노동 3권도 더욱 제한되었다. 제29조 3항에 아래의 조항이 추가되었다.

③공무원과 국가 · 지방자치단체 · 국영기업체 · 공익사업체 또는 국민경제에 중대한 영향을 미치는 사업체에 종사하는 근로자의 단체행동권은 법률이 정하는 바에 의하여 이를 제한하거나 인정하지 아니할 수 있다.

헌법 제6~7호에서 이미 법률에 따라 일부 공무원의 노동 3권을 금지할 수 있는 조항을 2항에 삽입하였다. 유신헌법에서는 한걸음 나아가 공무원과 국가, 지방자치단체, 국영기업체, 공익사업체에서 근무하는 노동자의 단체행동권을 사실상 금지하였다. 이는 국가와 관련된 곳에서 일하는 사람들의 파업을 봉쇄한 것이다. 게다가 '국민경제

---

17) 정종섭, 『헌법학원론』, 박영사, 2011, 660쪽.

에 중대한 영향을 미치는 사업체'라는 구절은 자의적인 해석이 가능하다. 사실상 거의 모든 기업에서 일하는 노동자들의 단체행동권, 즉 파업을 금지시킬 수 있는 구절이었다. 1960년대와 70년대 우리나라 경제는 고속성장을 구가하였지만, 성장의 과실은 일부 재벌과 기업인들, 이들의 상납을 받는 정치인과 공무원에 한정되었다. 고속성장의 그늘에서 장시간 노동과 저임금에 시달리는 노동자들은 노동 조건의 향상과 임금 인상을 위해 파업을 하여 자신들의 의사를 관철시키고자 하였다. 그러나 '국민경제에 중대한 영향을 미치는 사업체'라는 구절로 거의 모든 기업의 노동자들의 파업을 봉쇄할 수 있었다. 가장 심한 건 제26조 2항이었다.

제26조 ②군인 · 군속 · 경찰공무원 기타 법률로 정한 자가 전투 · 훈련 등 직무 집행과 관련하여 받은 손해에 대하여는 법률이 정한 보상 이외에 국가나 공공단체에 공무원의 직무상 불법행위로 인한 배상은 청구할 수 없다.

제26조 2항은 군인과 경찰 등 공무원이 국가나 공공단체에 배상을 청구할 수 없음을 규정하였다. 본래 헌법 제7호까지 1항만 있었으나 유신헌법 때 삽입하였다. 이중배상금지를 규정했다고 하는데, 꼼수가 작용하였다. 1960년대 베트남 파병에 참전한 사람들이 피해보상과 임금 문제로 소송을 제기하였다. 필자 주변에는 베트남 전쟁에 참전하고 월급을 받지 못해 지금까지 국가를 상대로 소송하시는 분

이 있다. 그 소송을 못하도록 하는 조항을 헌법에 집어넣은 주체가 박정희인 걸 아는지 모르는지 박정희를 찬양하는 분이시다. 이들은 왜 소송을 했을까?

『프레이저 보고서』에 베트남전쟁 당시 미국이 한국정부에게 지원한 내역이 항목과 표로 제시되었다. 이에 따르면, 사망과 부상 비용 지원 금액은 1966년에 65만 4,000달러, 1967년에 169만 달러, 1968년에 343만 9,000달러, 1969년에 287만 2,000달러, 1970년에 180만 달러였다. 이 밖에 한국으로 부상병을 호송하는 비용은 주월 미 환자 수송 호송단 사령관이 맡았다.[18] 이 연도는 미국의 회계연도이다. 미국의 회계연도는 10월에 시작하여 다음해 9월에 끝나므로 실제로 지급한 기간은 1971년까지 늘어난다. 1966년부터 1970년(단순 연도로는 1971년)까지 미국은 사망과 부상 보상지원금으로 모두 1,050만 달러를 썼다. 이를 당시 원-달러 환율로 바꿔서 2018년 원화로 표시하면 아래와 같다.

〈표 4〉 미국의 사망 및 보상 지급액

	지원액 (달러)	원-달러 환율 (12월 기준)	당시 원화 환산금액(원)	물가상승 배수	2018년 1월 원화 가치(원)
1966년	654,000	271.18	177,351,720	32.565	5,775,458,762
1967년	1,690,000	274.19	463,381,100	29.193	13,527,484,452

---

18) 『프레이저 보고서』, 282쪽, 〈표5〉 베트남 파병으로 한국정부가 얻은 수익.

1968년	3,439,000	281.65	968,594,350	28.692	27,790,909,090
1969년	2,872,000	304.53	874,610,160	22.609	19,774,061,107
1970년	1,800,000	316.27	569,286,000	19.759	11,248,522,074
합계	10,455,000		3,053,223,330		78,116,435,485

위의 〈표 4〉는 해당연도 12월 원-달러 환율에 따라 당시 원화로
바꾼 금액과 이를 2018년 1월 당시 원화로 바꾼 화폐가치다. 환전 시
점과 물가상승 배수에 따라 가격이 달라질 수 있다. 〈표 4〉를 보면
1966년부터 1970년까지 5년 동안 사망과 부상에 미국이 지원한 액
수를 당시 금액으로 계산하면 약 30억 5,322만 원이며, 2018년 1월
화폐가치로 약 781억 1644만 원에 해당한다. 사실 2018년 1월 금액
은 소비자 물가를 기준으로 계산한 것이므로, 이때 제대로 보상을 받
았다고 하고 정기예금 이자율(복리)로 계산하면 그 금액은 더 커질
것이다. 당시 미국이 지불하지 않은 고엽제 피해보상금을 더한다면
그 액수는 더 늘어날 것이다. 당시 화폐가치로도 약 31억여 원이면
결코 적은 돈이 아니다.

사망과 부상 보상금뿐만 아니라 월급도 제대로 지급되지 않았다.
『프레이저 보고서』의 기록을 보자.

"한국 전투사단의 두 번째 파병과 관련하여, 주한 미국대사 윈스럽 브라운
(Winthrop Brown)은 1966년 3월에 소위 「브라운각서」로 알려진 문서에 서명

했다. 한국의 참여 확대를 위한 보상의 양과 종류를 확대하는 내용이었다.

주한미군의 고위 장교는 본 소위원회에서 한국정부가 외화를 버는 것 때문에 당시 베트남에 더 많은 군대를 약속하려고 매우 갈망했다고 증언했다. 결국 미국이 한국의 베트남전쟁 참가를 위해 사용한 총액은 약 10억 달러에 달했다. 이 금액 중 약 9억 2천5백만 달러가 한국의 외환보유액으로 비축되었다.

한국정부는 또한 미국이 한국군에 제공한 고율의 급여(협정의 일부)에서도 이익을 취했다. 그것들은 미군과 근접한 수준으로 지급되었다. 그러나 포터 대사에 따르면, '그 돈들은 정부로 송금되었지만 군인들에게 지불된 수준은 상당히 적었다.'고 한다."[19]

베트남전쟁으로 한국은 9억 2,500만 달러의 외화를 벌었다. 그러나 밑줄 친 부분에서 알 수 있듯이 박정희 정권은 미국이 송금한 준미군 수준의 급여의 대부분을 군인들에게 주지 않고 가로챘다. 그러면서도 박정희 정권은 재정 부담을 이유로 참전용사들이 베트남 전쟁 때 입은 피해를 싼값에 처리하려고 하였다. 즉 국가가 정한 일정한 보상만 하고 민사소송 등을 통해 더 이상 피해보상을 하지 못하도록 하였다. 그러니 대법원은 이 법률 조항을 위헌으로 선언하였다. 이에 화가 난 박정희 정권은 피해보상을 하지 못하도록 한 법률 조항을 헌법에 집어넣어 위헌 논란 시비 자체를 없애버렸다. 이 조항 때문에 특

---

19) 『프레이저 보고서』, 97쪽.

히 고엽제 등 피해를 받은 베트남 참전용사들이 보상 혹은 배상을 받을 기회가 사라졌다. 이 조항은 국가를 위해 목숨을 바치거나 다친 유공자들에게 적절한 보상 혹은 배상을 못하도록 하는 악질적인 조항이다. 그러나 이 조항은 폐지되지 않고 현행 헌법에도 살아남아 있다. 2015년 비무장지대 지뢰 폭발로 부상을 당한 곽 중사 사건도 이 유산이다. 전역당한 후 치료비 750만 원을 사비로 부담했다. 당시 정의당이 공론화하지 않았으면 국민들은 이 사실을 몰랐을 것이다. 나라를 지키기 위해 열심히 일하는 군인들을 냉정하게 내치는 나라. 누가 목숨을 바쳐 이 나라를 지킬 것인가?

요컨대 박정희 정권은 제6차와 헌법 제8호 개정 당시 국민의 기본권을 많이 뜯어 고쳤다. 국민의 삶을 향상시키는 방향이 아니라 그 반대로 국민들을 감시하고 통제를 쉽게 하기 위한 수단이었다. 인권과 기본권의 관점에서 보면 박정희 정권은 악몽이었다. 특히 유신헌법에서는 국민 주권을 다음과 같이 왜곡시켰다.

제1조 ①대한민국은 민주공화국이다. ②대한민국의 주권은 국민에게 있고, 국민은 <u>그 대표자나 국민투표에 의하여</u> 주권을 행사한다.

박정희 정권, 특히 유신시대는 어떤 사람에게 좋은 시기였고, 다른 사람에게는 폭압과 악몽의 시기였다. 적어도 유신헌법에서는 국민의 주권을 제한하였다. 국민이 대표자에 의해 주권을 행사한다는 말은 국회의원과 대통령을 뽑는 선거인단 선거인 통일주체국민회의를 뽑는 선거 때만 국가의 주인임을 느낄 수 있다는 말이다. 국민투표는 헌법 개정 때만 있었기 때문에 국민이 직접 의사를 표출할 수 있는 방법은 없었다. 유신시대 대한민국 국민은 조선시대 백성들처럼 의무만 있고 국가의 통제를 받는 백성이나 신민(臣民)에 불과하였다.

헌법 제9호의
기본권 개선

　　　　　　　　12 · 12쿠데타로 정권을 잡은 전두환은 1980년 개헌을 통해 헌법 제9호를 제정하였다. 제10조 행복추구권, 제12조 신체의 자유, 제14조 거주 · 이전의 자유, 제15조 직업선택의 자유, 제16조 주거의 자유, 제18조 통신의 비밀, 제21조 언론 · 출판 · 집회 · 결사의 자유, 제27조 재판권, 제28조 행사재판 보상, 제31조 교육권, 제32조 근로의 권리(노동권), 제34조 사회권, 제36조 결혼, 제37조 자유와 권리 보장과 제한 등 14개 조항을 바꾸었다.

군대의 명령 계통을 어기고 정승화 참모총장과 군 고위 간부를 생포하고 광주 민주화운동을 짓밟았으며 야당을 탄압했던 전두환 정권. 공화당과 신민당을 해산하고 무고한 사람도 삼청교육대에 보내는 인권유린을 자행한 전두환. 인정하기 싫지만 전두환이 만든 헌법은 기본권만 따지면 장면 정권을 탄생시킨 헌법 제4호 다음으로 좋은 헌법이다. 헬리콥터까지 동원해 광주 시민을 학살한 전두환은 뭔가 찔리는 게 있는지 혹은 위선인지 신체·통신·언론·출판·집회·결사·직업선택의 자유, 자유와 권리의 본질적 내용 침해금지 조항을 유신헌법 이전의 조항으로 복귀시켰다. 게다가 박정희 정권이 처음으로 도입한 인간의 존엄과 기본권 인권 보장 조항을 확대시켰다.

헌법 제8호(유신헌법)	헌법 제9호(5공 헌법)
제8조 모든 국민은 인간으로서의 존엄과 가치를 가지며, 이를 위하여 국가 국민의 기본적 인권을 최대한으로 보장할 의무를 진다.	제9조 모든 국민은 인간으로서의 존엄과 가치를 가지며, 행복을 추구할 권리를 가진다. 국가는 개인이 가지는 불가침의 기본적 인권을 확인하고 이를 보장할 의무를 진다.

왼쪽은 유신헌법의 조항이고 오른쪽은 전두환 정권이 개정한 헌법 제9호의 제9조이다. 두 조항을 비교하면 헌법 제9호의 제9조는 유신헌법의 제8조에 행복추구권을 추가했음을 알 수 있다. 행복추구권은 미국 헌법의 조항을 차용한 것이라고 한다. 기본적 인권도 '불가침'이라고 규정하였다. 실제로는 마음대로 침해하며 지키지는 않았지만.

이 밖에 형사처벌과 참정권·재산권 불소급 원칙에 "모든 국민은 자기의 행위가 아닌 친족의 행위로 인하여 불이익한 처우를 받지 아니한다."라는 연좌제금지 조항을 추가하였다(헌법 제9호의 제12조 3항). 또 "모든 국민은 사생활의 비밀과 자유를 침해받지 아니한다."의 제16조 조항도 처음으로 헌법 조항에 삽입되었다. 재판권(재판을 받을 권리)에서 "형사피고인은 유죄의 판결이 확정될 때까지는 무죄로 추정된다."(헌법 제9호 제24조 4항)의 무죄추정의 원칙을 삽입하였다.

헌법 제9호에서는 자연권을 유신 이전으로 회복시켰을 뿐만 아니라 여러 사회권을 새로 추가하였다.

제29조 ⑤국가는 평생교육을 진흥하여야 한다.

⑥학교교육 및 평생교육을 포함한 교육제도와 그 운영, 교육재정 및 교원의 지위에 관한 기본적인 사항은 법률로 정한다.

제30조 ⑤국가유공자 · 상이군경 및 전몰군경의 유가족은 법률이 정하는 바에 의하여 우선적으로 근로의 기회를 부여받는다.

제32조 ②국가는 사회보장 · 사회복지의 증진에 노력할 의무를 진다.

헌법 제9호의 제29조 5항과 6항은 평생교육을 헌법에 명시하였다. 제30조 5항은 국가유공자와 상이군경, 전몰군경의 유공자에게 근로의 기회를 부여한 것이다. 이들은 사실상 국가유공자로 대우받고 취업 때 가산점을 받는 등 우대를 받았다. 제32조 2항은 헌법 제6호 때 신설된 조항인데 국가의 의무를 사회보장에서 사회복지로 확대시켰다.

유신헌법에서 유린한 신체 · 통신 · 언론 · 출판 · 집회 · 결사 · 직업선택의 자유, 사생활의 보장, 자유와 권리의 본질적 내용 침해금지 조항이 헌법 제6~7호 혹은 헌법 제4~5호(장면 정권) 수준으로 회복된 것은 사실이다. 전두환 정권에서 살았던 대부분의 사람들은 이러한 기본권이 잘 지켜졌다고 믿지 않을 것이다. 전두환 정권은 민주화와 노동운동에 종사하는 소위 '반체제인사'를 탄압하고 체포하기 위해 위에서 나열한 자유와 권리를 지키지 않았다. 20대 초반의 여대생 권인숙을 성폭행하고 대학생 박종철을 고문으로 죽인 것도 바로 전두환 정권의 경찰들이었다. 전두환 정권 때 처음으로 헌법의 권리로 격상된 연좌제금지가 제대로 지켜졌다고 믿는 사람들보다 그 반대의 경험을 한 사람들이 더 많았다. 필자 주변에도 특정지역 출신 혹은 조상들이 좌익 활동을 했거나 6·25때 북한군이 시키는 일을 했다는 이유로 학교 진학(특히 사관학교)과 취직, 여권 발급 등 다양한 방면에서 불이익을 받은 사람들이 많았다. 헌법에 보장된 연좌제금지는 지금까지도 잘 지켜지지 않는다. 박근혜에게 여러 가지 시술을 했던 김영재 의원의 중동 의료 진출을 반대했던 이현주 대원어드바이저리 대표는 삼대에 걸쳐 세무조사를 받았다. 심지어 박근혜가 탄핵된 이후에도 기재부에서 근무하던 남편과 동생이 다른 부처로 전출되거나 감사원의 집중 감사를 받는 등 연좌제의 피해를 받았다고 주장하였다.

전두환 정권에서 야심차게 처음 도입한 행복추구권도 제대로 지켜지지 않았다. 일부 법조인들은 박정희 정권 때 만들어진 가정의례준칙이 바로 행복추구권을 위반하는 예라고 주장한다. 그러나 전두환 정권 때 감히 가정의례준칙이 행복추구권을 위반하는 위헌이라고 말하는 사람은 없었다. 전두환 정권은 사회권에 추가된 '사회복지'를 박정희 정권에서 처음 추가한 사회보장처럼 의무감을 가지고 관철하려고 하지 않았다. 필자의 기억으로도 초등학교 때 복지제도에 대해 교육을 받았고, 선생님들의 말씀을 듣고 마치 5년 안에 도입될 줄 알았다. 그러나 복지는커녕 무상교육도 지금까지 제대로 실행되지 않고 있다.

전두환 정권이 만든 헌법 제9호(5공 헌법)의 기본권 조항을 보면 당시 대한민국이 인권이 보장되고 사회복지가 구현된 사회인 것처럼 착각할 수 있다. 그러나 전두환 정권은 개선된 기본권과 사회권의 헌법 조항을 제대로 지키지 않았다. 100년 후 후손들이 전두환정권의 실상을 알지 못하고 헌법 제9호만 보면, 기본권이 잘 갖춰지고 사회복지가 구현된 좋은 시대라고 착각하기 딱 좋다.

현행 헌법의
기본권

현행 헌법은 1987년 민주화운동의 성과물이며, 제12조 신체의 자유, 제21조 언론·출판·집회·결사의 자유, 제24조 선거권, 제27조 재판권, 제28조 형사재판 보상, 제32조 근로의 권리(노동권), 제34조 사회권, 제35조 환경권, 제36조 결혼 등 9개 조항이 바뀌었다. 기본권 조항의 일부가 바뀌거나 조항이 추가되었지만, 현행 헌법은 헌법 제9호(5공 헌법)와 크게 다르지 않다.

먼저 인권과 자연권에 추가된 조항을 살펴보자.

제12조 ⑤ 누구든지 체포 또는 구속의 이유와 변호인의 조력을 받을 권리가 있음을 고지 받지 아니하고는 체포 또는 구속을 당하지 아니한다. 체포 또는 구속을 당한 자의 가족 등 법률이 정하는 자에게는 그 이유와 일시 · 장소가 지체 없이 통지되어야 한다.

제21조 ② 언론 · 출판에 대한 허가나 검열과 집회 · 결사에 대한 허가는 인정되지 아니한다.

③ 통신 · 방송의 시설기준과 신문의 기능을 보장하기 위하여 필요한 사항은 법률로 정한다.

제12조는 신체의 자유, 제21조는 언론 · 출판 · 집회 · 결사의 자유, 제27조는 재판을 받을 권리이다. 제12조 5항은 소위 미란다 원칙이다. 미란다 원칙은 경찰이 피의자를 체포하거나 구속할 때 묵비권(진술거부권)과 변호인의 도움을 얻을 수 있다는 사실 등을 알려야 한다는 규정이다. 미국에서도 잘 지켜지지 않다가 1966년 선고된 미국 미란다의 애리조나 재판 이후 피의자의 확실한 권리가 되었다. 영화나 드라마에서 형사들이 범인을 체포할 때 반드시 묵비권과 변호사 선임권을 알려주는 장면을 자주 볼 수 있다. 사실 형사소송법에 수록되어도 되는 조항을 군이 헌법에 집어넣은 것은 그만큼 경찰의 인권유린이 심했다는 뜻이 아닐까?

제21조 2항은 헌법 제4호 제28조 2항(자유와 권리의 보장과 제한)의 규정을 언론 · 출판 · 집회 · 결사의 자유 조항에 부활시킨 것이다.

3항은 헌법 제6호의 제18조 3항 신문과 통신 발행 기준 조항을 확대하여 신문과 방송, 통신을 법률로 규제할 수 있음을 규정하였다. 제21조 3항은 신문과 방송, 통신을 통제 혹은 규제할 수 있는 조항으로 해석할 수 있는데, 언론의 자유를 제한한 것처럼 느껴진다.

이 밖에 제27조 5항은 형사피해자의 진술권을 규정한 것인데("형사피해자는 법률이 정하는 바에 의하여 당해 사건의 재판절차에서 진술할 수 있다.") 헌법이 아닌 형사소송법에 규정되어도 적절하다고 보기도 한다. 제28조는 구금되었던 형사피의자나 형사피고인이 불기소처분을 받거나 무죄판결을 받은 후 국가에 보상을 청구할 수 있는 권리를 규정하였다. 헌법 제9호까지는 무죄판결을 받은 구금(구속)된 형사피고인만이 보상을 청구할 수 있었으나, 형사피의자와 불기소처분까지 보상청구 범위가 확대되었다. 형사소송으로 고생하신 분들이 알면 좋은 꿀팁이다.

다음으로 사회권에 해당되는 헌법 조항을 살펴보자.

제32조 ⑤ 연소자의 근로는 특별한 보호를 받는다.

제33조 ③ 법률이 정하는 주요방위산업체에 종사하는 근로자의 단체행동권은 법률이 정하는 바에 의하여 이를 제한하거나 인정하지 아니할 수 있다.

제34조 ③ 국가는 여자의 복지와 권익의 향상을 위하여 노력하여야 한다.

④ 국가는 노인과 청소년의 복지향상을 위한 정책을 실시할 의무를 진다.

⑥ 국가는 재해를 예방하고 그 위험으로부터 국민을 보호하기 위하여 노력하여

야 한다.

제35조 ② 환경권의 내용과 행사에 관하여는 법률로 정한다.

③ 국가는 주택개발정책 등을 통하여 모든 국민이 쾌적한 주거생활을 할 수 있
도록 노력하여야 한다.

제36조 ② 국가는 모성의 보호를 위하여 노력하여야 한다.

제32조는 근로의 권리(노동권), 제33조는 노동 3권, 제34조는 사
회권, 제35조는 환경권, 제36조는 결혼과 가족에 관한 조항이다. 제
32조 5항은 연소자의 노동권 보호를 규정하였다. 제33조 3항은 유신
헌법에서 단체행동권을 제한하는 대상을 국가 · 지방자치단체 · 국공
영기업체 · 방위산업체 · 공익사업체 또는 국민경제에 중대한 영향을
미치는 사업체에서 법률이 정하는 주요방위산업체로 한정한 것이다.
즉 단체행동권을 부여하는 공무원과 공기업 직원의 범위를 넓혔다.
제34조 3항은 여성의 복지와 권익, 4항은 노인과 청소년 복지, 6항은
재해 예방과 보호 조항이다. 제35조는 환경권이라고 하지만 신설된 3
항은 주택개발이라 환경권과 상관없는 조항처럼 보인다. 이 조항 작
성자는 환경권과 주거환경의 차이를 제대로 이해하지 못한 것 같다.
제36조 2항은 모성 보호를 명시한 것이며, 헌법 제9호의 2항인 "모든
국민은 보건에 관하여 국가의 보호를 받는다."는 3항 앞에 배치되었
다. 모두 국민의 노동과 각종 사회복지에 관한 조항인데, 제대로 지켜
지는 조항은 없는 것 같다. 이 밖에 헌법소원심판제도를 제111조 2항

에 신설하여 기본권 침해 등을 헌법재판소에서 심판할 수 있는 장치를 마련한 점은 기본권의 보장 혹은 향상에 도움이 된다고 한다.

현행 헌법의 기본권 조항은 제3차 개헌(헌법 제4호), 제5차 개헌(헌법 제6호), 제7차 개헌(유신헌법), 제8차 개헌(헌법 제9호, 5공 헌법) 때 바뀌었던 조항이 누적된 결과이다. 대부분은 헌법 제9호 때 제정된 조항들이며, 1987년 제9차 개헌 때 일부가 바뀌었다. 전체적으로 신체의 자유와 재판을 받을 권리, 형사재판, 일부 사회권 등에 관한 규정이 상세하다. 관점에 따라 다를 수 있지만, 자유와 평등 등 자연권적 기본권, 각종 사회권의 조항들만 제대로 지켜져도 대한민국은 살기 좋은 나라가 될 것이다.

[요약] 헌법별 기본권 개정 개수

헌법	개정 조문수	조문 조항
헌법 제4호	7	제7조 공무원 파면 청원권, 제16조 주거의 자유, 제18조 통신의 비밀, 제21조 언론 · 출판 · 집회 · 결사의 자유, 제24조 선거권, 제29조 국가의 배상, 제37조 자유와 권리 보장과 제한
헌법 제6호	15	제7조 공무원 파면 청원권, 제12조 신체의 자유, 제14조 거주 · 이전의 자유, 제19조 양심의 자유, 제20조 종교의 자유, 제21조 언론 · 출판 · 집회 · 결사의 자유, 제27조 재판권, 제28조 형사재판 보상, 제29조 국가의 배상, 제31조 교육권, 제32조 근로의 권리(노동권), 제33조 노동 3권, 제34조 사회권, 제36조 결혼, 제37조 자유와 권리 보장과 제한
헌법 제8호	10	제12조 신체의 자유, 제14조 거주 · 이전의 자유, 제15조 직업선택의 자유, 제16조 주거의 자유, 제18조 통신의 비밀, 제21조 언론 · 출판 · 집회 · 결사의 자유, 제27조 재판권, 제29조 국가의 배상, 제32조 노동 3권, 제37조 자유와 권리 보장과 제한
헌법 제9호	14	제10조 행복추구권, 제12조 신체의 자유, 제14조 거주 · 이전의 자유, 제15조 직업선택의 자유, 제16조 주거의 자유, 제18조 통신의 비밀, 제21조 언론 · 출판 · 집회 · 결사의 자유, 제27조 재판권, 제28조 행사재판 보상, 제31조 교육권, 제32조 근로의 권리(노동권), 제34조 사회권, 제36조 결혼, 제37조 자유와 권리 보장과 제한
헌법 제10호	9	제12조 신체의 자유, 제21조 언론 · 출판 · 집회 · 결사의 자유, 제24조 선거권, 제27조 재판권, 제28조 형사재판 보상, 제32조 근로의 권리(노동권), 제34조 사회권, 제35조 환경권, 제36조 결혼

Part 3

기본권이
만만하니?

파트1 헌법 개정의 역사에서 살펴본 것처럼 한국의 헌법은 이승만과 박정희의 권력욕 때문에 바뀌었다. 즉 개정 대상은 주로 권력구조였다. 그러나 기본권 조항도 이따금 바뀌었다.

〈표5〉 조문별 개정 횟수

개정 횟수	개수	조문
0	7	제11조 평등권, 제19조 양심의 자유, 제20조 종교의 자유, 제22조 학문과 예술의 자유, 제23조 재산권, 제25조 공무담임권, 제26조 청원권
1	2	제10조 인간의 존엄성과 인권 보장, 제35조 환경권
2	4	제7조 공무원 파면 청원권, 제15조 직업선택의 자유, 제24조 선거권, 제31조 교육권,
3	9	제14조 거주·이전의 자유, 제16조 주거의 자유, 제18조 통신의 비밀, 제28조 형사재판 승소 보상청구, 제29조 국가의 배상, 제32조 근로의 권리(노동권), 제33조 노동 3권, 제34조 사회권, 제36조 결혼
4	3	제12조 신체의 자유, 제27조 재판권, 제37조 자유와 권리 보장과 제한
5	1	제21조 언론·출판·집회·결사의 자유

〈표 5〉는 기본권이 바뀐 횟수와 해당 조항을 정리한 표이다. 〈표 5〉에 따르면, 모두 26개의 조항이 바뀌었다.

본 장에서는 많이 바뀐 기본권부터 해당 조항의 의미와 개정의 특징, 사회적 영향 등을 살펴본다.

기본권의 수난(1):
언론 · 출판 · 집회 · 결사의
자유

가장 많이 바뀐 조항은? 언론 · 출판 · 집회 · 결사의 자유(현행 헌법 제21조)이며, 모두 5번 바뀌었다.

현법재판소에 따르면, 담화 · 연설 · 토론 · 연극 · 방송 · 음악 · 영화 · 가요 · 문서 · 소설 · 시가 · 도화 · 사진 · 조각 · 서화 등 모든 형상의 의사표현 혹은 그 매개체가 언론과 출판의 자유의 보호 대상이 된다(헌재결 2001.8.30. 2000헌가9). 또 집회와 결사의 자유는 다음과 같이 유권해석 하였다. "인간의 존엄성과 자유로운 인격 발현을 최고의 가치로 삼는 우리 헌법 질서 내에서 집회의 자유는 일차적으로는 개인의 자기 결정과 인격 발현에 기여하는 기본권이며, 집회를 통하여 국민들이 자신의 의견과 주장을 집단적으로 표명함으로써 여론의 형성에 영향을 미친다는 점에서 표현의 자유와 더불어 민주적 공동체가 기능하기 위하여 불가결한 근본 요소에 속한다(헌재결

2003.10.30. 2000헌바67 · 83병합)."

이렇게 다양한 분야의 언론과 출판의 자유, 민주주의를 위해 중요한 기본권이라는 집회와 결사의 자유 조항이 어떻게 바뀌었는지 헌법 제1~10호의 동일 조항을 살펴보자.

헌법 1호	제13조 모든 국민은 법률에 의하지 아니하고는 언론, 출판, 집회, 결사의 자유를 제한받지 아니한다.
헌법 2호	제13조 모든 국민은 법률에 의하지 아니하고는 언론, 출판, 집회, 결사의 자유를 제한받지 아니한다.
헌법 3호	제13조 모든 국민은 법률에 의하지 아니하고는 언론, 출판, 집회, 결사의 자유를 제한받지 아니한다.
헌법 4호	제13조 모든 국민은 언론, 출판의 자유와 집회, 결사의 자유를 제한받지 아니한다. 정당은 법률의 정하는 바에 의하여 국가의 보호를 받는다. 단, 정당의 목적이나 활동이 헌법의 민주적 기본질서에 위배될 때에는 정부가 대통령의 승인을 얻어 소추하고 헌법재판소가 판결로써 그 정당의 해산을 명한다. [전문개정 1960.6.15.])
헌법 5호	제13조 모든 국민은 언론, 출판의 자유와 집회, 결사의 자유를 제한받지 아니한다. 정당은 법률의 정하는 바에 의하여 국가의 보호를 받는다. 단, 정당의 목적이나 활동이 헌법의 민주적 기본질서에 위배될 때에는 정부가 대통령의 승인을 얻어 소추하고 헌법재판소가 판결로써 그 정당의 해산을 명한다. [전문개정 1960.6.15.])
헌법 6호	제18조 ①모든 국민은 언론 · 출판의 자유와 집회 · 결사의 자유를 가진다. ②언론 · 출판에 대한 허가나 검열과 집회 · 결사에 대한 허가는 인정되지 아니한다. 다만, 공중도덕과 사회윤리를 위해서는 영화나 연예에 대한 검열을 할 수 있다. ③신문이나 통신의 발행 시설기준은 법률로 정할 수 있다. ④옥외집회에 대하여는 그 시간과 장소에 관한 규제를 법률로 정할 수 있다. ⑤언론 · 출판은 타인의 명예나 권리 또는 공중도덕이나 사회윤리를 침해하여서는 아니된다.

헌법 7호	제18조 ①모든 국민은 언론 · 출판의 자유와 집회 · 결사의 자유를 가진다. ②언론 · 출판에 대한 허가나 검열과 집회 · 결사에 대한 허가는 인정되지 아 니한다. 다만, 공중도덕과 사회윤리를 위해서는 영화나 연예에 대한 검열을 할 수 있다. ③신문이나 통신의 발행 시설기준은 법률로 정할 수 있다. ④옥외집회에 대하여는 그 시간과 장소에 관한 규제를 법률로 정할 수 있다. ⑤언론 · 출판은 타인의 명예나 권리 또는 공중도덕이나 사회윤리를 침해하 여서는 아니된다.
헌법 8호	제18조 모든 국민은 법률에 의하지 아니하고는 언론 · 출판 · 집회 · 결사의 자유를 제한받지 아니한다.
헌법 9호	제20조 ①모든 국민은 언론 · 출판의 자유와 집회 · 결사의 자유를 가진다. ②언론 · 출판은 타인의 명예나 권리 또는 공중도덕이나 사회윤리를 침해하 여서는 아니된다. 언론 · 출판이 타인의 명예나 권리를 침해한 때에는 피해 자는 이에 대한 피해의 배상을 청구할 수 있다.
헌법 10호	제21조 ① 모든 국민은 언론 · 출판의 자유와 집회 · 결사의 자유를 가진다. ② 언론 · 출판에 대한 허가나 검열과 집회 · 결사에 대한 허가는 인정되지 아니한다. ③ 통신 · 방송의 시설기준과 신문의 기능을 보장하기 위하여 필요한 사항은 법률로 정한다. ④ 언론 · 출판은 타인의 명예나 권리 또는 공중도덕이나 사회윤리를 침해하 여서는 아니된다. 언론 · 출판이 타인의 명예나 권리를 침해한 때에는 피해 자는 이에 대한 피해의 배상을 청구할 수 있다.

언론 · 출판 · 집회 · 결사의 자유 조항이 바뀌지 않고 동일 조항이
유지된 것을 묶어보면, 헌법 제1~3호, 제4~5호, 제6~7호, 제8호, 제9
호, 제10호이다. 이는 공교롭게도 각각 제1공화국, 제2공화국, 제3공
화국, 제4공화국, 제5공화국, 제6공화국과 일치한다. 사실, 정권별로
언론 · 출판 · 집회 · 결사의 자유 조항이 바뀌었지만, 박정희 정권은
유신헌법을 만들면서 이 조항을 더욱 개악시켰다.

1948년 헌법에서는 언론 · 출판 · 집회 · 결사의 자유를 법률로 제

한할 수 있는 법률 유보 조항을 넣었다. 명목상 헌법에는 이러한 자유가 있지만 실제로 법률로 이러한 자유를 제한할 수 있었다. 일제강점기 친일파들이 살아남은 경찰 조직은 언론·출판·집회·결사의 자유를 무시하고 이승만의 개가 되어 무슨 짓이건 했다. 이승만 정권은 경찰이 통치하는 '경찰국가'였다. 친일파를 심판·단죄하기 위해 만든 반민특위도 일개 경찰서장이 경찰을 동원해서 해산시켰을 정도니까. 경찰의 폭압적인 행위를 막기 위해 경찰의 권력을 축소하려고 하였고, 그 대안은 검찰이었다. 다수의 다른 나라와 달리 경찰이 수사권을 가지지 못한 것도 경찰들의 만행 때문이었다. 경찰의 활동을 제한하기 위해 검찰에게 수사권을 넘겨 통제권을 준 것이다. 이승만 정권에서 경찰이 검사들과 판사들을 두들겨 패고 고문한 일화도 옛 추억이 되었다. 이승만 정권 이후 경찰을 견제하기 위해 검찰에게 수사권을 준 것이 지금은 독이 되었다. 검찰은 수사권과 기소독점권을 지니며 무소불위의 권력을 휘두르게 되었다. 이제 검찰을 견제하기 위해 수사권 일부 혹은 전부를 경찰에게 주고 싶어도 이승만 정권 때 경찰의 만행 때문에 망설여질 수밖에 없다.

이 밖에 이승만 정권은 1950년대 국회의원 선거 기간에 언론이 여론조사 내용을 공표하는 것을 금지시키는 법안을 통과시켰다. 현재 신문과 방송, 인터넷으로 투표일로부터 1주일 동안 선거 여론조사 결과를 발표할 수 없다. 이승만 정권은 자유당에 불리한 여론조사가 언론에 발표되어 자유당이 국회의원 선거에서 불리한 상황을 막으려고 법을 만들었다고 한다. 이후 대통령직선제가 다시 시작된 1987년과 1992년 투표 1주일 전부터 대통령선거의 여론조사 발표를 금지시키는 법안이 통과되었다. 반면 여러 선진국들은 1980~1990년대 이런 규정을 없애거나 공표 금지기간을 하루 혹은 이틀로 축소시켰다. 투표하기 전 일주일 동안 여론조사 결과를 알 수 없기 때문에 투표할 정보를 알지 못한 상태에서 투표를 한다. 소선거구제와 결선투표 없는 선거제 아래에서 자신이 지지하는 후보가 있더라도 싫어하는 후보나 정당을 찍지 않기 위해 전략적인 투표를 해야 한다. 일주일 동안의 깜깜이 선거는 이런 전략적인 투표를 부추긴다. 게다가 2016년 미국 대통령선거에서 기승을 부리기 시작한 가짜뉴스는 2017년 한국에 상륙하여 대통령선거에서 기승을 부렸다. 장단점은 있겠지만, 유권자들에게 정보를 제공하기 위해 투표일 전 일주일 동안 여론조사 결과 공표금지 조항을 없애거나 금지 기간을 하루나 이틀 정도로 단축해야 한다.

이승만 정권의 폭거를 경험한 장면 정권은 헌법 제4호로 개정할 때 법률로 언론·출판·집회·결사의 자유를 제한할 수 없도록 헌법 조항에 명시하였다. "모든 국민은 언론, 출판의 자유와 집회, 결사의 자유를 제한받지 아니한다." 이전의 제1~3호 동일 조항과 비교하면 법률로 제한할 수 있다는 구절이 삭제된 것이다. 헌법상 언론·출판·집회·결사의 자유는 보장받았다. 불과 1년이었지만.

헌법 제4호에서 언론·출판·집회·결사의 자유의 조항에 정당에 관한 조항이 새로 추가되었다.

"정당은 법률의 정하는 바에 의하여 국가의 보호를 받는다."

이 조항이 만들어진 것은 이승만의 자유당 정권이 야당을 노골적으로 탄압했기 때문이다. 국가, 정확히 말하면 정권의 야당 탄압을 막기 위해 헌법에 정당 보호 조항을 넣어야 했다. 그러나 분단의 상황에서 공산주의 활동을 막고 체제를 유지하기 위해 정당 해산이 가능하게 하는 예외 조항을 두었다. 그렇긴 하지만, 이 조항만 보면 헌법 제4호에서 언론·출판·집회·결사의 자유를 가장 잘 보장하였다. 장면 정권의 언론·출판·집회·결사의 자유 보장은 헌법만의 공수표였을까? 제3자의 시각을 알 수 있는 『프레이저 보고서』에서 장면 정권의 기본권 보장 상황을 살펴보자.

"9개월간의 재임기간 내내 장면 정부는 정치활동, 표현 및 언론 자유에 거의 어떠한 제약도 하지 않았다. 통일에 관한 논의들-이승만 정권 아래에서는 금기시되었던 주제-이 활발해졌고, 공개적으로 토론되었다. 대한민국 군의 일부 구성원들은, 조선민주주의인민공화국(북한의 정식 국호)이 이것을 체제 약화의 신호로 간주하여 또 다른 공격을 감행할 것이라고 두려워했다. 그러나 이 시기에 미합중국은 북한에서 어떠한 병력 증가도 감지할 수 없었다."[20]

『프레이저 보고서』의 내용이 사실이라면, 장면 정부는 헌법이 보장한 정치활동을 비롯한 언론·출판·집회·결사의 자유를 거의 완벽하게 보장했음을 확인할 수 있다. 집회의 자유에 거의 제약을 가하지 않아 데모가 만연했고, "데모하지 맙시다."라는 데모까지 벌어질 정도였다. 이처럼 장면 정권 시절이 대한민국의 역사에서 언론·출판·집회·결사의 자유를 잘 누릴 수 있었던 시기였을 것이다.

박정희가 쿠데타를 일으키고 정권을 잡은 후 제일 먼저 바꾼 조항이 당연히 이 조항이었다. 헌법 제5~6호의 제18조 1항에는 "모든 국민은 언론·출판의 자유와 집회·결사의 자유를 가진다."라고 규정하였다. 그러나 1항은 2~5항의 규정 때문에 제한되었다. 2항에서는 '공중도덕과 사회윤리를 위하여'라는 단서를 달았지만, 영화나 연예를 검열할 수 있다고 규정하였다. 3항에서는 신문과 통신 발행을 통제할 수 있도록 하는 구절을 추가하였고, 4항에서는 옥외집회는 시간과 장소를 법률로 규제할 수 있다고 하였다. 5항에서는 언론과 출판이 명예나 권리, 공중도덕, 사회윤리를 침해해서는 안 된다고 하였다. 2~5항의 구절은 사실상 언론·출판·집회·결사의 자유를 제한한 것이다.

박정희 정권에서 이런저런 이유로 영화가 상영되지 못하거나 일부 장면이 검열로 잘려나갔다. 대중가요도 마찬가지였다. 박정희나

---

20) 『프레이저 보고서』, 46쪽.

헌법은 밥이다

정부를 비판하지 않는 노래까지도 금지곡이 되었다. 이금희의 '키다리 미스터 킴'은 키가 작은 박정희의 심기를 건드린다는 이유로 금지곡이 되었다. 이 정도면 양반이다. 송창식의 '왜 불러'는 반말했다는 이유로 금지곡이 되었다. 억울한 건 한대수의 '물 좀 주소'. 물고문이 연상된다는 이유였다. 물고문을 한 사실이 찔리기는 했나 보다. 길옥윤이 작곡하고 혜은이가 부른 제3한강교의 2절도 금지곡이 되었다. "어제 처음 만나서 사랑을 하고/우리들은 하나가 되었습니다/이 밤이 새면은 첫 차를 타고/이름 모를 거리로 떠나갈 거예요." 처음 만나서 어떻게 하나가 되었느냐는 것이다. 노랫말이 원나잇 스탠드를 연상시킨다고 하여 '처음'은 '다시', '하나가 되었습니다'는 '맹세를 하였습니다'로 노랫말을 바꾼 후에 금지곡에서 풀려났다고 한다.

박정희 정권은 장면 정권이 보장한 언론 · 출판 · 집회 · 결사의 자유를 제한한 것도 부족하여 유신헌법(헌법 제8호)에서는 이승만 정권시절의 조항을 부활하였다. "모든 국민은 법률에 의하지 아니하고는 언론 · 출판 · 집회 · 결사의 자유를 제한받지 아니한다." 이중부정을 긍정문으로 읽어보면 법률로 언론 · 출판 · 집회 · 결사의 자유를 제한할 수 있다는 조항으로 바뀐 것이다. 이 조항만 보면 25년 전으로 되돌아간 것이다. 이승만 정권보다 심했던 것은 유신반대 시위가 발생하자 긴급조치령을 발동한 것이다.

전두환 정권은 이 조항을 그나마 제3공화국 수준으로 돌려놓았다. 이 헌법 제9호와 헌법 제6~7호의 동일 조항을 비교해 보면 영화 ·

연예·신문·통신·옥외집회를 제한·규제하는 헌법 제6~7호의 제18조 2~4항의 조항은 넣지 않았다. 그렇지만 영화와 연예에 대한 검열은 지속되었다. 예컨대 전두환 정권 때에는 정광태의 '독도는 우리 땅'이 금지곡이 되었다. 한·일 관계를 악화시키는 것을 우려하여 전두환 정권이 금지시켰던 것이다. 말이 나왔으니, 연예인 박용식은 전두환과 닮았다는 이유로 전두환 정권 내내 TV방송에 출연금지 당했다. 참기름집을 운영하며 입에 풀칠하다가 노태우 정권 때부터 TV에 출연한 그는 MBC 드라마 제3공화국(1993), 제4공화국(1995)에서 전두환 역을 맡았다. 4컷짜리 시사만화 주인공 고바우 영감과 대머리 악당도 전두환을 연상시킨다는 이유로 한때 나오지 못했다. 또 신문과 통신, 집회의 자유는 법률로 제한되었다. 안기부 직원이 방송국과 신문사에 상주하며 보도를 통제하고 기사를 검열하였다. 반면 언론·출판의 명예훼손이나 권리 침해금지 조항은 부활하였다.

게다가 명예훼손에 대해 피해 배상 구절을 넣어 더 개악시켰다. 이 조항은 당연히 정권 비판의 재갈을 물리기 위한 도구였다. 이는 다른 나라의 명예훼손죄와 비교하면 그 의도는 명확하다. 다른 나라에는 아직 형법상 명예훼손죄가 있지만 엄격히 지켜지지 않았다. 미국의 17개 주는 명예훼손을 형법으로 다루는데, 1965년부터 2004년까지 명예훼손으로 유죄판결을 받은 사례는 미국 전역에서 16건에 불과하다. 일본에서도 유죄판결을 찾아보기 어렵다. 유럽의 몇몇 나라에도 명예훼손에 관한 법이 있지만 사실상 사문화되었다. 하지만 한국에

헌법은 밥이다

서는 출판물에 의한 명예훼손 기소 사건이 한 해에 7,000~8,000건을 넘고, 계속 늘어나는 추세다. 언론·출판의 자유가 보장되기 위해 미국처럼 '명백하고도 현존하는 위험'이 있을 경우에만 명예훼손을 적용하는 원칙이 먼저 자리 잡아야 한다.[21] 서지현 검사가 2018년 1월 29일 JTBC 뉴스룸에 출현하여 안태근의 성추행을 폭로한 후, 정치, 검찰, 연예 등 각 분야에서 자신의 성폭행 혹은 성추행을 밝히는 "미투" 운동이 활발하다. 서지현 검사의 용기있는 행동 이전에 "미투"운동이 지지부진했던 이유가 바로 성범죄 가해자의 명예훼손 고발 때문이란다. 명예훼손 고발은 가진자 혹은 권력자들이 입막음하는 도구로 악용되었던 것이 이 나라의 현실이다.

전두환 정권은 1981년 3월 7일 방송위원회를 신설하였다. 방송위원회는 TV와 라디오 방송을 심의하여 부적절한 내용을 지적하였다. 일종의 방송 감시였다. 이명박 정권은 2008년 2월 29일 방송위원회를 폐지하고 정보통신부의 통신위원회 등의 업무 일부를 넘겨받아 방송통신위원회 및 방송통신심의위원회를 신설하였다. 이후 방송뿐만 아니라 통신에 대한 통제와 규제도 더욱 심해졌다.

현행 헌법은 5공 헌법에 두 개의 조항을 넣었다. 제21조 2항은 헌법 제6~7호의 조항을 베꼈다. "다만, 공중도덕과 사회윤리를 위해서는 영화나 연예에 대한 검열을 할 수 있다."라는 조항을 삭제하고.

---

21) 박홍순, 『헌법의 발견 : 인문학, '시민 교과서' 헌법을 발견하다!』, 비아북, 2015, 192쪽.

또 3항에서는 방송·통신·신문을 규제하기 위한 조항을 법률로 만들 수 있다고 규정하는데, 역시 헌법 제6~7호의 3항과 유사하다. 현행 헌법 제21조 언론·출판·집회·결사의 자유 조항은 박정희 정권 때보다 조금 나은 수준이지만, 실제로 별 차이가 없다. 현행 헌법 제21조 2항은 많은 것을 생각하게 한다. "언론·출판에 대한 허가나 검열과 집회·결사에 대한 허가는 인정되지 아니한다." 이 조항이 지켜진다고 생각하는가? 촛불집회 등 일체의 집회를 경찰이 만든 조례로 통제하는 나라가 대한민국이다. 집회와 결사에 대한 허가가 인정되지 않는다지만 집회를 하기 위해 미리 경찰에 신고하고 허가를 받아야 한다. 그나마 신고제인데 허가제로 변질되었다. 또 평화적인 시위에 물대포를 쏜다. 그 물대포에 맞아 백남기 농민이 돌아가셨다. 박근혜 정권에서 경험했듯이, 헌법보다 법률이, 법률보다 조례나 시행령이 더 큰 영향력을 발휘했다. 경찰은 집회 신고제가 헌법재판소에서 위헌 판결을 받았지만, 여전히 고수하고 있다.

기본권의 수난(2):
신체의 자유

신체의 자유는 프랑스 인권선언 제7조에서 "사람은 법에 정한 경우에만, 그리고 법이 규정한 절차에 의해서만 고소, 체포 또는 구금될 수 있다. 자의적인 명령을 제청·전달·시행하거나 남에게 시행토록 하는 사람은 처벌받아야 한다."라고 규정하였다. 한국의 헌법재판소는 신체의 자유를 신체의 안정성과 신체 활동을 임의적이고 자율적으로 할 수 있는 자유라고 설명하였다(헌재결 1992.12.24. 92헌가8). 쉽게 말해 신체의 자유는 한 개인을 감옥에 가둘 수 있는지 여부에 관한 문제이다. 신체의 자유는 현행 헌법 제12조에 기록되었다. 이 신체의 자유 조항이 어떻게 바뀌었는지 살펴보자.

헌법 1호	제9조 모든 국민은 신체의 자유를 가진다. 법률에 의하지 아니하고는 체포, 구금, 수색, 심문, 처벌과 강제노역을 받지 아니한다. 체포, 구금, 수색에는 법관의 영장이 있어야 한다. 단, 범죄의 현행 · 범인의 도피 또는 증거인멸의 염려가 있을 때에는 수사기관은 법률의 정하는 바에 의하여 사후에 영장의 교부를 청구할 수 있다. 누구든지 체포, 구금을 받은 때에는 즉시 변호인의 조력을 받을 권리와 그 당부의 심사를 법원에 청구할 권리가 보장된다.
헌법 2호	제9조 모든 국민은 신체의 자유를 가진다. 법률에 의하지 아니하고는 체포, 구금, 수색, 심문, 처벌과 강제노역을 받지 아니한다. 체포, 구금, 수색에는 법관의 영장이 있어야 한다. 단, 범죄의 현행 범인의 도피 또는 증거인멸의 염려가 있을 때에는 수사기관은 법률의 정하는 바에 의하여 사후에 영장의 교부를 청구할 수 있다. 누구든지 체포, 구금을 받은 때에는 즉시 변호인의 조력을 받을 권리와 그 당부의 심사를 법원에 청구할 권리가 보장된다.
헌법 3호	제9조 모든 국민은 신체의 자유를 가진다. 법률에 의하지 아니하고는 체포, 구금, 수색, 심문, 처벌과 강제노역을 받지 아니한다. 체포, 구금, 수색에는 법관의 영장이 있어야 한다. 단, 범죄의 현행 범인의 도피 또는 증거인멸의 염려가 있을 때에는 수사기관은 법률의 정하는 바에 의하여 사후에 영장의 교부를 청구할 수 있다. 누구든지 체포, 구금을 받은 때에는 즉시 변호인의 조력을 받을 권리와 그 당부의 심사를 법원에 청구할 권리가 보장된다.

헌법 4호	제9조 모든 국민은 신체의 자유를 가진다. 법률에 의하지 아니하고는 체포, 구금, 수색, 심문, 처벌과 강제노역을 받지 아니한다. 체포, 구금, 수색에는 법관의 영장이 있어야 한다. 단, 범죄의 현행범인의 도피 또는 증거인멸의 염려가 있을 때에는 수사기관은 법률의 정하는 바에 의하여 사후에 영장의 교부를 청구할 수 있다. 누구든지 체포, 구금을 받은 때에는 즉시 변호인의 조력을 받을 권리와 그 당부의 심사를 법원에 청구할 권리가 보장된다.
헌법 5호	제9조 모든 국민은 신체의 자유를 가진다. 법률에 의하지 아니하고는 체포, 구금, 수색, 심문, 처벌과 강제노역을 받지 아니한다. 체포, 구금, 수색에는 법관의 영장이 있어야 한다. 단, 범죄의 현행범인의 도피 또는 증거인멸의 염려가 있을 때에는 수사기관은 법률의 정하는 바에 의하여 사후에 영장의 교부를 청구할 수 있다. 누구든지 체포, 구금을 받은 때에는 즉시 변호인의 조력을 받을 권리와 그 당부의 심사를 법원에 청구할 권리가 보장된다.
헌법 6호	제10조 ①모든 국민은 신체의 자유를 가진다. 누구든지 법률에 의하지 아니하고는 체포·구금·수색·압수·심문 또는 처벌을 받지 아니하며, 형의 선고에 의하지 아니하고는 강제노역을 당하지 아니한다. ②모든 국민은 고문을 받지 아니하며, 형사상 자기에게 불리한 진술을 강요당하지 아니한다. ③체포·구금·수색·압수에는 검찰관의 신청에 의하여 법관이 발부한 영장을 제시하여야 한다. 다만, 현행범인인 경우와 장기 3년 이상의 형에 해당하는 죄를 범하고 도피 또는 증거인멸의 염려가 있을 때에는 사후에 영장을 청구할 수 있다. ④누구든지 체포·구금을 받은 때에는 즉시 변호인의 조력을 받을 권리를 가진다. 다만, 법률이 정하는 경우에 형사피고인이 스스로 변호인을 구할 수 없을 때에는 국가가 변호인을 붙인다. ⑤누구든지 체포·구금을 받은 때에는 적부의 심사를 법원에 청구할 권리를 가진다. 사인으로부터 신체의 자유의 불법한 침해를 받은 때에도 법률이 정하는 바에 의하여 구제를 법원에 청구할 권리를 가진다. ⑥피고인의 자백이 고문·폭행·협박·구속의 부당한 장기화 또는 기망 기타의 방법에 의하여 자의로 진술된 것이 아니라고 인정될 때, 또는 피고인의 자백이 그에게 불리한 유일한 증거인 때에는, 이를 유죄의 증거로 삼거나 이를 이유로 처벌할 수 없다.

제10조 ①모든 국민은 신체의 자유를 가진다. 누구든지 법률에 의하지 아니하고는 체포 · 구금 · 수색 · 압수 · 심문 또는 처벌을 받지 아니하며, 형의 선고에 의하지 아니하고는 강제노역을 당하지 아니한다.

②모든 국민은 고문을 받지 아니하며, 형사상 자기에게 불리한 진술을 강요당하지 아니한다.

③체포 · 구금 · 수색 · 압수에는 검찰관의 신청에 의하여 법관이 발부한 영장을 제시하여야 한다. 다만, 현행범인인 경우와 장기 3년 이상의 형에 해당하는 죄를 범하고 도피 또는 증거인멸의 염려가 있을 때에는 사후에 영장을 청구할 수 있다.

④누구든지 체포 · 구금을 받은 때에는 즉시 변호인의 조력을 받을 권리를 가진다. 다만, 법률이 정하는 경우에 형사피고인이 스스로 변호인을 구할 수 없을 때에는 국가가 변호인을 붙인다.

⑤누구든지 체포 · 구금을 받은 때에는 적부의 심사를 법원에 청구할 권리를 가진다. 사인으로부터 신체의 자유의 불법한 침해를 받은 때에도 법률이 정하는 바에 의하여 구제를 법원에 청구할 권리를 가진다.

⑥피고인의 자백이 고문 · 폭행 · 협박 · 구속의 부당한 장기화 또는 기망 기타의 방법에 의하여 자의로 진술된 것이 아니라고 인정될 때, 또는 피고인의 자백이 그에게 불리한 유일한 증거인 때에는, 이를 유죄의 증거로 삼거나 이를 이유로 처벌할 수 없다.

제10조 ①모든 국민은 신체의 자유를 가진다. 누구든지 법률에 의하지 아니하고는 체포 · 구금 · 압수 · 수색 · 심문 · 처벌 · 강제노역과 보안처분을 받지 아니한다.

②모든 국민은 고문을 받지 아니하며, 형사상 자기에게 불리한 진술을 강요당하지 아니한다.

③체포 · 구금 · 압수 · 수색에는 검사의 요구에 의하여 법관이 발부한 영장을 제시하여야 한다. 다만, 현행범인인 경우와 죄를 범하고 도피 또는 증거인멸의 염려가 있을 때에는 사후에 영장을 요구할 수 있다.

④누구든지 체포 · 구금을 받은 때에는 즉시 변호인의 조력을 받을 권리를 가진다. 다만, 법률이 정하는 경우에 형사피고인이 스스로 변호인을 구할 수 없을 때에는 국가가 변호인을 붙인다.

헌 법 9 호	제11조 ①모든 국민은 신체의 자유를 가진다. 누구든지 법률에 의하지 아니하고는 체포·구금·압수·수색·심문·처벌과 보안처분을 받지 아니하며, 형의 선고에 의하지 아니하고는 강제노역을 당하지 아니한다. ②모든 국민은 고문을 받지 아니하며, 형사상 자기에게 불리한 진술을 강요당하지 아니한다. ③체포·구금·압수·수색에는 검사의 신청에 의하여 법관이 발부한 영장을 제시하여야 한다. 다만, 현행범인인 경우와 장기 3년 이상의 형에 해당하는 죄를 범하고 도피 또는 증거인멸의 염려가 있을 때에는 사후에 영장을 청구할 수 있다. ④누구든지 체포·구금을 당한 때에는 즉시 변호인의 조력을 받을 권리를 가진다. 다만, 법률이 정하는 경우에 형사피고인이 스스로 변호인을 구할 수 없을 때에는 국가가 변호인을 붙인다. ⑤누구든지 체포·구금을 당한 때에는 법률이 정하는 바에 의하여 적부의 심사를 법원에 청구할 권리를 가진다. ⑥피고인의 자백이 고문·폭행·협박·구속의 부당한 장기화 또는 기망 기타의 방법에 의하여 자의로 진술된 것이 아니라고 인정될 때 또는 정식재판에 있어서 피고인의 자백이 그에게 불리한 유일한 증거일 때에는 이를 유죄의 증거로 삼거나 이를 이유로 처벌할 수 없다.
헌 법 10 호	제12조 ① 모든 국민은 신체의 자유를 가진다. 누구든지 법률에 의하지 아니하고는 체포·구속·압수·수색 또는 심문을 받지 아니하며, 법률과 적법한 절차에 의하지 아니하고는 처벌·보안처분 또는 강제노역을 받지 아니한다. ② 모든 국민은 고문을 받지 아니하며, 형사상 자기에게 불리한 진술을 강요당하지 아니한다. ③ 체포·구속·압수 또는 수색을 할 때에는 적법한 절차에 따라 검사의 신청에 의하여 법관이 발부한 영장을 제시하여야 한다. 다만, 현행범인인 경우와 장기 3년 이상의 형에 해당하는 죄를 범하고 도피 또는 증거인멸의 염려가 있을 때에는 사후에 영장을 청구할 수 있다. ④ 누구든지 체포 또는 구속을 당한 때에는 즉시 변호인의 조력을 받을 권리를 가진다. 다만, 형사피고인이 스스로 변호인을 구할 수 없을 때에는 법률이 정하는 바에 의하여 국가가 변호인을 붙인다. ⑤ 누구든지 체포 또는 구속의 이유와 변호인의 조력을 받을 권리가 있음을 고지받지 아니하고는 체포 또는 구속을 당하지 아니한다. 체포 또는 구속을 당한 자의 가족 등 법률이 정하는 자에게는 그 이유와 일시·장소가 지체 없이 통지되어야 한다. ⑥ 누구든지 체포 또는 구속을 당한 때에는 적부의 심사를 법원에 청구할 권리를 가진다. ⑦ 피고인의 자백이 고문·폭행·협박·구속의 부당한 장기화 또는 기망 기타의 방법에 의하여 자의로 진술된 것이 아니라고 인정될 때 또는 정식재판에 있어서 피고인의 자백이 그에게 불리한 유일한 증거일 때에는 이를 유죄의 증거로 삼거나 이를 이유로 처벌할 수 없다.

1948년 헌법에서는 항의 숫자를 매기지 않았지만 신체의 자유를 세 가지 항목으로 규정하였다. 제9조에서 신체의 자유를 지닌다고 규정했지만, 법률로 체포, 구금, 수색, 심문, 처벌할 수 있다는 예외 규정을 두었다. 당연히 이승만 정권의 경찰은 이 예외 조항을 무기로 무고한 사람들을 잡아들이고 고문하고 처벌하였다.

이 조항은 헌법 제5호 때까지 바뀌지 않았다가 박정희 정권 때 개정되었다. 이전의 신체의 자유 조항에 3개 조항이 추가되었다. 아래의 세 조항이 새로 추가된 조항이다.

②모든 국민은 고문을 받지 아니하며, 형사상 자기에게 불리한 진술을 강요당하지 아니한다.

⑤누구든지 체포·구금을 받은 때에는 적부의 심사를 법원에 청구할 권리를 가진다. 사인으로부터 신체의 자유의 불법한 침해를 받은 때에도 법률이 정하는 바에 의하여 구제를 법원에 청구할 권리를 가진다.

⑥피고인의 자백이 고문·폭행·협박·구속의 부당한 장기화 또는 기망 기타의 방법에 의하여 자의로 진술된 것이 아니라고 인정될 때, 또는 피고인의 자백이 그에게 불리한 유일한 증거인 때에는, 이를 유죄의 증거로 삼거나 이를 이유로 처벌할 수 없다.

2항에서 고문을 받지 않으며 자기에게 불리한 진술을 받지 않는다고 하였다. 5항에서는 체포나 구금을 당했을 때 적부 심사를 법원에 청구할 권리가 있다고 하였다. 6항에서는 고문·폭행·협박·구속 등의 방법으로 진술하거나 자백만으로 유죄의 증거로 삼거나 처벌할 수 없다고 하였다. 모두 체포된 사람과 피고인 등의 인권을 보장하기 위해 만들어진 조항이다. 고문, 폭행, 협박, 자백 강요는 사실상 전근대 시기 동양과 서양을 가리지 않고 일반적인 심문 방법이었다. 영국의 대헌장 때부터 고문과 자백 강요, 불공정한 재판 절차는 점차 개선되었다. 그러나 박정희 정권에 체포된 국민들은 고문을 받았고 자백을 통해 형사상 불리한 진술을 강요받았다. 이 조항을 만들기 전인 1961년 5월 20일 창설된 중앙정보부는 국민을 고문하였고 자기에게 불리한 진술을 강요하였으며 고문·폭행·협박과 아울러 장기간 구속으로 자백을 받아냈다. 헌법 제6호의 제10조를 전혀 지키지 않고 말이다. 그러니 2항과 5항이 박정희 정권 때 제대로 지켜졌다고 믿는 사람은 적을 것이다. 헌법은 20세기였지만, 실제 상황은 13세기 이전의 중세 유럽이나 조선시대였다.

박정희 정권은 유신헌법을 만들면서 이전에 처음 만든 5항의 체포 적부심사 청구권과 6항의 자백 법칙 조항을 삭제하였다. 아예 이 두 조항을 헌법에서 뺀 것은 마음대로 체포하고 자백을 받아 처벌하겠다고 읽힌다. 이것이 너무 심하다고 생각했던지 5공 헌법에서는 유신헌법에서 삭제한 이 두 조항을 다시 복귀시켰다. 물론 그랬다고 두 조항을 제대로 지킨 것은 아니었다.

현행 헌법은 제12조인데, 전두환 정권이 만든 헌법 제9호의 조항

헌법은 밥이다

에 5번째 항을 새로 추가하였다. 이 조항은 미란다 원칙이라고 한다. 경찰이나 검찰이 피의자를 체포하거나 구속할 때 변호인의 도움을 얻을 수 있음을 알려야 한다는 규정이다. 미국의 대법원이 1966년에 판결한 후 미국에서 확고히 지켜지기 시작한 '미란다 원칙'이 1987년에 대한민국헌법에 처음 규정되었다.

현행 헌법에 신체의 자유를 7개 항이나 만든 것은 그만큼 이 문제가 중요하기 때문일 것이다. 반대로 생각하면, 1948년 3개의 조항이 7개로 늘어난 것은 그만큼 국가권력이 개인들을 함부로 고문하고 가두었기 때문이 아닐까? 그러다 보니 개인들을 보호해야 했고 신체의 자유에 관한 조항만 불어났을 것이다.

다른 자유는 법률로 제한하는 것을 자유의 제한으로 여겨지지만 신체의 자유는 예외라고 할 수 있다. 사람을 죽이거나 물건을 훔친 사람에게도 신체의 자유를 무제한 허용하면 어떻게 될까? 세상은 범죄의 소굴이 될 것이다. 따라서 다른 기본권과 달리 신체의 자유는 무한정 보장할 수 없다. 범죄자와 형사소송 당사자들과 관련된 규제와 법이 많다. 또 신체의 자유는 사람을 속박하느냐의 여부를 다루므로 특히 재판의 공정성과 관련된 조항이 많다. 현행 헌법 제12조에서 고문 금지, 변호사 도움을 받을 권리, 영장청구, 미란다 원칙, 구속적부심 청구, 증거와 자백 능력 등을 자세히 규정한 것도 이 때문이다.

우리는 헌법에 규정된 무죄 추정의 원칙을 자주 까먹는다. 최순실 게이트 때 최순실, 박근혜, 이재용, 문형표 등 구속된 사람들을 보면서 구속을 너무나 당연히 여긴다. 법원의 구속영장 발부율이 지나치게 높고, 구속 공판 사건이 양산되니 말이다. 불구속 수사, 불구속 재판의 원칙이 사실상 무시된다. 헌법이 보장한 신체의 자유와 무죄 추정의 원칙은 오랜 기간 동안 무시되었다. 이런 상황에 익숙하다 보니 우리는 신체의 자유가 제한되어도 당연하게 생각하는 것은 아닐까? 평소에 인권을 중시하지 않는 검찰이 구속 수감된 최순실, 박근혜 등에게 평상복을 입도록 허용한 것을 두고 열 받은 적이 있다. 유죄 판결을 받기 전에 무죄로 추정된다는 사실을 까먹기도 하고, 이들의 평상복에서 다시 확인하기도 한다. 그런데 구속 수사는 한국의 독특한 현상이라고 한다. 바꿔 말하면 대부분의 민주국가에서는 신체의 자유와 무죄 추정을 잘 지키며 구속을 전제로 한 수사와 재판을 억제하고 '불구속 수사'를 원칙으로 지킨다고 한다. 이를 위해 엄격한 영장실질심사제를 실시한단다. 구속되었더라도 구금시설 밖에서는 사복을 허용하고, 서신에 대한 검열을 금지하며, 자연광선으로 독서나 작업이 가능해야 한단다.[22] 이것이 민주주의 선진국의 표준이라고 한다. 이성적으로는 동의하는데 감성적으로는 수용을 못한다. 검찰이 청구한 군사이버사령부의 댓글 달기를 지시한 김관진이나 검찰, 법원, 경찰, 국정원을 주물렀다고 알려진 우병우 등의 영장이 기각되었다는 소식을 들으면서 이들에게 보장된 신체의 자유를 인정하는 것보다 '범죄

22) 박홍순, 『헌법의 발견』, 145~146쪽.

자' 혹은 '피의자'를 구속하지 않는데 대한 분노를 느낀다. 이들의 구속을 지지하는 이유는 이들이 불구속 수사를 받으면 증거를 인멸하고 증인들을 협박하거나 말을 맞출 가능성이 있다는 주장이 설득력이 있기 때문이다. 신체의 자유에 관한한 이상과 현실이 따로 노는 것 같다.

신체의 자유 중 현재 가장 핫한 조항은 3항의 영장 신청이다. 헌법 제1~5호 제9조에서는 "체포, 구금, 수색에는 법관의 영장이 있어야 한다."라고 하여 영장의 신청과 발부 주체를 법관으로 기록하였다. 그러나 박정희 정권에서 전반기인 헌법 제6~7호 제10조 3항에서는 "체포 · 구금 · 수색 · 압수에는 검찰관의 신청에 의하여 법관이 발부한 영장을 제시하여야 한다."라고 하여 영장의 신청과 발부 주체를 분리하였다. 즉 영장의 신청은 검찰관(검사)이, 발부는 법관(판사)라는 절차가 만들어졌다. 이후 유신헌법에서 검찰관이 검사로 바뀐 후 현행 헌법까지 이 조항이 유지되었다. 문제는 이 조항이 검사의 영장청구 독점권으로 해석된다는 점이다. 검찰은 영장청구와 기소를 독점하며 막대한 권력을 행사하고 있다. 경찰은 박정희 정권 이후 수사권과 영장청구권을 되찾기 위해 몸부림쳐 왔다. 최순실 국정농단에 검사 출신 우병우 전 민정수석의 개입 의혹이 불거지고 우병우 수사를 무력화시킨 법무부 검찰국장과 서울지검장 등이 돈봉투가 오간 술파티를 벌여 2017년 5월 이후 검찰은 최대 위기다. 이 틈을 노려 경찰은 수사권과 영장청구권을 되찾으려고 기회를 엿보고 있다. 문재인 대통령도 검찰의 수사권과 영장청구권 독점을 막으려는 의지가 강하다. 그러나 현행 헌법 제12조 3항에 규정된 검사의 영장청구 구절을 삭제해야 경찰에게도 영장청구권의 일부를 나눠 줄 수 있다. 검찰의 권력을 약화시키기 위해 개헌을 해야 할까?

기본권의 수난(3):
자유와 권리 보장과
제한

현행 헌법의 제37조 자유와 권리 보장과 제한 조항을 살펴보자. 이 조항은 국민의 기본권 가장 마지막에 위치하여 전체의 자유와 권리를 요약하고 재확인하는 역할을 한다.

헌법 1호	제28조 국민의 모든 자유와 권리는 헌법에 열거되지 아니한 이유로써 경시되지는 아니한다. 국민의 자유와 권리를 제한하는 법률의 제정은 질서유지와 공공복리를 위하여 필요한 경우에 한한다.
헌법 2호	제28조 국민의 모든 자유와 권리는 헌법에 열거되지 아니한 이유로써 경시되지는 아니한다. 국민의 자유와 권리를 제한하는 법률의 제정은 질서유지와 공공복리를 위하여 필요한 경우에 한한다.
헌법 3호	제28조 국민의 모든 자유와 권리는 헌법에 열거되지 아니한 이유로써 경시되지는 아니한다. 국민의 자유와 권리를 제한하는 법률의 제정은 질서유지와 공공복리를 위하여 필요한 경우에 한한다.

헌법은 밥이다

헌법 4호	제28조 ①국민의 모든 자유와 권리는 헌법에 열거되지 아니한 이유로써 경시되지는 아니한다. ②국민의 모든 자유와 권리는 질서유지와 공공복리를 위하여 필요한 경우에 한하여 법률로써 제한할 수 있다. 단, 그 제한은 자유와 권리의 본질적인 내용을 훼손하여서는 아니되며 언론, 출판에 대한 허가나 검열과 집회, 결사에 대한 허가를 규정할 수 없다.〈개정 1960.6.15.〉
헌법 5호	제28조 ①국민의 모든 자유와 권리는 헌법에 열거되지 아니한 이유로써 경시되지는 아니한다. ②국민의 모든 자유와 권리는 질서유지와 공공복리를 위하여 필요한 경우에 한하여 법률로써 제한할 수 있다. 단, 그 제한은 자유와 권리의 본질적인 내용을 훼손하여서는 아니되며 언론, 출판에 대한 허가나 검열과 집회, 결사에 대한 허가를 규정할 수 없다.〈개정 1960.6.15.〉
헌법 6호	제32조 ①국민의 자유와 권리는 헌법에 열거되지 아니한 이유로 경시되지 아니한다. ②국민의 모든 자유와 권리는 질서유지 또는 공공복리를 위하여 필요한 경우에 한하여 법률로써 제한할 수 있으며, 제한하는 경우에도 자유와 권리의 본질적인 내용을 침해할 수 없다.
헌법 7호	제32조 ①국민의 자유와 권리는 헌법에 열거되지 아니한 이유로 경시되지 아니한다. ②국민의 모든 자유와 권리는 질서유지 또는 공공복리를 위하여 필요한 경우에 한하여 법률로써 제한할 수 있으며, 제한하는 경우에도 자유와 권리의 본질적인 내용을 침해할 수 없다.
헌법 8호	제32조 ①국민의 자유와 권리는 헌법에 열거되지 아니한 이유로 경시되지 아니한다. ②국민의 자유와 권리를 제한하는 법률의 제정은 국가안전보장·질서유지 또는 공공복리를 위하여 필요한 경우에 한한다.
헌법 9호	제35조 ①국민의 자유와 권리는 헌법에 열거되지 아니한 이유로 경시되지 아니한다. ②국민의 모든 자유와 권리는 국가안전보장·질서유지 또는 공공복리를 위하여 필요한 경우에 한하여 법률로써 제한할 수 있으며, 제한하는 경우에도 자유와 권리의 본질적인 내용을 침해할 수 없다.

헌법 10 호	제37조 ① 국민의 자유와 권리는 헌법에 열거되지 아니한 이유로 경시되지 아니한다. ② 국민의 모든 자유와 권리는 국가안전보장·질서유지 또는 공공복리를 위하여 필요한 경우에 한하여 법률로써 제한할 수 있으며, 제한하는 경우 에도 자유와 권리의 본질적인 내용을 침해할 수 없다.

이 조항의 1항에서는 헌법에 열거되지 않는 국민의 자유와 권리도
인정된다고 규정하였다. 이 구절은 전혀 변하지 않았다. 변한 것은 두
번째 조항이다. 1948년 헌법에서는 "국민의 자유와 권리를 제한하는
법률의 제정은 질서유지와 공공복리를 위하여 필요한 경우에 한한
다."라고 하여 이 자유와 권리를 "질서유지와 공공복리를 위하여" 법
률로 제한한다고 하였다. 이 조항은 장면 정권인 헌법 제4~5호에서
아래와 같은 단서 조항을 두었다.

"단, 그 제한은 자유와 권리의 본질적인 내용을 훼손하여서는 아니되며 언론,
출판에 대한 허가나 검열과 집회, 결사에 대한 허가를 규정할 수 없다. 〈개정
1960.6.15.〉"

이 조항은 이승만 정권에서 유린된 언론·출판·집회·결사의 자
유를 보장하기 위해 이 네 자유에 해당하는 허가와 검열을 헌법으로
금지시킨 것이다. 이는 국민의 자유를 제한하려는 박정희 정권 때 삭
제되었다. 그리고 "국민의 모든 자유와 권리는 질서유지 또는 공공복

리를 위하여 필요한 경우에 한하여 법률로써 제한할 수 있으며, 제한하는 경우에도 자유와 권리의 본질적인 내용을 침해할 수 없다."라고 바뀌었다. 박정희는 유신헌법을 만들면서 "제한하는 경우에도 자유와 권리의 본질적인 내용을 침해할 수 없다."라는 구절이 거슬렸는지 아예 삭제하였다. 그리고 2항에 "국민의 자유와 권리를 제한하는 법률의 제정은 국가안전보장·질서유지 또는 공공복리를 위하여 필요한 경우에 한한다."라는 구절을 첨가하였다. 자유와 권리를 법률로 제한하는 1948년 헌법의 조항(헌법 제1~3호)으로 복귀시켰다. 물론 '국가안전보장'을 추가하여 자유와 권리를 제한할 수 있는 범위를 더 넓혀놓았다. 전두환 정권은 유신헌법의 조항을 헌법 제6호 수준으로 다시 되돌렸다. 현행 헌법은 전두환 정권이 복귀시킨 조항을 바꾸지 않고 그대로 사용하고 있다.

현행 헌법의 제37조 자유와 권리 보장과 제한 조항은 현행 헌법의 제21조 언론·출판·집회·결사의 자유 조항의 개정 과정과 일치한다. 모두 국민의 기본적인 자유를 보장하기 위해 만들어졌지만, 치안과 통치, 통제를 위해 법률로 규제할 수 있는 단서 조항을 두었다. 이승만 정권의 자유와 인권유린을 목격한 장면 정권은 언론·출판·집회·결사의 자유를 보장하기 위해 검열과 허가를 금지시키는 조항을 헌법에 집어넣었다. 그러나 이 조항은 1년도 안 되어 무효가 되었다. 박정희의 군부 쿠데타 때문이었다. 현재 우리는 이때 잠깐 누렸던 언론·출판·집회·결사의 자유를 누리지 못하고 있다. 박정희가 쿠데타를 일으키고 제한한 조항이 지금까지 유지되어 자유와 권리를 보장하는 조항처럼 믿고 산다. 실제 법률에 미치는 영향이 적을 지는 모르겠으나, 최소한 장면 정권 때인 헌법 제4-5호 때의 조항을 회복하면 하는 바람이다.

기본권의 수난(4):
거주 · 이전 · 주거의 자유,
통신의 비밀

세 번 바뀐 9개 조항 가운데 개악과 복귀를 반복했던 조항이 있고, 국민의 기본권이 개선되는 방향으로 바뀌는 조항들도 있었다. 개악을 되풀이한 조항은 제14조 거주 · 이전의 자유, 제16조 주거의 자유, 제18조 통신의 비밀, 제33조 노동 3권이다.

먼저 거주 · 이전의 자유를 살펴보자. 대법원에서 거주 · 이전의 자유를 아래와 같이 정의하고 있다.

"거주 · 이전의 자유란 국민이 원하는 곳에 주소나 거소를 설정하고 이전할 자유를 말하며 그 자유에는 국내에서의 거주 · 이전의 자유 이외에 해외여행 및 해외 이주의 자유가 포함되고, 해외여행 및 해외 이주의 자유는 대한민국의 통치권이 미치지 않는 곳으로 여행하거나 이주할 수 있는 자유로서 출국의 자유와 외국 체류를 중단하고 다시 우리나라로 돌아올 수 있는 입국의 자유를 포함한다(대판 2008.1.24. 2007두10846).”

   대법원의 유권해석이 2008년 이전으로 소급될 수 있는지는 모르겠지만, 대법원의 유권해석에 따르면 거주·이전의 자유는 이사뿐만 아니라 해외여행과 이민의 자유까지 포함한다는 점에서 일상생활과 밀접히 관련 있는 자유인 것 같다. 이러한 거주·이전의 자유가 어떻게 바뀌었을까?

헌법 1호	제10조 모든 국민은 법률에 의하지 아니하고는 거주와 이전의 자유를 제한받지 아니하며 주거의 침입 또는 수색을 받지 아니한다.
헌법 2호	제10조 모든 국민은 법률에 의하지 아니하고는 거주와 이전의 자유를 제한받지 아니하며 주거의 침입 또는 수색을 받지 아니한다.
헌법 3호	제10조 모든 국민은 법률에 의하지 아니하고는 거주와 이전의 자유를 제한받지 아니하며 주거의 침입 또는 수색을 받지 아니한다.
헌법 4호	제10조 모든 국민은 거주와 이전의 자유를 제한받지 아니하며 주거의 침입 또는 수색을 받지 아니한다. 〈개정 1960.6.15.〉
헌법 5호	제10조 모든 국민은 거주와 이전의 자유를 제한받지 아니하며 주거의 침입 또는 수색을 받지 아니한다. 〈개정 1960.6.15.〉
헌법 6호	제12조 모든 국민은 거주·이전의 자유를 가진다.
헌법 7호	제12조 모든 국민은 거주·이전의 자유를 가진다.
헌법 8호	제12조 모든 국민은 법률에 의하지 아니하고는 거주·이전의 자유를 제한받지 아니한다.
헌법 9호	제13조 모든 국민은 거주·이전의 자유를 가진다.

제14조 거주·이전의 자유는 1948년 헌법에서 "모든 국민은 법률에 의하지 아니하고는 거주와 이전의 자유를 제한받지 아니하며 주거의 침입 또는 수색을 받지 아니한다."라고 하여 법률로 거주와 이전의 자유를 제한하고 주거를 침입하거나 수색할 수 있도록 하여 거주·이전의 자유를 완전히 보장하지는 않았다. 법률에 따른 제한과 주거 침입과 수색을 많이 당한 경험 때문일까? 거주·이전의 자유는 4·19 이후 제정된 헌법 제4호에서 "모든 국민은 거주와 이전의 자유를 제한받지 아니하며 주거의 침입 또는 수색을 받지 아니한다."라고 바뀌었다. 이전의 헌법과 달리 거주·이전의 자유를 완벽하게 보장하였고 주거 침입과 수색도 헌법에서 금지시켰다. 5·16쿠데타 이후 바뀐 헌법 제6호에서는 단순하게 "모든 국민은 거주·이전의 자유를 가진다."라고 바뀌었다. 군더더기 없이 깔끔한 조항이지만, 헌법에 주거 침입과 수색 금지 구절을 삭제했기 때문에 법률에서도 이를 가능한 조항을 삽입하면 경찰 등의 주거 침입과 수색을 가능하게 했다고 해석할 수 있다. 유신헌법에서는 "모든 국민은 법률에 의하지 아니하고는 거주·이전의 자유를 제한받지 아니한다."라고 고쳤다. 법률로 거주·이전의 자유를 제한할 수 있는 방향으로. 이어서 5공 헌법에서 헌법 제6호처럼 "모든 국민은 거주·이전의 자유를 가

진다."라고 바뀌었고 현행 헌법도 그대로 따르고 있다.

문재인 대통령의 취임 후 처음으로 임명한 이낙연 총리, 강경화 외무부장관, 김상조 공정거래위원장이 모두 위장전입 문제로 도덕성 논란에 휩싸였다. 이 나라의 지배층은 부동산 투기를 위해 주소지를 옮겨 아파트 분양권을 받거나 '경자유전의 원칙'에 따라 농민이 아니면 구입하기 불가능한 농지를 사서 배를 불렸다. 이 때문에 국무총리나 장관, 대법원장, 헌법재판소장 등을 검증하는 청문회에서 이 문제는 반드시 거론된다. 이 분야의 최고 기록은 이명박 전 대통령. 하어영 한겨레21 기자는 2017년 5월 23일 김어준의 뉴스공장에서 "위장전입을 가장 많이 한 공직자는 이명박 전 대통령으로 공식적으로 24차례. 위장전입 공직자 2위가 5회인데 비해 이 전 대통령의 24회는 압도적으로 많다"고 말했다. 그래서 그런가? 이명박 정권에서 임명된 장관과 청와대수석비서관, 대법관, 검찰총장, 국세청장, 경찰청장 등 19명이 위장전입의 전과가 있었다.

문재인 정부를 지지하는 사람들은 세 사람이 부동산투기나 자녀의 학군 배정 등을 위한 것이 아닌 만큼 달리 봐야 한다고 말한다. '위장전입'이란 단어 대신 '주거불일치'라는 단어를 사용해야 한다고 주장한다. 자유한국당이 총리 인준을 거부하려고자 하자 청와대는 위장전입은 청문회가 도입된 2005년 7월 이전과 이후가 다르다고 선을 그었다. 그러나 자유한국당의 반발이 거세지자 문 대통령은 2017년 5월 29일 인수위 없이 총리 지명을 하여 검증에 소홀했음을 인정했다.

그런데 이 문제의 발단은 박정희 정권이 1962년 제정한 주민등록법이다[1962.05.10.-1067호]. 주민등록법은 일제강점기의 호적법과 조선기류령에 뿌리를 두고 있다. 일제는 1942년 주거지 신고를 의무화한 '조선기류령'을 제정하였다. 90일 이상 본적지를 떠나 거주하거나, 본적이 불분명한 사람은 이 사실을 관할 행정기관에 신고해야 했다. 박정희 정권은 이 법을 강화하여 주민등록법을 만들었다.[23] 이 법의 제20조에는 "정당한 사유 없이 제11조, 제13조 제2항, 제14조 제1항 또는 제15조 제2항의 기간 내에 신고를 하지 아니한 자는 3천환 이하의 과태료에 처한다."라고 하였다. 이 네 조항은 본인, 가족의 일부, 가족 전체 등이 거주지를 옮기면 14일 이내에 옮긴 지역의 동사무소에 신고해야 한다는 규정이다. 1962년 3천환 이하의 벌금을 내야 했는데, 개정된 현재의 주민등록법에는 이러한 규정을 어기면 "3년 이하의 징역 또는 3천만 원 이하의 벌금에 처한다."고 하였다. 아주 무거운 죄이다. 이 조항을 모르고 사는 사람도 많다. 이사한 후 바빠서 이사 신고 안하면 감옥에 갈 수 있다!!! 그러나 24번이나 주민등록법을 어기고 위장전입 했다고 하는 이명박 씨가 과연 벌금을 냈는지 궁금하다. 물론 다른 고위공직자들도. 이 처벌 조항을 아는 사람들이 별로 없는것을 보면 언제부터 사문화된 걸까?

---

23) 김영미, 『해방 이후 주민등록제도의 변천과 그 성격: 한국 주민등록증의 역사적 연원』, 『한국사연구』 136, 2007.

헌법은 밥이다

1962년 제정한 주민등록법 제21조에는 "주민등록에 관한 신고서에 허위의 사실을 기재한 자나 정당한 사유 없이 제19조 제1항의 규정에 의한 조사를 거부 또는 기피한 자는 3만환 이하의 벌금 또는 구류에 처한다."라고 하였다. 제19조 1항은 "시장 또는 읍, 면장은 주민등록의 정확을 기하기 위하여 제10조에 규정된 사항에 관하여 신고된 내용이 사실과 상이하다고 확정할만한 상당한 이유가 있는 때에는 그 사실을 조사할 수 있다."라는 규정이다. 이는 정부가 개인 혹은 가족들에 대한 정보를 철저하게 파악하겠다는 뜻이다. 1990년대까지 동사무소나 면사무소에 전입 신고할 때 통장이나 반장, 이장의 도장을 받아야 했다. 통·반장과 이장은 새 전입자의 신상을 파악할 수 있는 기회였다.

거주·이전의 자유와 주민등록법의 관계를 알고 나니 이 자유의 중요성을 알 것 같다. 국가 입장에서는 국민을 통제하는 수단이기도 했기 때문이다. 그러니 제헌헌법부터 거주·이전의 자유를 법률로 제한할 수 있는 조항을 만든 것이다. 주민등록법은 1950년대와 60년대 남한에서 활동하던 북한의 간첩을 색출하려는 수단이었다. 특히 주민등록번호는 간첩 잡는데 크게 기여했다고 한다. 그러나 박정희 정권의 주민등록법은 그가 만든 헌법의 거주·이전의 자유와 어긋날 수 있다. 또 강제적으로 만들어야 하는 주민등록증에 지문을 찍어야 한다(제24조 2항). 그리고 열 손가락의 지문은 경찰 등이 보관한다. 일반적으로 선진국에서는 사람을 구별하는 수단인 지문 등록은 주로 범죄자에 한정된다. 범죄자들은 다시 범죄를 저지를 확률이 높으므로 미리 지문 정보를 저장하면, 범죄현장에서 채취한 지문으로 범죄용의자의 폭을 좁힐 수 있다. 물론 재판의 증거에도 사용된다. 그러나 한국처럼 온 국민에게 지문 등록을 강요하는 나라는 거의 없다. 처음에는 간첩 잡는 목적이라고 하지만 모든 국민을 범죄자로 간주하는 조치다. 당연히 인권침해다. 미국의 인기 드라마 NCIS를 봐도 지문 등록자는 범죄자와 군인, 정보계통의 공무원에 한정되는 것 같다. 군인과 각종 정부요원은 사망 때 신원을 확인해야 하므로 지문을 등록한다. 모든 성인들에게 지문을 요구하는 인권유린 행위는 언제 없어질까?

이사나 임시로 거주지를 옮길 때마다 14일 이내로 동사무소나 면사무소에 거주지를 등록해야 하는 주민등록법은 헌법이 규정한 거주·이전의 자유를 침해한다는 생각이 든다. 그리고 출장 등 자주 거주지를 옮겨야 하는 사람들에게 불편하기도 하다. 특히 주민등록번호만 알면 개인의 거의 모든 정보를 파악할 수 있는 현재의 시스템을 생각하면 더욱 그렇다. 인터넷 서비스에 가입할 때 주민등록번호를 기입했으나, 해당 정보가 유출되거나 매매되어 이 나라 국민 대다수는 자기의 주민등록번호를 이용한 범죄 때문에 전전긍긍 한다. 정부는 제대로 대처하지도 못한다. 이에 화가 난 일부 국민들이 주민등록번호를 바꾸지 못하도록 한 주민등록법 제7조 제3항 등에 대해 위헌소원을 제기하였다. 이에 헌재는 이들의 주장을 받아들여 인터넷 포털사이트 등의 잇따른 개인정보 유출 사건으로 피해를 입은 사람들은 주민등록번호를 바꿀 수 있도록 판결하였다(2013헌바68, 2015.12.23.).

깜빡 잊고 주민등록 신고를 못했거나, 채권자에 시달려서 주민등록을 안 하거나 거리에서 노숙하는 사람들은 주민등록을 하지 못해 불이익을 받는다. 원칙적으로 자기 거주지의 투표소에서 투표하는 선거권(사전투표가 도입되었지만, 대통령선거와 정당투표를 제외하면 거주지에서 출마한 후보를 뽑아야 한다)과 각종 복지 혜택 등을 받을 수 없다. 주민등록을 하지 못한 사람이 30여만 명으로 추정된다고 하니, 국민의 기본권과 선거권, 복지혜택을 누리지 못하는 사람이 생각보다 많음을 알 수 있다.

이처럼 주민등록제도가 불편하기 때문에 학자들은 대안을 제시하기도 한다.

"이러한 사회변화를 고려해 주민등록법에서 형사처벌 조항을 없애는 방향으로 법을 개정해야 한다는 의견이 많다. 한상희 건국대 법학전문대학원 교수(헌법학)는 '부산에 살면서 국가 행정과 관련된 주소지를 서울로 정하는 것도 기본권 중 하나로 보장해야 한다. 특정지역 비거주자가 거주자인 것처럼 꾸며 부동산 투기를 하거나 자녀 학교 진학 과정에서 특혜를 누렸다면 관련 제도가 정한 요건을 어긴 것이므로 해당 법에 처벌 규정을 두면 된다. 또 행정기관이 실주거지나 본인 확인을 주민등록에 의존했는데 이는 행정 편의주의적 사고'라고 말했다. 그러니까 사람들에게 '주민등록지와 실거주지' 일치를 요구함으로써 다양한 나쁜 짓을 잡으려 할 것이 아니라, 각 제도를 집행하는 교육부·국토교통부·국세청 등 행정기관이 탈법이 이루어지지 않도록 실거주지 확인 등 관리·감독을 강화해야 한다는 것이다. 국가 차원에서 주거지 정보를 수집하지 않는 미국의 경우 행정기관별로 실거주지를 증명하는 두 가지 이상의 서류를 요구한다. 우리 사회에선 '거주지 요건'을 내걸어 이익·불이익을 주는 제도가 많은 편이다. 이러한 구조가 항상 합당한지도 따져볼 필요는 있다."[24]

2008년 대법원이 판결을 통해 유권해석한 거주·이전의 자유에는 해외여행이 포함된다. 노태우 정권 때인 1989년 1월 1일부터 해외여행이 자유화되었다. 바꿔서 말하면 그 이전에는 해외여행을 자유롭게 할 수 없었다는 말이다. 남북 분단과 '휴전', 달러의 해외 유출 방지 등이 해외여행을 억제했던 이유였다. 따라서 1989년 이전에는 여권을 발급받아 가지는 것 자체가 엄청난 특권이었다. 여권이 있어야 해외여행이 가능하니 말이다. 그래서일까? 그 이전 대학생들에게 인기 있던 학과가 영어·독일어·프랑스어·일본어 등 외국어를 배우는 학과였다. 어학연수를 이유로 해외에 갈 수 있었기 때문이다. 그리고 대학생들이 선망하던 직업이 종합상사였다. 해외에서 근무할 수 있었기 때문이다. 1989년 해외여행 자유화 이후에도 한동안 걸림돌이 있었다. 병역의 의무를 수행했더라도 대학생인 경우 병무청에 가서 신

---

24) 박현정 기자, 「위장전입 처벌 근거 '주민등록법'은 실효성 있나」, 『한겨레신문』 2017. 6. 4.

헌법은 밥이다

고한 후 공항에서도 신고해야 해외여행이 가능했던 시절도 있었다. 그래서 그럴까? 해외여행과 관련한 헌법 소원도 있었다. 병역의무자의 해외여행을 허가하는 제도와 전쟁이나 테러의 위험이 있는 지역에서 여권 사용을 금지한 조치에 반발하여 위헌 소원을 제기하였다. 헌법재판소는 모두 거주·이전의 자유를 침해하지 않았다고 판결하였다(헌재결 1990.6.22.90헌마310; 2008.6.26. 2007헌가1366).

지금 생각하면 거주·이전의 자유가 이렇게 일상생활에까지 적용되는 중요한 권리인 줄 몰랐다. 이걸 알게 된 것은 모두 청문회에서 불거진 위장전입 문제 덕분이다.

다음으로 주거의 자유를 살펴보자. 주거는 '거주'와 다른 뜻이며, 자신이 사는 집뿐만 아니라 활동하는 공간도 포함된다. 즉 직장이나 도서관, 호텔, 여관방, 모임 공간 등도 주거에 해당한다. 따라서 집과 활동지에서 침입을 받지 않는 권리인 주거의 자유는 통신의 자유, 사생활의 비밀 혹은 자유와 함께 사생활 영역에 관한 기본권, 즉 넓은 의미에서 프라이버시권에 속한다.[25] 이처럼 주거의 자유는 중요하지만, 헌법은 이 자유를 제대로 보장했을까?

---

25) 차병직, 윤재왕, 윤지영 지음, 『지금 다시, 헌법』, 127쪽.

헌법 1호	제10조 모든 국민은 법률에 의하지 아니하고는 거주와 이전의 자유를 제한받지 아니하며 주거의 침입 또는 수색을 받지 아니한다.
헌법 2호	제10조 모든 국민은 법률에 의하지 아니하고는 거주와 이전의 자유를 제한받지 아니하며 주거의 침입 또는 수색을 받지 아니한다.
헌법 3호	제10조 모든 국민은 법률에 의하지 아니하고는 거주와 이전의 자유를 제한받지 아니하며 주거의 침입 또는 수색을 받지 아니한다
헌법 4호	제10조 모든 국민은 거주와 이전의 자유를 제한받지 아니하며 주거의 침입 또는 수색을 받지 아니한다. 〈개정 1960.6.15.〉
헌법 5호	제10조 모든 국민은 거주와 이전의 자유를 제한받지 아니하며 주거의 침입 또는 수색을 받지 아니한다. 〈개정 1960.6.15.〉
헌법 6호	제14조 모든 국민은 주거의 침입을 받지 아니한다. 주거에 대한 수색이나 압수에는 법관의 영장을 제시하여야 한다.
헌법 7호	제14조 모든 국민은 주거의 침입을 받지 아니한다. 주거에 대한 수색이나 압수에는 법관의 영장을 제시하여야 한다.
헌법 8호	제14조 모든 국민은 법률에 의하지 아니하고는 주거의 자유를 침해받지 아니한다. 주거에 대한 압수나 수색에는 검사의 요구에 의하여 법관이 발부한 영장을 제시하여야 한다.
헌법 9호	제15조 모든 국민은 주거의 자유를 침해받지 아니한다. 주거에 대한 압수나 수색에는 검사의 신청에 의하여 법관이 발부한 영장을 제시하여야 한다.
헌법 10호	제16조 모든 국민은 주거의 자유를 침해받지 아니한다. 주거에 대한 압수나 수색을 할 때에는 검사의 신청에 의하여 법관이 발부한 영장을 제시하여야 한다.

현행 헌법의 제16조 주거의 자유도 거주·이전의 자유와 똑같은 방향으로 움직였다. 주거의 자유는 헌법 제5호까지 거주·이전의 자유에 속했으나, 헌법 제6호 때 주거의 자유 혹은 주거 침입 금지 조항으로 독립하였다. 그러나 이 주거의 자유는 완벽히 보장된 것이 아니어서 법관의 영장이 있으면 주거의 수색과 압수가 가능함을 명시하

였다. 그러나 유신헌법에서는 아래와 같이 바뀌었다.

제14조 모든 국민은 법률에 의하지 아니하고는 주거의 자유를 침해받지 아니
한다. 주거에 대한 압수나 수색에는 검사의 요구에 의하여 법관이 발부한 영장
을 제시하여야 한다.

유신헌법에서 기본권을 제약했던 전가의 보도, 즉 "법률에 의하지
아니하고는 ~ 자유를 침해받지 아니한다."라는 문구가 여기에도 적
용되었다. 법률로 주거의 자유를 침해할 수 있도록 바뀌었을 뿐만 아
니라 영장 발부의 주체가 법관에서 검사로 바뀌었다. 양자는 별 차이
가 없는 것처럼 보이지만, 사실상 영장은 검찰(검사)이 신청하고 법
원(법관)은 승인만 하는 것처럼 읽힌다. 현재의 입장에서 보면 검찰
의 영장청구 독점을 규정하는 독소조항처럼 보인다. 전두환 정권에서
제정한 헌법 제9호에서는 아래와 같이 바뀌었다.

"모든 국민은 주거의 자유를 침해받지 아니한다. 주거에 대한 압수나 수색에는
검사의 신청에 의하여 법관이 발부한 영장을 제시하여야 한다."

유신헌법의 독소 조항이었던 '법률에 의하여' 제한하는 구절이 없
어졌고, 영장에 따라 주거의 압수나 수색이 가능하도록 바뀌었다. 이
영장이 검사가 신청하고 법관이 발부하는 형식을 취하는 점은 유신

헌법의 조항을 계승하였다. 헌법 제9호의 주거의 자유는 문구만 살짝 바뀌어 현행 헌법에 이어지고 있다.

제18조 통신의 비밀도 거주·이전의 자유, 주거의 자유와 동일한 개정의 과정을 밟았다.

헌법 1호	제11조 모든 국민은 법률에 의하지 아니하고는 통신의 비밀을 침해받지 아니한다.
헌법 2호	제11조 모든 국민은 법률에 의하지 아니하고는 통신의 비밀을 침해받지 아니한다.
헌법 3호	제11조 모든 국민은 법률에 의하지 아니하고는 통신의 비밀을 침해받지 아니한다.
헌법 4호	제11조 모든 국민은 통신의 비밀을 침해받지 아니한다. 〈개정 1960.6.15.〉
헌법 5호	제11조 모든 국민은 통신의 비밀을 침해받지 아니한다. 〈개정 1960.6.15.〉
헌법 6호	제15조 모든 국민은 통신의 비밀을 침해받지 아니한다.
헌법 7호	제15조 모든 국민은 통신의 비밀을 침해받지 아니한다.
헌법 8호	제15조 모든 국민은 법률에 의하지 아니하고는 통신의 비밀을 침해받지 아니한다.
헌법 9호	제17조 모든 국민은 통신의 비밀을 침해받지 아니한다.
헌법 10호	제18조 모든 국민은 통신의 비밀을 침해받지 아니한다.

이 조항도 헌법 제1~3호에서 법률로 통신비밀의 자유를 규제할

수 있었으나, 장면 정권에서 개정한 헌법 제4~5호에서 통신의 비밀을 완전히 보호하는 방향으로 바뀌었다. 유신헌법에서는 자유당 시절의 헌법처럼 법률로 통신의 비밀을 침해할 수 있다고 바뀌었다. 이후 전두환 정권에서 헌법 제4~5호의 구절로 복귀한 후 현행 헌법까지 그대로 내려왔다.

　분단을 이유로 통신의 비밀도 너무나 쉽게 유린되었다. 2001년에 개정된 통신비밀보호법에 의하면 범죄 수사는 2개월, 국가 안보와 관련된 사안은 4개월의 감청 기간을 허용한다. 미국은 30일, 일본은 10일로 제한하고 있다. 비교해 보니 확실히 감청 기간이 길기는 길다. 게다가 통신비밀보호법에는 통신제한 조치 사후에 제한받은 자에게 통지를 하도록 규정하였다. 단서 조항이 있다. 국가의 안전보장, 공공의 안녕질서를 위태롭게 할 현저한 우려가 있을 때는 통지를 유예할 수 있단다.[26] 국가의 안전보장과 공공의 안녕질서는 너무 추상적인 개념이니, 사실상 국정원이나 다른 사정기관이 통신의 비밀을 침해하며 감청할 수 있다.

　이렇게 면죄부를 얻었다고 생각한 국정원은 전화와 인터넷 도감청을 넘어 2015년에는 스마트폰도 감청하는 만행을 저질렀다. 언론이 국정원이 이탈리아의 해킹 업체로부터 프로그램을 구입하여 국민들의 스마트폰을 들여다보는 짓을 저질렀음을 폭로한 것이다.

---

26) 박홍순, 『헌법의 발견』, 167~168쪽.

2015년 7월 5일 누군가 이탈리아 밀라노에 본사를 두고 있는 IT 기업 '해킹팀'의 내부정보를 빼내 인터넷에 올렸다. 공개된 정보에는 '해킹팀'의 구매자 정보가 있었는데, 여기에 국정원이 포함되었다. 국정원은 RCS라는 프로그램으로 국민의 스마트폰을 들여다보며 감시하였다. 특히 국정원은 이 이탈리아 회사에 카톡 검열 기능을 요구했으며,[27] 삼성 스마트폰 갤럭시 국내 모델을 이탈리아로 보내 '맞춤 해킹'을 의뢰하거나, 국산 백신 프로그램인 안랩을 회피할 수 있도록 해달라고 부탁하기도 했다.[28] 심지어 국정원이 야당 정치인들 사이에서 사찰을 피할 목적으로 카카오톡 대신 주로 쓴다는 메신저인 바이버(미국 스마트폰 메신저)를 해킹해 달라고 요청했다는 충격적인 보도도 있었다. 결국 국정원은 거짓 해명을 하였다.[29] 이후 담당 국정원 직원이 자살하여 (유가족은 타살 의혹 제기) 이 사건은 묻히는 듯 했다. 이때 수많은 사람들이 카카오톡에서 텔레그램으로 사이버 망명했다. 해킹이 불가능하다는 이유 때문이다. 박근혜 정권은 IS의 테러 위험을 이유로 테러방지법 통과를 무리하게 추진하였다. 그 동안 박근혜 정권의 직권상정을 거부하고 버텼던 정의화 국회의장은 갑자기 테러방지법 표결을 직권상정 하였다. 이에 반발한 야당이 필리버스터

---

27) 임지선 기자, 「해킹 프로그램 산 국정원, '카톡 검열' 기능도 요청했다」, 『한겨레신문』 2015. 7. 13.

28) 임지선 기자, 「국정원, 갤럭시 출시 때마다 해킹업체에 '뚫어달라'」, 『한겨레신문』 2015. 7. 14.

29) 정유경 기자, 「당신이 궁금했던 '국정원 해킹사건' 핵심만 추렸습니다」, 『한겨레신문』 2015. 7. 16.

를 요구하였다. 9일 동안 이어진 필리버스터가 이종걸 당시 원내대표의 회군 선언으로 끝나고 결국 2016년 3월 2일 통과되었다. 제2조에 규정된 테러위험 인물의 정의가 모호한 것도 문제지만, 국정원이 몰래 하던 민간인 사찰을 합법화했다는 비판을 받았다. 무엇보다 인터넷과 스마트폰을 합법적으로 도청할 수 있다는 점이 문제다. 바로 현행 헌법 제18조에 규정된 통신의 비밀을 침해하고 있기 때문이다. 이 법이 통과될 때부터 위헌 시비가 있었지만 통과되었다. 그러나 헌법재판소도, 위헌법률심사제청권을 가진 판사들도, 국회의원들도 지금까지 침묵을 지키고 있다.

테러방지법은 의외의 결과를 가져왔다. 다시 사람들이 카카오톡 대신 텔레그램으로 망명하였다. 심지어 검사들도 사이버망명 대열에 동참하였다. 뭔가 켕기는 것이 있나? 박근혜 정권은 탄핵으로 쫓겨났지만 테러방지법은 아직도 바뀌거나 폐지되지 않았다. 인권을 강조하는 문재인 정부에서 인권과 통신의 비밀을 유린하는 이 법을 없애주기를 희망한다.

기본권의 수난(5):
노동 3권과
노동자의
이익균점권

　　　　　　노동 3권은 단결권, 단체교섭권, 단체행동권이다. 1919년 바이마르 헌법에서 세계 최초로 노동 3권을 처음으로 인정하였다. 단결권은 사용자와 대등한 교섭권을 가지기 위한 단체를 구성할 수 있는 권리다. 구체적으로 말하면 노동조합을 만들 수 있는 권리다. 단체교섭권은 노동자가 결성한 단체가 사용자와 자주적으로 교섭할 수 있는 권리다. 단체행동권은 노동조합이 자신의 주장을 관철하기 위해 파업 등을 벌이는 행위를 할 수 있는 권리다. 대법원은 1992년 9월 22일 판결에서 단체행동권을 인정하였지만, 단체 행동 요건을 엄격하게 정하였다. 그래서 대부분의 파업은 불법 파업이다. 헌법과 법률, 판례가 따로 노는 것은 아닌지.

　먼저 노동 3권 조항을 살펴보자.

헌법 1호	제18조 근로자의 단결, 단체교섭과 단체행동의 자유는 법률의 범위 내에서 보장된다. 영리를 목적으로 하는 사기업에 있어서는 근로자는 법률의 정하는 바에 의하여 이익의 분배에 균점할 권리가 있다.
헌법 2호	제18조 근로자의 단결, 단체교섭과 단체행동의 자유는 법률의 범위 내에서 보장된다. 영리를 목적으로 하는 사기업에 있어서는 근로자는 법률의 정하는 바에 의하여 이익의 분배에 균점할 권리가 있다.

헌법 3호	제18조 근로자의 단결, 단체교섭과 단체행동의 자유는 법률의 범위 내에서 보장된다. 영리를 목적으로 하는 사기업에 있어서는 근로자는 법률의 정하는 바에 의하여 이익의 분배에 균점할 권리가 있다.
헌법 4호	제18조 근로자의 단결, 단체교섭과 단체행동의 자유는 법률의 범위 내에서 보장된다. 영리를 목적으로 하는 사기업에 있어서는 근로자는 법률의 정하는 바에 의하여 이익의 분배에 균점할 권리가 있다.
헌법 5호	제18조 근로자의 단결, 단체교섭과 단체행동의 자유는 법률의 범위 내에서 보장된다. 영리를 목적으로 하는 사기업에 있어서는 근로자는 법률의 정하는 바에 의하여 이익의 분배에 균점할 권리가 있다.
헌법 6호	제29조 ①근로자는 근로조건의 향상을 위하여 자주적인 단결권 · 단체교섭권 및 단체행동권을 가진다. ②공무원인 근로자는 법률로 인정된 자를 제외하고는 단결권 · 단체교섭권 및 단체행동권을 가질 수 없다.
헌법 7호	제29조 ①근로자는 근로조건의 향상을 위하여 자주적인 단결권 · 단체교섭권 및 단체행동권을 가진다. ②공무원인 근로자는 법률로 인정된 자를 제외하고는 단결권 · 단체교섭권 및 단체행동권을 가질 수 없다.
헌법 8호	제29조 ①근로자의 단결권 · 단체교섭권 및 단체행동권은 법률이 정하는 범위 안에서 보장된다. ②공무원인 근로자는 법률로 인정된 자를 제외하고는 단결권 · 단체교섭권 또는 단체행동권을 가질 수 없다. ③공무원과 국가 · 지방자치단체 · 국영기업체 · 공익사업체 또는 국민경제에 중대한 영향을 미치는 사업체에 종사하는 근로자의 단체행동권은 법률이 정하는 바에 의하여 이를 제한하거나 인정하지 아니할 수 있다.
헌법 9호	제31조 ①근로자는 근로조건의 향상을 위하여 자주적인 단결권 · 단체교섭권 및 단체행동권을 가진다. 다만, 단체행동권의 행사는 법률이 정하는 바에 의한다. ②공무원인 근로자는 법률로 인정된 자를 제외하고는 단결권 · 단체교섭권 및 단체행동권을 가질 수 없다. ③국가 · 지방자치단체 · 국공영기업체 · 방위산업체 · 공익사업체 또는 국민경제에 중대한 영향을 미치는 사업체에 종사하는 근로자의 단체행동권은 법률이 정하는 바에 의하여 이를 제한하거나 인정하지 아니할 수 있다.

헌법 10호	제33조 ① 근로자는 근로조건의 향상을 위하여 자주적인 단결권·단체교섭권 및 단체행동권을 가진다. ② 공무원인 근로자는 법률이 정하는 자에 한하여 단결권·단체교섭권 및 단체행동권을 가진다. ③ 법률이 정하는 주요방위산업체에 종사하는 근로자의 단체행동권은 법률이 정하는 바에 의하여 이를 제한하거나 인정하지 아니할 수 있다.

1948년 제18조의 노동 3권은 헌법 제6호에서 처음으로 바뀌었다. 헌법 제6호의 제29조 1항은 이전의 헌법 규정인 "근로자의 단결, 단체교섭과 단체행동의 자유는 법률의 범위 내에서 보장된다."에서 "근로자는 근로조건의 향상을 위하여 자주적인 단결권·단체교섭권 및 단체행동권을 가진다."로 바뀌었다. 단결권, 단체교섭권, 단체행동권이라는 노동 3권이 처음으로 헌법 조항으로 명시되었다. 여기까지는 긍정적으로 바뀐 것이지만 헌법 제1~5호까지 2항에 해당하는 두 번째 문장에 있었던 노동자의 이익분배 균점권 조항이 삭제되었다. 대신 헌법 제6호의 제29조 2항에는 "공무원인 근로자는 법률로 인정된 자를 제외하고는 단결권·단체교섭권 및 단체행동권을 가질 수 없다."라는 조항이 신설되었다. 노동자(근로자) 가운데 공무원은 노동 3권을 가질 수 없다고 하여 노동 3권을 공무원이 아닌 노동자의 권리만으로 한정하였다.

유신헌법(8차 헌법)에서는 제29조 1항에 "근로자의 단결권·단체교섭권 및 단체행동권은 법률이 정하는 범위 안에서 보장된다."라고 하였다. 그런데 '법률이 정하는 범위 안에서 보장된다.'라는 구절이 독소 조항이었다. 즉 법률로 노동 3권을 무력화시킬 가능성이 있었고 실제로도 그랬다. 따라서 노동 3권을 삭세한 것으로 해석하기도 한다.[30] 이 문제는 아래에서 다시 자세히 다룬다. 또 공무원뿐만 아니라 지방자치단체, 국영기업체, 공익사업체 등도 단체행동권을 제한하거나 금지하였다. 현행 헌법에서는 이 독소 조항을 다소 완화하였다. 제33조 2항에서 법률에 따라 공무원에게 노동 3권을 부여하였다. 그리고 단체행동권의 제한 대상을 지방자치단체, 국영기업체, 공익사업체에서 주요 방위산업체 노동자로 한정하였다. 현행 헌법은 공무원에게도 노동 3권을 부여할 수 있고 단체행동권 제한 대상을 이전보다 좁혀서 노동 3권을 더 폭넓게 보장한 것처럼 보인다.

현재의 국가공무원법 제66조와 지방공무원법 제58조에서는 노무에 종사한 공무원만 집단 행위를 할 수 있다고 하였다. 이들만 단체행동권을 가질 수 있다. 헌법에서 법률에 따라 노동 3권을 가질 수 있는 공무원은 공무원의 노동조합 설립 및 운영에 관한 법률(공무원노조법) 제6조(가입범위)에 따르면, 6급 이하의 일반직 공무원과 이와 동급인 일부 외무공무원, 별정직·계약직 공무원, 기능직·고용직 공무원 전체가 노동조합에 가입할 수 있었다. 그러나 제2조에는 공무원 노동조합에 가입할 수 있는 대상에서 집단행동을 할 수 있는 노무공무원과 교원은 제외된다. 교원의 노동조합 설립 및 운영 등에 관한 법

---

30) 조유진, 『헌법 사용설명서』, 226~227쪽.

률(교원노조법)에 따라 교사들도 따로 노조를 만들 수 있었다. 그러나 이들이 법률에 주어진 대로 처음부터 순순히 노동조합을 만들 수 있었던 것은 아니었다.

전교조는 현행 헌법이 제정된 지 2년 후인 1989년 창설되었지만 불법노조로 간주되어 탄압되었고 전교조에 속한 수많은 교사들이 해직되었다. 김영삼 정권이 출범한 1993년 많은 해직교사들이 복직되었고 1999년 1월 6일 교원의 노동조합 설립 및 운영 등에 관한 법률이 국회를 통과하여 합법 노조가 되었다. 그러나 이명박 정권과 박근혜 정권 때 점차 탄압을 받았고 후자가 들어선 2013년 10월 24일 전교조가 정부가 요구한 조항, 즉 해직자를 조합원에서 제외하라는 요구 사항을 거부하여 법외노조로 통보되었고, 2016년 1월 21일 법원(서울고법)의 판결로 '법적으로' 법외 노조로 전락하였다.

전국공무원노동조합은 2002년 3월 23일 창립되었다. 같은 해 정부가 입안한 공무원조합법 통과를 저지하고 법 이름을 공무원노동조합법으로 바꾸는데 성공하였다. 노무현 정권 시절인 2004년 11월 노동 3권에서 1~2개 권리를 제한하는 정부 입법안을 통과시켰다. 이 과정에서 전공노가 총파업을 실시하였으나 428명이 파면 또는 해임되는 등 모두 2,040명이 중징계를 받았다.

한국은 1991년 ILO에, 1996년 OECD에 가입할 당시 노사 관계에 관한 실정법을 국제적 기준에 부합하도록 개선하겠다고 약속하였다. 물론 가입 후 지키지 않았다. 프랑스, 영국, 이탈리아, 스웨덴, 네

덜란드, 벨기에 등 대부분의 유럽 국가에서는 이미 1970~1980년대에 기본적 노조 권리를 담은 공무원법이 제정되었다. 단결권·단체교섭권과 협약 절차의 규정은 물론이고 쟁의행위권도 보장하고 있다. 프랑스에는 일반 노동자와 별도로 구분해 공무원의 파업권을 제한하는 법률이 없다. 한국과 일본이 공무원의 쟁의행위를 전면적으로 금지하였다.[31]

앞에서 박정희가 5·16쿠데타를 일으킨 후 만든 헌법 제6호에서 노동자의 이익균점권 조항을 삭제했다고 언급했다. 이승만 정권은 헌법에 규정된 노동자의 이익분배 균점권을 현실적으로 보장할 법률을 제정하지 않았다. 따라서 이 권리는 헌법에는 존재하지만 현실 사회에서 실현된 적이 없었다. 따라서 박정희 정권은 유명무실한 이 권리를 삭제하려고 했을 것이다. 당시 국가재건최고회의 아래에 있는 헌법심의위원회가 헌법 개정안을 마련하였다. 겉으로 전문위원회와 공청회를 통해 국민들의 의견을 수렴하는 형식을 취했다. 박정희가 헌법에 대해 지시하거나 간섭하지 않았으므로, 헌법 제6호는 박정희나 군인, 정치인의 입김이 배제되고 헌법학자들의 의견이 많이 반영되었다는 주장도 있다. 그러나 박정희와 김종필 등 쿠데타 핵심세력이 중요지침을 내렸다고 한다. 따라서 헌법심의위원회 회의록과 헌법 공청회, 좌담회의 기록을 신뢰할 수 없다고 한다. 예컨대 공청회는 초청된 연사

---

31) 박홍순, 『헌법의 발견』, 339~340쪽.

에게 15분 정도의 한정된 시간이 주어졌고, 연사 이외에 발언할 기회가 없었으므로 요식행위였다는 것이다. 따라서 당시 헌법 제정과 관련된 기록 이외에서 노동자의 이익균점권이 삭제된 원인을 찾아야 한다.

박정희는 재계 서열 1~11위의 기업가들을 포함한 부정축재자 26명을 구속했다. 박정희가 일본에서 귀국한 이병철 삼성그룹 회장을 만난 후 부정축재자로 낙인찍혔던 재벌 총수들을 풀어주고 그들의 요구를 들어주고 정치자금을 챙겼다. 재벌들은 자신들의 이해를 대변하는 단체를 만들었다. 전국경제인연합회, 약칭 전경련이었다. 공교롭게 전경련이 만들어진 1961년 근로기준법이 개정되었다. 원래 1953년 5월 10일 제정된 근로기준법 45조에는 휴일을 "① 사용자는 근로자에 대해서 일주일에 평균 1회 이상 휴일을 주어야 한다. ② 정휴일(평균 1회 이상의 주휴일) 또는 법정공휴일은 임금 산정의 근로일로 인정한다."라고 규정하였다. 1961년 이전 노동자들은 일주일에 적어도 하루는 쉴 수 있었고, 쉬는 날도 임금을 받을 수 있었다. 박정희가 쿠데타를 일으킨 1961년 12월 4일 개정된 근로기준법에는 1항의 '휴일'을 '유급휴일'로 바뀌었고 2항은 삭제되었다. 그 결과 일요일 등 쉬는 날은 임금 산정에 제외되었고 법정공휴일은 기업주의 재량에 따라 쉴 수도 일해야 할 수도 있는 날로 바뀌었다. 그 결과 현행법에 따르면, 사기업 등 민간부분 노동자들은 취업규칙 단체협약에 의해서만 쉴 수 있다고 한다. 즉 사주와 노조가 공휴일에도 일하도록 계약을 맺으면 법정공휴일에도 직장에 나와 일해야 한다. 법정공휴일이 공무원과 학교, 은행, 금융기관, 일부 대기업만이 쉬는 날이 된 배경이다. 1961년 12월 4일 이렇게 근로기준법이 바뀌면서 노동자들은 전보다 덜 쉬고 더 일해야 했으며, 휴일이 임금 산정일에서 제외되어 임금을 덜 받게 되었다. 사주입장에서는 노동자들에게 더 많은 시간 일을 시키고 임금을 적게 줘도 되니 이익이었다. 당연히 이익을 얻는 사주와 전경련이 근로기준법 개정을 요구했을 것이다. 마찬가지로 노동자들에게 줘야 하는 몫을 규정한 노동자의 이익균점권이 삭제되면 이익을 보는 사람도 사주였다. 이들의 요구로 노동자의 이익균점권이 삭제되었다고 보는 것이 합리적인 의심일 것이다.

박정희 정권은 헌법에 보장된 노동 3권마저 제대로 지키지 않았다. 『프레이저 보고서』에서 기술한 박정희 정권의 노동정책을 살펴보자.

"1960년대와 마찬가지로 1970년대에도 도시노동자의 소득은 증가했다. 그러나 1975년과 마찬가지로 도시노동자의 월 평균소득은 월 가계지출보다 적었다. 대부분의 경우 한국정부는 값싼 노동력의 공급을 유지하기 위해 노동조합을 유순하게 했고, 권위주의적 수단에 의지했으며, 고용주의 협력을 얻는 정책을 지속했다.

1977년에 현대자동차 사장은 한 미국 기자에게, 한국정부가 자신에게 임금을 대폭 인상하지 말도록 요구하고 있다고 말했다. 현대자동차 뿐 아니라 여타 기업들도 이 부분에 대해서는 한국정부와 협력했다.

1970년대 임금 인상과 작업 환경개선을 요구하는 노동자의 시위 및 파업에 대해 노동자들의 단체행동을 제한하는 법률을 제정했다. 1970년, 한국정부는 외국인투자 기업에서 파업을 금지하고 노조결성과 단체교섭을 극도로 제한하는 법률을 제정했다. 1972년, 유신체제에서 한국정부는 도시노동자들의 활동을 추가적으로 통제하는 것을 승인했다.

오늘날 유일한 합법적인 파업은 한국정부의 허락을 받은 것뿐이다. 단체교섭 또한 심각하게 제한되었다. 이러한 조치들과 정부의 노조 통제만으로는 노동자들의 요구를 억압하는 데 충분하지 않자, 그 체제는 협박과 심지어 폭력에 의지했다. 가장 최근에 일어난 사건은 1978년 6월이었다. 개신교의 도시산업선교회는 섬유공장에서 일하는 여성들의 임금 인상을 추진했다. 그들의 요구는 '체포와 간헐적 폭력, 그리고 정부의 강한 압력'에 부딪쳤다."[32]

『프레이저 보고서』를 인용하는 이유는 이 자료가 제3자의 입장에서 박정희 정권을 객관적으로 기록하고 있기 때문이다. 박정희 정권은 헌법에 보장된 단체행동권을 제한하는 법률을 만들었고, 특히 외국인 투자기업에서 일하는 노동자들에게 단결권, 단체교섭권, 단체행동권, 즉 노동 3권을 사실상 금지하는 법률을 만들기도 했다. 전태일 열사가 준수하라고 요구한 근로기준법은 제대로 지켜지지 않았던 모양이다. 박정희 정권은 노동자들의 생활 향상에 노력하기는커녕 헌법

---

32) 미 하원 국제관계위원회 국제기구소위원회 지음, 김병년 엮음, 『프레이저 보고서』, 295~296쪽.
33) 박홍순, 『헌법의 발견』, 337쪽.

이 보장하는 노동 3권을 금지하는 법률을 만들고 그나마 노동자들에게 유리한 법률 조항은 지키지도 않았다.

국내에서도 노동 3권을 비롯한 법률을 제대로 지키지 않으니 국제사회에서도 마찬가지였다. 국제기구 가입과 조약 만들기를 좋아하는 한국정부가 유독 싫어하는 곳이 있다. ILO(International Labour Organization, 국제노동기구)에 1991년 12월 9일 가입하였지만 ILO의 국제노동협약은 받아들이기를 꺼려하였다. 국제노동협약은 189개의 조약과 201개의 권고가 있다(2011년 기준). 이 조약을 한 나라가 비준하면 법적 효력이 있다. 한국의 경우189개의 ILO 조약 가운데 29개만을 비준하였다(전체 187개 회원국 중 119위). ILO가 선정한 핵심협약 8개 가운데 동일가치 노동에 대한 남녀노동자의 동등보수에 관한 협약(제100호), 고용 및 직업에 있어서 차별철폐에 관한 협약(제111호), 취업의 최저연령에 관한 협약(제138호), 가혹한 형태의 아동근로 철폐에 관한 협약(제182호) 4개만 비준하였다. 이나마 제100호와 제111호는 제대로 지키고 있지 않다. 나머지 4개인 결사의 자유 및 단결권 보호에 관한 협약(제87호), 단결권 및 단체교섭권 원칙의 적용에 관한 협약(제98호), 강제노동에 관한 협약(제29호), 강제노동의 폐지에 관한 협약(제105호)은 비준을 미루고 있다. 2개는 노동 3권을 부여하는 협약이고, 2개는 강제노동에 관한 내용이다. 특히 제98호는 노동권의 허용은 물론이고 파업에 따른 구속과 손해배상, 가압류를 금지하였다.[33) 파업에 참여한 노조와 노조원들에게 손해

배상과 가압류 판결을 남발하는 현실을 고려하면 한국 정부가 제98
호를 받아들이지 않는 이유를 알 수 있다.

기본권의 수난(6):
국가의 배상

제29조 국가의 배상 조항도 세 차례 바뀌었다.

헌법 1호	제27조 공무원은 주권을 가진 국민의 수임자이며 언제든지 국민에 대하여 책임을 진다. 국민은 불법행위를 한 공무원의 파면을 청원할 권리가 있다. 공무원의 직무상 불법행위로 인하여 손해를 받은 자는 국가 또는 공공단체에 대하여 배상을 청구할 수 있다. 단, 공무원 자신의 민사상이나 형사상의 책임이 면제되는 것은 아니다.
헌법 2호	제27조 공무원은 주권을 가진 국민의 수임자이며 언제든지 국민에 대하여 책임을 진다. 국민은 불법행위를 한 공무원의 파면을 청원할 권리가 있다. 공무원의 직무상 불법행위로 인하여 손해를 받은 자는 국가 또는 공공단체에 대하여 배상을 청구할 수 있다. 단, 공무원 자신의 민사상이나 형사상의 책임이 면제되는 것은 아니다.
헌법 3호	제27조 공무원은 주권을 가진 국민의 수임자이며 언제든지 국민에 대하여 책임을 진다. 국민은 불법행위를 한 공무원의 파면을 청원할 권리가 있다. 공무원의 직무상 불법행위로 인하여 손해를 받은 자는 국가 또는 공공단체에 대하여 배상을 청구할 수 있다. 단, 공무원 자신의 민사상이나 형사상의 책임이 면제되는 것은 아니다.
헌법 4호	제27조 ①공무원은 주권을 가진 국민의 수임자이며 언제든지 국민에 대하여 책임을 진다. 국민은 불법행위를 한 공무원의 파면을 청원할 권리가 있다. ②공무원의 정치적 중립성과 신분은 법률의 정하는 바에 의하여 보장된다. 〈신설 1960.6.15.〉 ③공무원의 직무상 불법행위로 인하여 손해를 받은 자는 국가 또는 공공단체에 대하여 배상을 청구할 수 있다. 단, 공무원 자신의 민사상이나 형사상의 책임이 면제되는 것은 아니다.

헌법 5호	제27조 ①공무원은 주권을 가진 국민의 수임자이며 언제든지 국민에 대하여 책임을 진다. 국민은 불법행위를 한 공무원의 파면을 청원할 권리가 있다. ②공무원의 정치적 중립성과 신분은 법률의 정하는 바에 의하여 보장된다. 〈신설 1960.6.15.〉 ③공무원의 직무상 불법행위로 인하여 손해를 받은 자는 국가 또는 공공단체에 대하여 배상을 청구할 수 있다. 단, 공무원 자신의 민사상이나 형사상의 책임이 면제되는 것은 아니다.
헌법 6호	제26조 공무원의 직무상 불법행위로 손해를 받은 국민은 국가 또는 공공단체에 배상을 청구할 수 있다. 그러나 공무원 자신의 책임은 면제되지 아니한다.
헌법 7호	제26조 공무원의 직무상 불법행위로 손해를 받은 국민은 국가 또는 공공단체에 배상을 청구할 수 있다. 그러나 공무원 자신의 책임은 면제되지 아니한다.
헌법 8호	제26조 ①공무원의 직무상 불법행위로 손해를 받은 국민은 법률이 정하는 바에 의하여 국가 또는 공공단체에 배상을 청구할 수 있다. 그러나 공무원 자신의 책임은 면제되지 아니한다. ②군인·군속·경찰공무원 기타 법률로 정한 자가 전투·훈련 등 직무집행과 관련하여 받은 손해에 대하여는 법률이 정한 보상 이외에 국가나 공공단체에 공무원의 직무상 불법행위로 인한 배상은 청구할 수 없다.
헌법 9호	제28조 ①공무원의 직무상 불법행위로 손해를 받은 국민은 법률이 정하는 바에 의하여 국가 또는 공공단체에 정당한 배상을 청구할 수 있다. 그러나 공무원 자신의 책임은 면제되지 아니한다. ②군인·군무원·경찰공무원 기타 법률로 정하는 자가 전투·훈련 등 직무집행과 관련하여 받은 손해에 대하여는 법률이 정하는 보상 외에 국가 또는 공공단체에 공무원의 직무상 불법행위로 인한 배상은 청구할 수 없다.
헌법 10호	제29조 ① 공무원의 직무상 불법행위로 손해를 받은 국민은 법률이 정하는 바에 의하여 국가 또는 공공단체에 정당한 배상을 청구할 수 있다. 이 경우 공무원 자신의 책임은 면제되지 아니한다. ② 군인·군무원·경찰공무원 기타 법률이 정하는 자가 전투·훈련 등 직무집행과 관련하여 받은 손해에 대하여는 법률이 정하는 보상 외에 국가 또는 공공단체에 공무원의 직무상 불법행위로 인한 배상은 청구할 수 없다.

제29조는 공무원 등의 불법 행위 등에 대한 국가의 배상 규정이다. 헌법 제4호에서는 헌법 제1~3호 제27조가 제27조 3항으로 개편되었지만, 내용상 차이는 없다. 헌법 제6호에서는 제27조 3항이 공무원 조항에서 독립하여 제25조로 바뀌었다. 헌법 제8호에서는 군인·군무원·경찰공무원 등의 배상 청구 금지 규정이 신설되었다. 베트남에 파병된 국군 장병들의 희생이 늘어나면서 국가배상청구 소송이 폭증했다. 박정희 정권은 처음에는 국가배상법을 개정해서 군인 등에 대한 이중배상을 금지했다. 대법원은 1972년 7월에 국가배상법의 이중배상금지 조항에 대해 위헌판결을 내렸다. 이에 격노한 박정희는 보복 조치를 취하였다. 대법관 9명이 전원 재임용에서 탈락했다. 박정희 정권은 그해 12월 유신헌법을 만들면서 아예 국가배상법의 이중배상금지 조항을 헌법 조항에 삽입하였다. 이중배상금지 조항이라고 하여 명칭만 보면 정당한 조문처럼 보이지만, 국가를 위해 희생한 군인, 경찰 등에게 싼값의 배상금을 지불하고 더 이상 배상을 요구하지 못하도록 헌법에 못 박은 독소조항이다. 이 조항의 추가 과정을 아는 사람들은 다음 개헌 때 반드시 삭제해야 한다고 주장한다.[34] 다행히 이 조항이 생긴 원인을 알게된 국민들이 국민헌법특위 홈페이지에 이 조항을 없애자는 글들을 자주 올리고 있다. 인면수심이 아니

---

34) 정태호, 「권리장전의 현대화」, 함께하는 시민행동 엮음, 『헌법 다시 보기』, 창비, 2007, 274쪽;
조유진, 『헌법 사용설명서』, 215~216쪽.

라면 이 조항 폐지에 찬성하지 않을 대한민국 국민이 없을 것이다.

이 조항 때문일까? 이 나라의 국방부는 다친 군인들의 배상과 보상에 인색하다. 6·25 참전용사들의 각종 배상·보상 요구를 외면하고 사망한 군인들의 유골 찾는 시늉은 요란하다. 죽은 사람은 돈을 달라고 하지 않기 때문이다. 김종대 의원이 팟캐스트 방송에서 말한 무책임한 국방부와 군부의 사례는 가관이었다. 국방의 의무를 수행하다 다치면 치료를 해주거나 치료비를 주어야 하지만 의가사 제대를 시키고 치료비를 개인에게 전가한다. 직업 군인도 마찬가지다. 문재인 정부 출범 이후 보훈처장에 임명된 피우진 전 중령은 육군 헬기 조종사로 복무하다가 유방암 투병 뒤 2006년 11월 강제전역 당했다. 암 병력이 있거나 유방을 절제했을 경우 전역하도록 규정한 군 인사법 시행규칙 때문이었다. 그녀는 군의 조치가 부당하다며 전역 취소소송을 제기하고 승소하여 1년 7개월여 만인 2008년 복직했다. 이듬해 2009년 정년으로 전역하였다. 출산율이 떨어져 군대 갈 사람이 점점 적어지는데 국방부는 사람을 여전히 비품처럼 취급한다. 이러고도 군대가 유지될 수 있을까? 어쨌든 이 제28조 조항은 국방부의 무책임과 비정함을 합리화하는 조항인 것 같다. 언제 개헌하건 삭제되기를!!!

바뀌지 않는
기본권

　　　　　　1948년 헌법 제2장 국민의 권리의무에는 자유 · 평등 · 권리에 관한 조항이 21개, 의무 조항은 2개이다. 여기에 공무원 파면 청원권을 포함하면 자유 · 평등 · 권리에 관한 조항은 22개이다. 이 가운데 1948년 헌법 조항이 전혀 개정되지 않거나 거의 개정되지 않은 조항은 제11조 평등권, 제22조 학문과 예술의 자유, 제23조 재산권, 제25조 공무담임권, 제26조 청원권 5개 조항이다. 문구가 바뀌지 않았지만, 조항이 분리되거나 하나의 항으로 격하된 것은 제19조 양심의 자유와 제20조 종교의 자유 2개 조항이다. 제13조 불소급과 연좌제금지와 제17조 사생활의 비밀과 자유 조항은 5공 헌법(헌법 제9호)에 처음 만들어진 후 현행 헌법에도 바뀌지 않고 그대로 이어지고 있다.

　평등 조항은 9차례의 개헌에도 불구하고 바뀌지 않은 대표적인 조항이다. 평등이 헌법에 처음 명시된 것은 1776년 미국 독립선언이다. "모든 사람은 평등하게 만들어졌으며 박탈할 수 없는 천부적 권리를 신으로부터 부여받았다."라고 하였다. 1789년 프랑스 인권선언에서는 "사람은 자유와 권리에 있어서 평등하게 태어났으며, 또한 그렇게 살아야 한다."라고 하였다. 이후 여러 나라 헌법에 명시된 평등은 대한민국임시정부의 헌법을 거쳐 1948년 헌법에도 규정되었다.[35]

　아래는 1948년 헌법의 규정이다.

　　　　　　　　　　　　　　　　　　　　　　　　헌법은 밥이다

제8조 모든 국민은 법률 앞에 평등이며 성별, 신앙 또는 사회적 신분에 의하여 정치적, 경제적, 사회적 생활의 모든 영역에 있어서 차별을 받지 아니한다.

사회적 특수계급의 제도는 일체 인정되지 아니하며 여하한 형태로도 이를 창설하지 못한다.

훈장과 기타 영전의 수여는 오로지 그 받은 자의 영예에 한한 것이며 여하한 특권도 창설되지 아니한다.

1948년 헌법의 제8조는 현행 헌법의 제11조 평등권 조항이다. 세 개의 문장 앞에 1~3의 항 번호가 붙은 것을 제외하면 동일하다. 평등에 대해 더 이상 추가할 내용이나 구절이 없기 때문인가? 이 평등 조항은 전혀 바뀌지 않았다. 그러나 평등 조항의 위치는 바뀌었다. 1962년 제6호 헌법이 제정되기 전까지 국민의 권리와 의무의 맨 앞에 놓여 있었다. 박정희 정권 이전에 평등을 가장 중요한 기본권으로 생각했음을 뜻한다.[36] 또 교육 기회의 평등(제31조 1항), 선거권의 평등(제41조 1항, 제67조 1항), 여성 차별 금지(제32조 4항), 혼인과 가족생활에서 남녀평등(제36조 1항)도 평등에 포함되는 것으로 이해된다.

필자가 배웠던 중고등학교 사회 교과서에서는 헌법의 평등은 법 앞의 평등이며 실질적·비례적·상대적 평등이라고 배웠다. 지금까

---

35) 조유진, 『헌법 사용설명서』, 156쪽.
36) 위의 책, 156~157쪽.

지 정확히 암기하고 있지만 '실질적 · 비례적 · 상대적 평등'이 무슨 뜻인지 잘 모르겠다. 독일의 헌법학자 콘라드 헤세(Konrad Hesse)는 평등 원칙이 단지 만인의 법 앞에서의 평등이나 불평등의 평준화일 뿐만 아니라 국가의 급부의 분배 여부의 척도이자 동시에 분배 정도의 척도라고 주장하였다.[37] 이에 따르면 평등은 기계적으로 "실질적 · 비례적 · 상대적"인 개념을 넘어 경제적 평등으로 규정될 수 있다. 그러나 아직까지 한국의 헌법학계에서 다수설은 아닌 것 같다. 앞으로 개헌을 한다면, 학계의 다양한 평등원칙이나 평등권에 관한 학설을 종합하여 평등을 구체적으로 규정했으면 한다.

"성별, 신앙 또는 사회적 신분에 의하여 정치적, 경제적, 사회적 생활의 모든 영역에 있어서 차별을 받지 아니한다."라는 규정을 실현하기 위해 국가인권위원회를 만들었다. 국가인권위원회법 제30조 1항에 따르면, 법인, 단체 또는 사인에 의하여 차별 행위를 당한 경우에 국가인권위원회에 진정할 수 있다. 노무현 정권을 싫어하는 사람들도 억울한 일이 생기면 국가인권위원회에 진정하였고 많은 도움을 얻었다. 그래서 주변에서 노무현이 싫어도 인권위원회 만든 건 고마워하는 사람들을 많이 봤다. 그러나 이명박 정권은 대북 강경론자를 통일부 장관에 앉힌 것처럼, 인권에 관심 없는 인물을 국가인권위원장으로 임명하고 국가인권위원회를 무력화시켰다. 박근혜 정권도 마찬가

---

37) 콘라드 헤세, 계희열 옮김, 『헌법의 기초이론』, 삼영사, 1988, 161쪽.

헌법은 밥이다

지다. 다행히 문재인 정부는 출범 이후 인권을 강조하는 정책을 취하면서 인권을 정책과 행정에 반영하는가를 부처 평가에 포함시키겠다고 하였다. 평등 조항도 새 정권에서 개선되기를 희망한다.

이어서 학문과 예술의 자유이다. 학문의 자유는 진리 탐구(연구), 연구 결과의 발표, 가르치는 자유를 뜻한다.

제14조 모든 국민은 학문과 예술의 자유를 가진다. 저작자, 발명가와 예술가의 권리는 법률로써 보호한다.

1948년 헌법의 제14조는 현행 헌법의 제22조 학문과 예술의 자유이다. 이 조항은 박근혜 정권에서 가장 유린된 자유이자 권리다. 박근혜 정권은 자신들을 비판하거나 특히 세월호를 언급하는 학자와 예술가에게 재갈을 물리기 위해 블랙리스트를 만들었다. 그리고 블랙리스트에 오른 사람들은 연구비나 예술지원금을 주지 않는 등 불이익을 줬다. 2016년 가을과 겨울 대한민국 사람들을 경악하게 했던 이 블랙리스트는 학문과 예술의 자유 및 권리를 억압했음을 상징한다. 또 저작자와 발명가의 권리를 보호하기 위해 지적재산권 등에 관한 법률이 있지만, 이들의 권리보다 대기업에게 유리하다. 스마트폰 한글 자판에 혁신적인 '천지인'의 발명자는 제대로 금전적 보상을 받지 못했다. 가수와 작곡가, 작사가들이 창작과 예술의 대가를 제대로 받지 못하는 반면, 음원을 유통하는 기업들만 음원 이용료를 챙기고 있다. 미디어스 2015년 1월 22일 인터넷판 뉴스에 따르면, 2015년 현재 문화체육관광부의 음원 전송료 징수규정에 따르면 음원 이용 건당 수익이 음원사이트 40%, 제작자/기획사 44%, 작곡/작사/편곡 합계 10%, 가수/실연 6%로 배분된다. 소비자가 MP3 음원 한 개를 내려 받으며 600원을 지불하면, 작곡자에게는 20원(600×0.1/3)이 돌아간다.[38] 2010년 1월 6일 사망한 '달빛요정역전만루홈런'의 이진원 가수가 생전 싸이월드를 운영한 SK커뮤니케이션스로부터 음원 사용료로 싸이월드의 '도토리'를 받았다는 소문이 퍼졌다. SK커뮤니케이션스는 반박 자료를 내놓았지만, 가수나 창작자의 경제적 고통이 어느 정도인지 실감할 수 있는 사례였다. 이러한 불공평한 구조를 타파하기 위해 록밴더 시나위의 리더였던 가수 신대철은 2014년 바른음원협동조합을 만들어 멜론을 비롯하여 음원 수익을 독점한 기업들의 횡포에 맞서 정당한 창작과 공연의 대가를 얻기 위해 노력하고 있다.

다음으로 재산권 조항이다.

제15조 재산권은 보장된다. 그 내용과 한계는 법률로써 정한다.

재산권의 행사는 공공복리에 적합하도록 하여야 한다.

공공필요에 의하여 국민의 재산권을 수용, 사용 또는 제한함은 법률의 정하는

---

38) 한찬희 「음원 600원, 수익 20원-58,311건 받아야 '최저임금'-」, 『미디어스』 2015. 1. 22(인터넷판).

바에 의하여 상당한 보상을 지급함으로써 행한다.

1948년 헌법의 제15조는 현행 헌법의 제23조다. 재산권 보장은 자본주의의 기본 원칙이다. 대한민국헌법은 재산권을 전적으로 보장하지 않고 재산권을 제한하는 규정을 두었다. 즉 '재산권의 행사는 공공복리에 적합하도록 하여야 한다.' 그리고 공공의 필요에 따라 법률로 국민의 재산권을 사용 혹은 수용하고 대신 보상한다고 하였다. 이 조항은 독일 바이마르 헌법 제153조 3항의 영향을 받았다고 한다.[39]

이는 주로 주택이나 토지의 강제 수용이 해당된다. 재개발을 명목으로 많은 국민들이 자기 소유의 집이나 셋집에서 쫓겨나야 했다. '공공의 필요'라지만 사기업의 이윤을 위해 재산권을 짓밟는 일들이 빈번히 일어났다. 이명박 정권 시기인 2009년 1월 20일 용산참사는 대표적인 예다. 용산에서 사장님 소리 들어가며 호프집과 식당 등을 운영하던 평범한 사람들은 헐값의 보상금을 주고 몰아내려는 강제철거에 반대하며 농성하다가 경찰의 강제진압 과정에서 화재가 발생해 경찰관 1명과 철거민 5명이 죽었다. 경찰은 농성하던 철거민이 고의로 불을 냈다고 했으나 철거민들은 이를 부인하였다. 이 사건은 필자에게 평범한 사람들, 특히 자영업자들이 자신의 가게가 철거되면서 보증금과 인테리어 비용 등 수많은 재산의 피해를 입을 수 있다는 가르침과 충격을 준 사건이었다. 공공의 필요나 공공복리가 아닌 삼성 등 대기업과 건설회사의 이익을 위해 개인들의 재산권은 무시될 수도 있는 나라가 바로 대한민국이다.

재산권 하면 박정희 정권의 사채 동결이 생각난다. 1972년 8월 3일에 취해진 조치라고 하여 8·3사채동결 조치라고 불린다. 사채는 회사나 기업이 빌려 쓰는 돈이다. 박정희는 헌법에 보장된 긴급명령 발포권을 이용하여 기업들이 명동의 사채업자들에게 빌린 돈(사채)을 일정기간 동안 갚지 않아도 된다는 명령을 내렸다. 명동은 지금은 젊은이와 외국인 관광객들이 쇼핑하러 가는 곳이지만, 1990년대까지 사채업자들의 본산지였다. 당시 사채금리가 월 3.84%, 연 46%라고 하니 사실상 고리대금업이다. 은행에서 돈을 빌리기 어려운 기업들은 울며 겨자 먹기로 명동의 사채업자들에게 돈을 빌렸다. 야사에 따르면 박정희가 재벌 총수들에게 부탁할 일이 없냐고 묻자 재벌 총수들이 사채 탕감을 요구했다고 한다. 그들의 요구를 들어 취한 조치가 8·3사채동결 조치라고 한다. 전날인 1972년 8월 2일을 기준으로 빌린 사채를 기업들이 세무서나 금융기관에 신고하면 '3년 거치 5년 분할상환'으로 채무조건을 바꿔준다는 것이다. 이자율도 월 1.35%, 연 16.2%로 대폭 낮춰줬다. 일단 이자율은 1/3 수준으로 낮아졌다. 그런데 '3년 거치 5년 분할상환'은 무슨 뜻일까? 3년 동안 이자만 내고 4년째부터 2년 동안 원금과 이자를 나눠서 갚는다는 뜻이다. 3년 동안 이자를 갚지 않아도 되니 악명 높은 고리대를 빌려 쓴 재벌 입장에서는 남는 장사였다. 고리대업자들을 변호할 생각이 없지만, 정부가 강제로 민간인의 채권채무 관계에 개입하여 일방적으로 재벌들에게 유리하게 이자율을 낮추고 3년 동안 돈을 갚지 않아도 된다고 명령한 것은 자본주의 경제체제의 기본인 재산권을 침해하는 조치였다. 그것도 국민의 대표인 국회가 정한 법이 아닌 대통령의 긴급명령권을 발동한 것이니, 입법 폭거다. 재벌들이 돈을 빌려도 안 갚아도 된다는 도덕적 해이를 처음으로 배운 것 같다. 이때 많은 사채업자들이 큰 피해를 보았다. 명동 사채업에 투자한 전 중앙정보부장 김형욱도 엄청난 타격을 받았다고 한다. 중앙정보부장에서 해임되고 한직인 국회의원에 임명되어 기분이 안 좋은 상황에서 돈마저 잃었으니 박정희에 대한 감정이 더 나빠졌다. 김형욱은 몰래 미국으로 이민 갔고 거기서 박정희의 비리를 폭로하였다. 미국 의회는 김형욱의 폭로를 계기로 박정희 정권에 대한 정보를 모아 보고서를 펴냈다. 이 책 곳곳에서 인용한 『프레이저 보고서』다. 자본주의의 기본 전제인 재산권을 침해한 박정희. 그는 재벌들을 살렸는지 몰랐지만, 그 부메랑은 자기에게 돌아왔다. 그 때문에 재산을 잃은 부하 김형욱이 자신의 비리를 까발렸으니. 김형욱의 폭로가 없었으면 우리는 박정희를 청렴결백한 독재자로, 육영수를 현모양처의 국모로 기억했을 것이다. 두 사람 모두 뇌물을 받은 사실은 잊힌 채.

종교와 정치의 분리 조항(현행 헌법 제20조 2항)도 바뀌지 않았다. 조문은 '국교는 인정되지 아니하며, 종교와 정치는 분리된다.'이다. 1948년 헌법 제12조에서 양심의 자유와 합쳐졌다가 나중에 분리되었으나 국교를 인정하지 않고 정치와 종교를 분리하는 조항은 글자 하나 바뀌지 않고 지금까지 이어져 내려오고 있다. 국교를 인정하지 않는다는 헌법 조항은 기독교 장로였던 이승만이 대통령이 되면서부터 지켜지지 않았다. 그는 암암리에 기독교를 장려하였고, 교회와 목사들로부터 세금을 징수하지 않았다. 이는 관례화 되어 목사들은 세금을 내지 않는다. 가톨릭 신부들과 불교 승려들은 소득세를 내기 때문에 목사들이 세금을 내지 않는 것은 위법이지만 국세청은 모르쇠로 일관하였다. 문재인 정부는 종교인에 과세하기로 결정했지만, 기독교의 목회활동비처럼 종교활동에 사용할 목적으로 받은 '종교활동비'는 종교인 과세대상에서 제외하였다. 월급보다 종교활동비를 많이 책정하면 세금을 적게 낼 수 있는 편법을 만들어 주었다. 목사들의 눈치를 본 결과다.

원래 종교의 자유와 합쳐졌다가 분리된 양심의 자유는 개념이 추상적이다. 헌법재판소에서 양심의 자유를 아래와 같이 유권해석하였다.

"우리 헌법 제19조는 모든 국민은 양심의 자유를 가진다고 하여 명문으로 양심의 자유를 보장하고 있다. 여기서 헌법이 보호하고자 하는 양심은 어떤 일의 옳고 그름을 판단함에 있어서 그렇게 행동하지 않고는 자신의 인격적 존재가치가 파멸되고 말 것이라는 강력하고 진지한 마음의 소리로서의 절박하고 구체적인 양심을 말한다. 따라서 막연하고 추상적인 개념으로서의 양심이 아니다(헌재

헌법은 밥이다

1997. 3. 27. 96헌가 11)."

이 밖에 헌법 제9호에서 신설된 제13조 3항 연좌제금지는 헌법에 추가되어 얼마 되지 않았는지 바뀌지 않았다. 연좌제는 6·25 때 북한군에 부역했거나 북한으로 월북한 사람의 가족, 또는 시국 사범의 친족에게 신분상, 재산상의 불이익을 주던 제도다. 한국현대사에서 연좌제는 우파가 좌파를 탄압하는 방법이었다. 박정희는 1963년 연좌제폐지를 공약으로 내세웠으나 당선 후 지키지 않았다. 전두환 정권 이후 연좌제금지 조항이 신설되었으나, 이 조항이 제대로 지켜졌다고 믿는 사람은 적다. 6·25 때 이승만이 서울을 버리면서 한강 다리를 끊어버려 서울을 탈출하지 못한 서울시민들이 북한군의 협박에 못 이겨 그들이 시키는 대로 일을 했다고 해서 서울수복 후 부역자로 몰려 가족들도 불이익을 받았다. 필자의 친구 아버님은 먼 친척이 북한군에 부역했다는 이유로 여권 발급을 거절당했다가 회사의 보증으로 겨우 여권을 발급받을 수 있었다고 한다. 1970년대의 일이다.

헌법재판소는 반국가행위자의 친족이 소유한 재산을 몰수할 수 있도록 한 반국가행위자 처벌에 관한 특별 조치법(1977.12.31. 법률 3045호) 제8조가 헌법이 금지한 연좌제에 해당한다며 위헌 결정을 내렸다(헌재결 1996.1.25. 95헌가5). 이 법에서 규정한 반국가행위자는 형법 제2편 제1장(내란의 죄), 제2장(외환의 죄), 제127조(공무상 비밀의 누설), 군형법 제2편 제1장(반란의 죄), 제2장(이적의 죄), 국가보안법(제10조 제외) 또는 군사기밀보호법(제5·9·12조 제외)에 규정된 죄를 범한 자로서 외국정부에 도피처 또는 보호를 요청하거나 외국에서 귀국하지 않는 자로 정의된다. 이 법이 유신체제의 폭압이 절정이었던 1977년에 만들어졌음을 감안하면, 박정희 정권과 유신독재에 반대하는 사람들을 탄압하는 법률이었음을 알 수 있다.

마지막으로 1980년에 처음 신설된 제17조 사생활의 비밀과 자유 조항을 살펴보자. 사생활의 비밀과 자유는 프라이버시권이라고 한다. 미국의 대법원판사 루이스 브랜다이스(Louis Brandeis)가 1928년 처음으로 프라이버시권(right of privacy)이라는 용어를 사용하였다. 프라이버시권은 1960년대 개인정보통제권(나에 관한 권한 정보의 흐름을 통제할 수 있는 권리, 내 개인정보를 내가 통제한다)으로 발전하였다. [40]

주거의 자유, 통신의 자유, 사생활의 자유가 넓은 의미의 프라이버시권, 제17조의 사생활의 자유가 좁은 의미의 프라이버시권이라고 한다. [41] 1948년 세계 인권 선언 제12조에 사생활의 권리를 "어느 누구의 프라이버시, 가정, 주택 또는 통신에 대해서도 타인이 함부로 간섭해서는 안 되며, 어느 누구의 명예나 평판에 대해서도 타인이 그것을 침해해서는 안 된다. 모든 사람은 그러한 간섭과 침해에 대해 법의

---

40) 김승환, 『헌법의 귀환』, Human & Books, 2017, 126-129쪽.
41) 차병직, 윤재왕, 윤지영 지음, 『지금 다시, 헌법』, 로고폴리스, 2016, 132쪽.

보호를 받을 권리가 있다."라고 규정하였다.

사생활의 비밀과 자유에는 사생활의 비밀의 불가침(도청, 녹취, 도촬 등으로부터 보호받는 근거), 사생활의 자유의 불가침(연애, 결혼, 낙태, 성생활, 동성애, 자녀와 관련된 사항), 개인정보 자기결정권이 있다.[42] 이 가운데 개인정보 자기결정권이 뜨거운 감자다. 개인정보 자기결정권은 자신에 관한 정보의 공개와 유통을 스스로 결정하고 통제할 수 있는 권리이며 자기정보 처리금지 청구권, 자기정보 열람 청구권, 자기정보 정정 청구권 등이 포함된다.[43] 이에 따르면, 남의 사진이나 동영상을 함부로 찍어 올려서는 안된다. 예컨대 헤어진 애인의 나체나 성행위 동영상을 인터넷이나 SNS에 유포하는 행위는 자기정보 정정 청구권과 사생활의 자유 불가침 등을 어긴 것이다(이런 동영상을 '리벤지 포르노'라고 한다). 헤어진 애인이 앙심을 품고 올린 동영상과 사진을 지우느라 자기 돈을 들이며 정신적인 고통을 겪는 여성들이 많았다. 문재인 정부는 이런 짓을 저지르는 사람(주로 남성)을 처벌하고, 가해자에게 동영상과 사진을 지우는 비용을 부과하겠다고 밝혔다.

이보다 더 중요한 문제는 지문날인이다. 거주·이전의 자유에서도 다룬 주민등록법에 따라 한국에서는 17세 이상의 한국인은 지문날인

---

42) 조유진, 『헌법 사용설명서』, 182쪽.
43) 정희철, 『기본강의 헌법』, 여산, 2011, 434쪽.

을 해야 한다. 이는 인권을 침해할 뿐만 아니라 사생활의 비밀과 자유를 침해한다. 인권 감수성이 부족한 헌법재판소는 2004년 세 명의 청소년이 주민등록법상 지문 강제 날인 규정과 경찰청장의 보관 등 행위에 대해 제기한 헌법소원을 합헌이라고 판결하였다.

"나. 이 사건 지문날인제도가 범죄자 등 특정인만이 아닌 17세 이상 모든 국민의 열 손가락 지문정보를 수집하여 보관하도록 한 것은 신원확인기능의 효율적인 수행을 도모하고, 신원확인의 정확성 내지 완벽성을 제고하기 위한 것으로서, 그 목적의 정당성이 인정되고, 또한 이 사건 지문날인제도가 위와 같은 목적을 달성하기 위한 효과적이고 적절한 방법의 하나가 될 수 있다. ⋯⋯ 라. 이사건 지문날인제도로 인하여 정보주체가 현실적으로 입게 되는 불이익에 비하여 경찰청장이 보관·전산화하고 있는 지문정보를 범죄수사 활동, 대형 사건사고나 변사자가 발생한 경우의 신원확인, 타인의 인적사항 도용 방지 등 각종 신원확인의 목적을 위하여 이용함으로써 달성할 수 있게 되는 공익이 더 크다고 보아야 할 것이므로, 이 사건 지문날인 제도는 법익의 균형성의 원칙에 위배되지 아니한다."(2005. 5. 26. 99헌마513, 2004헌마190(병합))

간첩을 잡는다는 목적으로 1962년에 만든 주민등록법에 익숙해서일까? 헌법재판소는 지문날인제도를 위헌이라고 보지 않았다. 대부분의 민주국가에는 지문날인제도가 없다. 미국, 영국, 캐나다, 호주, 아일랜드, 노르웨이, 스웨덴, 핀란드, 덴마크 등에는 전 국민 신분증 제도

자체가 아예 없어서 이들 나라는 지문날인 강제와 관련이 없다. 프랑스, 독일, 벨기에의 경우, 신분증 제도는 있지만 개인 고유번호와 지문날인은 없다. 미국에서는 대부분 체포된 범죄자에게 제한적으로 지문날인을 받는다. 적어도 대부분의 민주국가에서는 지문날인을 질서유지와 공공복리의 긴급하고 중대한 필요로 보지 않는다.[44] 분단과 체제유지를 위해 사생활의 비밀과 권리를 침해하는 지문날인을 너무나 당연하게 여긴다. 그러면서 일본이 재일교포들에게 지문날인을 강요하는 만행은 거품을 물고 비난한다. 필자도 신문 기사를 읽거나 TV뉴스를 보면서 일본의 만행에 분노했으나, 다시 생각해보니 이 나라에서는 17세 이상의 모든 성인들이 범죄자처럼 지문을 찍고 있음을 깨달았다. 범죄자로 간주되는 것이 기분 나쁘다면 지문날인을 없애자고 요구하자.

자주 바뀐 기본권(1):

재판권 재판을 받을 권리

현행 헌법 제27조 재판권은 관점에 따라 4번 혹은 5번 개정되었다.

---

44) 박홍순, 『헌법의 발견』, 158쪽.

헌법 1호	제22조 모든 국민은 법률의 정한 법관에 의하여 법률에 의한 재판을 받을 권리가 있다. 제24조 형사피고인은 상당한 이유가 없는 한 지체 없이 공개재판을 받을 권리가 있다. 형사피고인으로서 구금되었던 자가 무죄판결을 받은 때에는 법률의 정하는 바에 의하여 국가에 대하여 보상을 청구할 수 있다.
헌법 2호	제22조 모든 국민은 법률의 정한 법관에 의하여 법률에 의한 재판을 받을 권리가 있다. 제24조 형사피고인은 상당한 이유가 없는 한 지체 없이 공개재판을 받을 권리가 있다. 형사피고인으로서 구금되었던 자가 무죄판결을 받은 때에는 법률의 정하는 바에 의하여 국가에 대하여 보상을 청구할 수 있다.
헌법 3호	제22조 모든 국민은 법률의 정한 법관에 의하여.법률에 의한 재판을 받을 권리가 있다. 제24조 형사피고인은 상당한 이유가 없는 한 지체 없이 공개재판을 받을 권리가 있다. 형사피고인으로서 구금되었던 자가 무죄판결을 받은 때에는 법률의 정하는 바에 의하여 국가에 대하여 보상을 청구할 수 있다.
헌법 4호	제22조 모든 국민은 법률의 정한 법관에 의하여 법률에 의한 재판을 받을 권리가 있다. 제24조 형사피고인은 상당한 이유가 없는 한 지체 없이 공개재판을 받을 권리가 있다. 형사피고인으로서 구금되었던 자가 무죄판결을 받은 때에는 법률의 정하는 바에 의하여 국가에 대하여 보상을 청구할 수 있다.
헌법 5호	제22조 모든 국민은 법률의 정한 법관에 의하여 법률에 의한 재판을 받을 권리가 있다. 제24조 형사피고인은 상당한 이유가 없는 한 지체 없이 공개재판을 받을 권리가 있다. 형사피고인으로서 구금되었던 자가 무죄판결을 받은 때에는 법률의 정하는 바에 의하여 국가에 대하여 보상을 청구할 수 있다.
헌법 6호	제24조 ①모든 국민은 헌법과 법률에 정한 법관에 의하여 법률에 의한 재판을 받을 권리를 가진다. ②군인 또는 군속이 아닌 국민은 대한민국의 영역 안에서는 군사에 관한 간첩죄의 경우와, 초병 · 초소 · 유해음식물공급 · 포로에 관한 죄 중 법률에 정한 경우, 및 비상계엄이 선포된 경우를 제외하고는, 군법회의의 재판을 받지 아니한다. ③모든 국민은 신속한 재판을 받을 권리를 가진다. 형사피고인은 상당한 이유가 없는 한 지체 없이 공개재판을 받을 권리를 가진다.

헌법은 밥이다

헌법 7호	제24조 ①모든 국민은 헌법과 법률에 정한 법관에 의하여 법률에 의한 재판을 받을 권리를 가진다. ②군인 또는 군속이 아닌 국민은 대한민국의 영역 안에서는 군사에 관한 간첩죄의 경우와, 초병·초소·유해음식물공급·포로에 관한 죄 중 법률에 정한 경우, 및 비상계엄이 선포된 경우를 제외하고는, 군법회의의 재판을 받지 아니한다. ③모든 국민은 신속한 재판을 받을 권리를 가진다. 형사피고인은 상당한 이유가 없는 한 지체 없이 공개재판을 받을 권리를 가진다.
헌법 8호	제24조 ①모든 국민은 헌법과 법률에 정한 법관에 의하여 법률에 의한 재판을 받을 권리를 가진다. ②군인 또는 군속이 아닌 국민은 대한민국의 영역 안에서는 군사에 관한 간첩죄의 경우와, 초병·초소·유해음식물공급·포로에 관한 죄 중 법률에 정한 경우 및 비상계엄이 선포되거나 대통령이 법원의 권한에 관하여 긴급조치를 한 경우를 제외하고는 군법회의의 재판을 받지 아니한다. ③모든 국민은 신속한 재판을 받을 권리를 가진다. 형사피고인은 상당한 이유가 없는 한 지체 없이 공개재판을 받을 권리를 가진다.
헌법 9호	제26조 ①모든 국민은 헌법과 법률에 정한 법관에 의하여 법률에 의한 재판을 받을 권리를 가진다. ②군인 또는 군무원이 아닌 국민은 대한민국의 영역 안에서는 중대한 군사상 기밀·초병·초소·유해음식물공급·포로·군용물·군사시설에 관한 죄 중 법률에 정한 경우와, 비상계엄이 선포되거나 대통령이 법원의 권한에 관하여 비상조치를 한 경우를 제외하고는 군법회의의 재판을 받지 아니한다. ③모든 국민은 신속한 재판을 받을 권리를 가진다. 형사피고인은 상당한 이유가 없는 한 지체 없이 공개재판을 받을 권리를 가진다. ④형사피고인은 유죄의 판결이 확정될 때까지는 무죄로 추정된다.

헌법 10 호	제27조 ① 모든 국민은 헌법과 법률이 정한 법관에 의하여 법률에 의한 재판을 받을 권리를 가진다. ② 군인 또는 군무원이 아닌 국민은 대한민국의 영역 안에서는 중대한 군사상 기밀·초병·초소·유독음식물공급·포로·군용물에 관한 죄 중 법률이 정한 경우와 비상계엄이 선포된 경우를 제외하고는 군사법원의 재판을 받지 아니한다. ③ 모든 국민은 신속한 재판을 받을 권리를 가진다. 형사피고인은 상당한 이유가 없는 한 지체 없이 공개재판을 받을 권리를 가진다. ④ 형사피고인은 유죄의 판결이 확정될 때까지는 무죄로 추정된다. ⑤ 형사피해자는 법률이 정하는 바에 의하여 당해 사건의 재판절차에서 진술할 수 있다.

헌법 제5호에서는 원문을 손대지 않았으나 부칙에서 제23조 소추와 이중처벌 조항의 효력을 정지시키도록 하였다. 헌법 제6호에서는 헌법 제5호의 부칙을 삭제하여 소추와 이중처벌 조항 효력을 부활시켰고 제22조와 제24조를 합쳤고, 1개 조항을 새로 추가하였다. 헌법 제1~5호의 제22조와 제24조가 각각 헌법 제6호의 1항과 3항이 되었다. 2항에는 군법회의 재판에 관한 규정을 신설하였다. 이후 헌법 제8호에서는 군법회의 재판 받을 수 있는 범위를 확대하고 비상계엄과 긴급조치로 군법회의 재판이 가능하도록 규정을 고쳤다. 헌법 제9호에서는 신속한 재판과 공개 재판을 보장한 3항과 무죄추정원칙을 규정한 4항 등 2개 조항을 새로 추가하였다. 현행 헌법은 헌법 제9호에 5항 형사 피해자의 진술권을 추가하였다.

5공 정권이 처음 추가한 무죄 추정의 원칙은 잘 지켜지지 않는다. 언론의 영향인가? 언론이 어떤 혐의로 어떤 사람이 범죄자인 것처럼 보도하면, 시청자나 독자들은 사실로 받아들인다. 구속은 범죄의 확정판결과 동일시된다. 사실 구속은 죄가 없을 확률이 높은 사람도 도망갈 가능성이 높으면 가둘 수 있기 때문에 '구속=범죄 확정'은 아니다. 그러나 우리는 구속된 사람을 범죄자 혹은 기결수로 확신한다. 이런 사람들이 무죄 판결을 받아도 언론은 거의 보도하지 않는다. 여전히 사람들의 뇌리에는 범죄자로 인식되었지만. 검찰은 주로 정치인들이나 연예인을 포토라인에 세우고 언론은 사진을 찍어 보도하면 그만이다. 일단 포토라인에 선 사람은 무죄판결을 받아도 유죄로 기억된다. 그나마 구속당했다가 무죄판결을 받고 풀려난 사람이나 1심에서 유죄 판결 받고 복역했다가 최종심에서 무죄를 받은 사람들은 마음의 상처는 치유될 수 없지만 보상을 청구하여 약간의 금전적인 보상을 받을 수 있다.

현행 헌법에서 재판을 받을 권리를 5개 항으로 나누어 자세히 기록한 이유는 무엇일까? 이 조항이 국민들에게 공정한 재판을 받을 수 있도록 한 제도적 장치임은 분명하다. 그러니 헌법에 집어넣었을 것이다. 반대로 생각하면, 그 이전에는 제대로 재판을 받지 못했다고 이해된다. '얼마나 형법과 형사소송법을 지키지 않았으면 이렇게 세세한 내용을 헌법에 포함시켰어야 했을까?' 라는 생각이 든다. 박정희 정권과 전두환 정권의 고문과 구타, 억압적인 재판 과정을 기억하는 사람들은 특히 공감할 것이다.

자주 바뀐 기본권(2): 근로의 권리

　　　　　　　　3번 개정된 거주·이전의 자유, 주거의 자유, 통신의 비밀, 노동 3권과 달리 권리가 향상되었던 조항은 제32조 근로의 권리, 제34조 사회권, 제36조 결혼, 제28조 형사재판 승소 보상 청구, 제29조 국가의 배상이다.

　먼저 근로의 권리(근로 조항)의 변화 과정을 살펴보자. 근로(노동)의 권리는 1919년 바이마르 헌법이 처음으로 헌법상 권리로 인정하였다. 대한민국도 제헌헌법부터 노동의 권리를 보장하였지만, 바이마르 헌법과 달리 일을 하지 못할 때 생계비를 청구할 수 있는 권리를 인정하지 않았다.[45]

헌법 1호	제17조 모든 국민은 근로의 권리와 의무를 가진다. 근로조건의 기준은 법률로써 정한다. 여자와 소년의 근로는 특별한 보호를 받는다.
헌법 2호	제17조 모든 국민은 근로의 권리와 의무를 가진다. 근로조건의 기준은 법률로써 정한다. 여자와 소년의 근로는 특별한 보호를 받는다.
헌법 3호	제17조 모든 국민은 근로의 권리와 의무를 가진다. 근로조건의 기준은 법률로써 정한다. 여자와 소년의 근로는 특별한 보호를 받는다.

---

45) 차병직, 윤재왕, 윤지영 지음, 『지금 다시, 헌법』, 202~203쪽.

　　　　　　　　　　　　　　　　　　　　　　　헌법은 밥이다

헌법 4호	제17조 모든 국민은 근로의 권리와 의무를 가진다. 근로조건의 기준은 법률로써 정한다. 여자와 소년의 근로는 특별한 보호를 받는다.
헌법 5호	제17조 모든 국민은 근로의 권리와 의무를 가진다. 근로조건의 기준은 법률로써 정한다. 여자와 소년의 근로는 특별한 보호를 받는다.
헌법 6호	제28조 ①모든 국민은 근로의 권리를 가진다. 국가는 사회적 · 경제적 방법으로 근로자의 고용의 증진에 노력하여야 한다. ②모든 국민은 근로의 의무를 진다. 국가는 근로의 의무의 내용과 조건을 민주주의 원칙에 따라 법률로 정한다. ③근로조건의 기준은 법률로 정한다. ④여자와 소년의 근로는 특별한 보호를 받는다
헌법 7호	제28조 ①모든 국민은 근로의 권리를 가진다. 국가는 사회적 · 경제적 방법으로 근로자의 고용의 증진에 노력하여야 한다. ②모든 국민은 근로의 의무를 진다. 국가는 근로의 의무의 내용과 조건을 민주주의 원칙에 따라 법률로 정한다. ③근로조건의 기준은 법률로 정한다. ④여자와 소년의 근로는 특별한 보호를 받는다.
헌법 8호	제28조 ①모든 국민은 근로의 권리를 가진다. 국가는 사회적 · 경제적 방법으로 근로자의 고용의 증진에 노력하여야 한다. ②모든 국민은 근로의 의무를 진다. 국가는 근로의 의무의 내용과 조건을 민주주의 원칙에 따라 법률로 정한다. ③근로조건의 기준은 법률로 정한다. ④여자와 소년의 근로는 특별한 보호를 받는다.
헌법 9호	제30조 ①모든 국민은 근로의 권리를 가진다. 국가는 사회적 · 경제적 방법으로 근로자의 고용의 증진과 적정임금의 보장에 노력하여야 한다. ②모든 국민은 근로의 의무를 진다. 국가는 근로의 의무의 내용과 조건을 민주주의 원칙에 따라 법률로 정한다. ③근로조건의 기준은 인간의 존엄성을 보장하도록 법률로 정한다. ④여자와 소년의 근로는 특별한 보호를 받는다. ⑤국가유공자 · 상이군경 및 전몰군경의 유가족은 법률이 정하는 바에 의하여 우선적으로 근로의 기회를 부여받는다.

헌법 10호	제32조 ① 모든 국민은 근로의 권리를 가진다. 국가는 사회적·경제적 방법으로 근로자의 고용의 증진과 적정임금의 보장에 노력하여야 하며, 법률이 정하는 바에 의하여 최저임금제를 시행하여야 한다. ② 모든 국민은 근로의 의무를 진다. 국가는 근로의 의무의 내용과 조건을 민주주의 원칙에 따라 법률로 정한다. ③ 근로조건의 기준은 인간의 존엄성을 보장하도록 법률로 정한다. ④ 여자의 근로는 특별한 보호를 받으며, 고용·임금 및 근로조건에 있어서 부당한 차별을 받지 아니한다. ⑤ 연소자의 근로는 특별한 보호를 받는다. ⑥ 국가유공자·상이군경 및 전몰군경의 유가족은 법률이 정하는 바에 의하여 우선적으로 근로의 기회를 부여받는다.

근로의 권리(근로 조항)는 헌법 제6호에서, 헌법 제1~5호 제17조의 근로의 권리와 의무를 1항(권리)과 2항(의무)으로 나누어 모두 4개 조항으로 확대하였다. 헌법 제9호에서는 5항에 국가유공자·상이군경·전몰군경의 근로기회 우대조항을 추가하였다. 현행 헌법에서는 5항에 연소자의 근로보호 조항을 넣고, 5공 헌법의 5항이 6항으로 바뀌었다.

그러나 근로의 권리(노동권) 조항이 확대 개편되면 뭘 하나? 현행 헌법 제32조의 6개 항을 읽어 보자. 이 가운데 현실 사회에서 제대로 지켜지는 조항은 몇 개나 될까? 자신의 경험과 정보에 따라 다르지만, 6항만 그나마 제대로 지켜지는 것 같다. 국가유공자·상이군경·전몰군경의 유가족은 공무원 시험이나 교사 시험에 응시하면 가산점을

---

46) 조유진, 『헌법 사용설명서』, 221쪽.

받는 등 우대를 받고 있다.

1항에서 국가는 노동자의 고용을 증진하고 적정 임금을 보장하도록 노력해야 한다고 규정하였다. 이를 실현하기 위하여 고용정책 기본법, 직업 안정법, 근로자 직업능력 개발법 등이 제정되었다. 그런데 실제로 비정규직 양산과 저임금을 방치하고, 오히려 이를 조장하는 법을 만들고 실행하였다. 이는 박정희 정권 때부터 노골적으로 진행되었다가 1987년 6월 민주화 항쟁 이후 활발한 노동운동으로 시정되는 기미를 보였다. 그러나 1997년 IMF 금융위기 이후 IMF가 요구한 무리한 정리해고, 이후 신자유주의가 도입되면서 비정규직과 저임금 노동, 정리해고의 자유를 강조하는 방향으로 다시 후퇴하였다. 우파 학자들은 이렇게 너덜너덜해졌으니 1항의 조항을 없애야 한다고 주장한다.[46]

3항과 관련 있는 법으로 최저 임금법이 있다. 최저임금 보장 때문에 최저임금법이 제정되었고, 매년 사용자와 노동자의 대표가 모여 최저임금을 정한다. 이 위원회의 위원 중 상당수 정부가 임명하기 때문에 사실상 대통령의 뜻이 중요하다. 이명박 정권과 박근혜 정권 때 소폭 인상되고, 문재인 정부에서 대폭 인상된 것도 그 때문이다. 무엇보다 최저임금을 최고임금으로 간주하는 사회 풍토가 문제다. 3항의 근로조건은 인간의 존엄성을 보장하도록 규정하였지만, 대부분의 직장인들은 법률에 보장된 정규근무시간 이외에 야근을 밥 먹듯이 한다. 빌딩에서 반짝거리는 조명 덕분에 서울의 야경이 아름다워서 이를 보기 위해 외국인들이 한국을 찾는다는 우스갯소리가 있을 정도다.

4항은 전혀 지켜지지 않는 조항이다. 4항에서 파생한 법률이 남녀 고용평등과 일·가정 양립 지원에 관한 법률이다. 이 법률에 따르면, 모집과 채용, 임금, 정년·퇴직 및 해고 등에서 남녀 차별을 금지하였다.

헌법과 달리 헬조선에서는 고용·임금·근로조건에서 여성은 부당한 차별을 받고 있다. 그러다 보니 여성들은 이러한 차별이 상대적으로 적은 공무원을 선호한다. 적어도 면접에서 탈락하는 억울한 경우가 적기 때문이다. 그러나 차별이 적은 공무원사회에서도 유리천장 때문에 승진이 쉽지 않다. 서지현 검사가 검찰 내 성추행 사실을 폭로한 후 "ME, too" 운동이 활발해졌다. 여성들이 직장에서 당한 성폭력, 성추행, 성희롱 사실을 스스로 폭로하고 있다. 한 금융회사 회장은 여직원 골프대회를 열고 우승자에게 1계급 특진의 기회를 줬다고 한다. 남성직원의 경우 대리가 된 후 2년 만에 과장이 되지만 여성직원은 4년이 걸린다고 한다. 그래서 골프대회 우승에서 승진하라는 덕담 아닌 덕담을 하는 웃픈 현실이다. 또 대부분의 회사는 결혼하면 여성에게 퇴직을 강요하고, 그렇지 않더라도 육아휴직은 꿈도 꾸지 못한다. 그렇다고 국가가 여성들이 편하게 일할 수 있도록 보육시설을 갖추기 위해 노력하는 것도 아니다. 여성에 대한 차별이 심하니 결혼과 출산을 포기하는 여성들이 늘어난다. 전 세계 최저의 출산률은 그 결과물이다. 정부와 기업들이 현행 헌법의 제32조 4항을 제대로 지켰으면, 결혼과 출산, 육아를 포기하는 현재의 비극적인 상황은 없었을 것이다.

5항 역시 마찬가지이다. 중·고생들이 알바를 하면 법에 정해진 임금보다 적은 임금을 받고 노동조건도 더 열악하다. 고용주는 헌법 제32조와 고용·노동에 관한 법률을 모르는 청소년과 청년들을 착취한다. 2016년 12월 19일 정의당 이정미 의원실에 따르면, 이랜드 그룹의 애슐리는 임금뿐만 아니라 휴업수당, 연장수당, 연차수당, 야간수당 등 84억여 원을 알바생 44,000명에게 주지 않았다고 한다. 이런 대기업뿐만 아니라 자영업자들도 법률이 정한 임금과 노동조건을 제대로 지키지 않거나 못하고 있다. 이 글을 읽는 독자들이 직접 경험했거나 주위로부터 들은 노동 현실은 더욱 참혹할 것이다.

자주 바뀐 기본권(3): 인간다운 생활을 할 권리와 사회권

헌법 1호	제19조 노령, 질병 기타 근로능력의 상실로 인하여 생활유지의 능력이 없는 자는 법률의 정하는 바에 의하여 국가의 보호를 받는다.
헌법 2호	제19조 노령, 질병 기타 근로능력의 상실로 인하여 생활유지의 능력이 없는 자는 법률의 정하는 바에 의하여 국가의 보호를 받는다.
헌법 3호	제19조 노령, 질병 기타 근로능력의 상실로 인하여 생활유지의 능력이 없는 자는 법률의 정하는 바에 의하여 국가의 보호를 받는다.

헌법 4호	제19조 노령, 질병 기타 근로능력의 상실로 인하여 생활유지의 능력이 없는 자는 법률의 정하는 바에 의하여 국가의 보호를 받는다.
헌법 5호	제19조 노령, 질병 기타 근로능력의 상실로 인하여 생활유지의 능력이 없는 자는 법률의 정하는 바에 의하여 국가의 보호를 받는다.
헌법 6호	제30조 ①모든 국민은 인간다운 생활을 할 권리를 가진다. ②국가는 사회보장의 증진에 노력하여야 한다. ③생활능력이 없는 국민은 법률이 정하는 바에 의하여 국가의 보호를 받는다.
헌법 7호	제30조 ①모든 국민은 인간다운 생활을 할 권리를 가진다. ②국가는 사회보장의 증진에 노력하여야 한다. ③생활능력이 없는 국민은 법률이 정하는 바에 의하여 국가의 보호를 받는다.
헌법 8호	제30조 ①모든 국민은 인간다운 생활을 할 권리를 가진다. ②국가는 사회보장의 증진에 노력하여야 한다. ③생활능력이 없는 국민은 법률이 정하는 바에 의하여 국가의 보호를 받는다.
헌법 9호	제32조 ①모든 국민은 인간다운 생활을 할 권리를 가진다. ②국가는 사회보장·사회복지의 증진에 노력할 의무를 진다. ③생활능력이 없는 국민은 법률이 정하는 바에 의하여 국가의 보호를 받는다.
헌법 10호	제34조 ① 모든 국민은 인간다운 생활을 할 권리를 가진다. ② 국가는 사회보장·사회복지의 증진에 노력할 의무를 진다. ③ 국가는 여자의 복지와 권익의 향상을 위하여 노력하여야 한다. ④ 국가는 노인과 청소년의 복지향상을 위한 정책을 실시할 의무를 진다. ⑤ 신체장애자 및 질병·노령 기타의 사유로 생활능력이 없는 국민은 법률 이 정하는 바에 의하여 국가의 보호를 받는다. ⑥ 국가는 재해를 예방하고 그 위험으로부터 국민을 보호하기 위하여 노력 하여야 한다.

위의 규정을 보면 사회권도 세 차례 바뀌면서 많은 조항이 첨가되었다. 사회권은 박정희 정권이 개정한 헌법 제6호에서 대대적으로 바뀌었다. 1항에 "모든 국민은 인간다운 생활을 할 권리를 가진다."라

고 하여 인간다운 생활을 할 권리를 규정하였고, 2항에 국가의 사회보장의 증진 의무를 추가하였다. 단순히 노약자를 보호하던 사회권이 인간다운 생활을 할 권리와 국가의 사회보장 부담을 규정하여 명목상 사회권은 확대되었다. 전두환 정권도 '사회보장의 증진'을 '사회보장·사회복지의 증진'으로 바꾸고 국가의 노력을 '의무'로 규정하였다. 현행 헌법 제34조에서는 3·4·6항을 추가하였다. 3항은 여성의 복지와 권익, 4항은 노인과 청소년 복지, 6항은 재해 예방과 보호 조항이었다.

현행 헌법 제34조는 인간다운 생활과 사회복지를 규정하고 있다. 넓은 의미에서 사회권이라고 칭할 수 있다. 사회보장기본법 제3조 1호에 따르면, 사회보장은 질병, 장애, 노령, 실업, 사망 등의 사회적 위험으로부터 모든 국민을 보호하고 빈곤을 해소하며 국민 생활의 질을 향상시키기 위하여 제공되는 사회보험, 공공부조, 사회복지서비스 및 관련복지제도를 가리킨다. 사회복지는 사회보장의 한 유형이며, 현금 또는 현물 지급이 아닌 서비스를 뜻한다. 따라서 요즘은 사회복지라는 말 대신 '사회복지서비스'라는 말을 많이 쓴다.

현행 헌법 제34조의 6개 항 가운데 신체장애자와 노약자 등을 보호하는 5항이 그나마 잘 지켜지는 것 같지만 나머지 조항은 글쎄⋯ 박정희 정권이 처음으로 사회보장 증진을, 전두환 정권이 사회복지 증진을 헌법에 새로 추가했지만 제대로 지켜지지 않았다. 제대로 지켜졌으면 복지 문제가 대통령과 국회의원 선거 공약이 될 리 없으니 말이다. 박정희 정권 때부터 정부와 재벌은 먼저 국가경제를 성장시켜 파이를 키운 후 나누자고 말했지만, 한 번도 지킨 적이 없고 커진 파이를 대부분 독점하였다. 덕분에 GDP나 무역량 등은 세계 10위권 안팎의 경제대국이지만, 사회복지는 OECD 가입국 가운데 하위권에 속한다. 자살률은 OECD 혹은 세계최고다. 자살의 원인은 대부분 경제적 빈곤 때문이니, 사회보장이나 복지가 어느 정도 갖춰졌으면 막을 수 있었다. 가난한 사람들의 병이라는 결핵도 세계 정상급 수준이다. 결핵에 걸린 사람들을 치료해야 했지만, 일부 정권은 국가의 격을 떨어뜨린다며 관련 통계조차 만들지 않았다. 제34조를 꼼꼼히 읽어보자. 기득권을 대변한 자유한국당뿐만 아니라 진보를 대변한다고 주장하는 더민주당과 그 전신인 정당은 선거 때를 제외하고 의정활동 때 무엇을 했는가? 최소한 헌법에 이 조항이 있는지 국민들에게 알리기나 했을까? 그 반대일 것이다. 2017년 12월 예산안 협상에서 자유한국당은 2018년 지방선거에서 불리하다는 이유로 노인연금과 아동수당지급 시기를 선거 뒤로 미뤘고 아동수당은 차등으로 지급하도록 하였다. 헌법 조항에는 선택적인 사회복지를 하라는 구절이 없다. 헌법보다 당의 이익이 중요한 그들이다.

지금이라도 사회보장과 사회복지에 힘써야 한다. 한국은 다른 나라가 1인당 GDP 수천 달러에서 시작했던 복지 정책을 1인당 GDP가 2만 달러가 넘은 현재에도 제대로 실행하지 않았다. 현재의 낙후된 사회복지 서비스를 일거에 만회할 방법이 있다. 기본소득이다. 모

헌법은 밥이다

든 사회보장 급여(연금, 실업 연금, 사회부조금, 주택 보조금, 자녀 양육비, 대학생 생활비 등 다양하게 현금으로 지급되는 돈)를 하나로 통합해서 기본소득으로 지급한다면 천문학적인 행정비용이 대폭 절감된다. 또 국민들의 가처분소득이 늘어나기 때문에 그에 따른 내수 경기 활성화와 세수 증대를 기대할 수 있다. 실제로 이재명 성남시장이 청년기본소득을 성남에서 통용되는 상품권 형태의 지역화폐로 지급하여 성남의 시장과 서점, 음식점 등의 매출이 대폭 증가한 예가 있다.

기본소득은 좌파가 아닌 우파 정치권에서 먼저 제기하였고 대기업의 경영자들도 이에 동조하였다. 독일의 베르너 회장은 독일 국민에게 1인당 매월 800유로(우리 돈으로 100만 원)를 지급할 수 있다고 주장하였다.[47] 2017년 대통령선거에서 안철수 후보는 자신이 4차 산업혁명을 대비할 적임자라고 주장하였다. 그런데 '4차 산업혁명'은 운전(무인자동차), 재판, 택배와 배달 등 많은 직업의 노동을 기계와 컴퓨터가 대신한다. 자동차 운전사나 택배와 배달에 종사하는 저임금 노동자부터 판사와 변호사 등 고소득 전문직까지 실업자가 될 수 있다. 사실상 기업의 소유주나 자본가를 제외한 대부분의 직업이 사라지고 실업자가 되는 시대가 도래하게 된다. 돈 버는 사람이 없이 자동화한 기계와 컴퓨터가 생산한 물건과 서비스는 누가 소비할까? 바

---

47) 카를스루에 · 베를린(독일)/최우성 기자, 「'대전환의 시대' 2부 "국가가 온 국민에 월급을"」, 『한겨레신문』 2009. 4. 13.

로 기계와 로봇이 아닌 사람이다. 그 돈은? 자기 돈이 없는 경우 국가가 돈을 주며 소비하라고 부추길 것이다. '4차 산업혁명' 시대에는 사람이 일을 적게 하거나 안 해도 되는 편리함이 있지만, 실업의 공포와 소득 감소가 예상된다고 한다. 국민에게 똑같은 돈을 주자는 기본소득은 소비를 촉진시켜 경제가 잘 돌아가자는 임시방편에 불과하다. 그렇지만 우파 정치인들과 일부 자본가, 경영자들은 자동화로 실업자가 많아져서 소비가 줄어드는 것을 막기 위해 기본소득을 주장하고 있는 것이다.

기본소득을 반대하는 수구세력은 재원 문제와 근로의욕 저하 가능성을 내세우며 기본소득에 반대한다. 그러나 이미 한국에서도 최저생계비를 일부 계층에 지급하고 노인연금도 시행하였다. 이를 기본소득으로 통합하면 재원 확보는 일부 가능하다고 한다. 여기에 부족한 재원은 증세로 충당할 수 있다. 다음으로 기본소득이 근로의욕을 저해시킬 거라는 주장이다. 한국에서 최저생계비를 받으려면 가구소득이 특정액 이하여야 한다. 가구원 중 한 명이 일자리를 얻어 취직을 하게 되면 특정액을 넘어 급여 대상에서 탈락하게 된다. 따라서 이들 가구는 일을 하는 대신 최저생계비에 안주한다. 근로의욕을 떨어뜨리게 된다. 반면 근로여부와는 무관하게 기본소득이 지급되면, 대부분은 추가 소득을 위해 열심히 일한다고 한다. 영국 바스(Bath)대학의 경제학자인 가이 스탠딩(Guy Standing)은 인도를 연구하여 기본소득을 지급한 후에도 오히려 근로의욕이 늘어났음을 입증하였다.[48] 핀란드에서도 기본소득이 근로의욕에 어떤 영향을 주는지 실험하고 있다. 만약 기본소득을 받은 사람들이 그 돈으로 술이나 도박을 사며 탕진하는 것이 아니라 더 많은 수입을 얻기 위해 일한다는 사실이 발견되면, 기본소득 도입에 탄력이 붙을 지도 모른다.

자주 바뀐 기본권(4):
결혼과 가족

혼인과 가족에 관한 규정도 세 차례 바뀌었다.

헌법 1호	제20조 혼인은 남녀동권을 기본으로 하며 혼인의 순결과 가족의 건강은 국가의 특별한 보호를 받는다.
헌법 2호	제20조 혼인은 남녀동권을 기본으로 하며 혼인의 순결과 가족의 건강은 국가의 특별한 보호를 받는다.
헌법 3호	제20조 혼인은 남녀동권을 기본으로 하며 혼인의 순결과 가족의 건강은 국가의 특별한 보호를 받는다.
헌법 4호	제20조 혼인은 남녀동권을 기본으로 하며 혼인의 순결과 가족의 건강은 국가의 특별한 보호를 받는다.
헌법 5호	제20조 혼인은 남녀동권을 기본으로 하며 혼인의 순결과 가족의 건강은 국가의 특별한 보호를 받는다.
헌법 6호	제31조 모든 국민은 혼인의 순결과 보건에 관하여 국가의 보호를 받는다.

---

48) 윤석천, 「음지에서 양지로 떠오른 기본소득제」, 『금융』 755, 2017.

헌법 7호	제31조 모든 국민은 혼인의 순결과 보건에 관하여 국가의 보호를 받는다.
헌법 8호	제31조 모든 국민은 혼인의 순결과 보건에 관하여 국가의 보호를 받는다.
헌법 9호	제34조 ①혼인과 가족생활은 개인의 존엄과 양성의 평등을 기초로 성립되고 유지되어야 한다. ②모든 국민은 보건에 관하여 국가의 보호를 받는다.
헌법 10 호	제36조 ① 혼인과 가족생활은 개인의 존엄과 양성의 평등을 기초로 성립되고 유지되어야 하며, 국가는 이를 보장한다. ② 국가는 모성의 보호를 위하여 노력하여야 한다. ③ 모든 국민은 보건에 관하여 국가의 보호를 받는다.

현행 헌법의 제36조는 혼인(결혼)과 가족에 대한 조항이다. 바뀔 것 같지 않은 이 조항도 여러 차례 단어나 구절이 바뀌었다. 헌법 제6호 때 "혼인은 남녀동권을 기본으로 하며"라는 구절을 삭제하였다. 헌법 제9호에서는 헌법 제1~8호의 혼인의 순결과 가족의 건강 조항을 2개 항으로 나누었다. 1항은 "혼인과 가족생활은 개인의 존엄과 양성의 평등을 기초로 성립되고 유지되어야 한다."라는 구절로 이전과 완전히 바뀌었다. 현행 헌법에서는 2항에 모성 보호 조항을 추가하였다.

'남녀동권'과 '양성평등'은 남녀평등을 규정한 것으로 해석하기도 하지만, 동성 결혼을 금지하기 위해 1948년 일부 기독교 신자인 국회의원들이 집요하게 주장하여 집어넣은 '덫'이었다.[49] 이후 헌법에서

---

49) 차병직, 윤재왕, 윤지영 지음, 『지금 다시, 헌법』, 227~229쪽.

"남녀동권"은 "양성평등"으로 바뀌었지만, 기본적으로 결혼은 남성과 여성의 결합임을 헌법에 명문화한 것이다. 현재 동성혼과 동성가족을 인정하자는 요구가 점점 드세지는 상황을 보면, 당시 기독교계 국회의원들이 동성애와 동성혼을 금지시키기 위해 이 조항을 삽입한 혜안이라고 봐야 할까?

2017년 4월 25일 JTBC와 한국정치학회가 주최한 대선 후보 토론회에서 홍준표 후보는 문재인 후보에게 "군에 동성애가 굉장히 심하다. 동성애에 반대하나?"라고 물었다. 이후 토론에서 동성애 문제는 동성혼 문제로 확대되었고 토론이 아수라장이 되었다. 며칠 동안 인터넷과 언론에서도 동성애와 동성혼 관련 논란을 뜨겁게 달구었다. 일부 언론에서 지적한 것처럼 홍 후보가 동성애 문제를 꺼낸 것은 보수 기독교의 표를 의식한 것이다. 미국에서 오바마 정권 때 겨우 동성 결혼이 합법화된 것을 보면, 아직 한국에서 동성혼이 합법화되려면 시간이 많이 걸릴 것이다. 2013년 동성결혼을 올린 김조광수 감독은 법원에 동성혼을 인정해 달라는 소송을 걸었지만 패소하였다. 따라서 두 사람의 결혼은 법적 효력이 없다. 현재 헌법에 따르면 당연한 조치이다. 2017년 5월 24일 대만 사법원(헌법재판소)이 동성 결혼을 금지한 민법에 위헌 결정을 내렸다. 이에 따라 아시아 최초로 대만에서 동성 결혼이 허용될 것으로 예상된다. 대만은 1990년부터 동성 결혼을 허용해 달라는 운동이 시작돼 아시아 국가 중에서도 성소수자 권리에 있어 진보적인 편이라고 한다. 게다가 2016년 5월 취임한 여성 총통 차이잉원(蔡英文)은 천재 해커 탕펑(唐鳳)을 디지털 정무위원으로 임명하였다. 그는 대만 최초 트랜스젠더 장관이다.[50] 대만보다 보수적인 한국의 분위기에서 동성결혼이 인정받기까지 시간이 걸릴 것이다.

이 조항은 엉뚱하게도 노무현 정권이 만들었던 종부세를 위헌으로 만드는 헌법적 근거가 되었다. 8명이 종합부동산세 부과 대상자였던 헌법재판관들은 종부세의 과세 방법을 '인별 합산'이 아니라 '세대별 합산'으로 규정한 종합부동산세법 규정은 헌법 제36조 1항 "혼인과 가족생활은 개인의 존엄과 양성의 평등을 기초로 성립되고 유지되어야 하며, 국가는 이를 보장한다."에 위반된다고 판결했다(헌재결 2008.11.13. 2006헌바112 등 병합). 이 조항이 왜 부동산 소유 문제를 판단하는 기준이 되어야 하는지 도무지 이해할 수 없다. 헌법재판소는 엉뚱한 조항을 근거로 판결을 내리는 경우가 많다.

---

50) 김보미 기자, 「대만 차이잉원 정부, 동성결혼 허용 눈앞」, 『경향신문』 2017. 5. 24.

자주 바뀐 기본권(5): 형사재판 승소 보상청구

현행 헌법 제28조는 형사재판 승소 보상청구 조항을 규정하였다.

헌법 1호	제24조 (형사피고인은 상당한 이유가 없는 한 지체 없이 공개재판을 받을 권리가 있다.) 형사피고인으로서 구금되었던 자가 무죄판결을 받은 때에는 법률의 정하는 바에 의하여 국가에 대하여 보상을 청구할 수 있다.
헌법 2호	제24조 (형사피고인은 상당한 이유가 없는 한 지체 없이 공개재판을 받을 권리가 있다.) 형사피고인으로서 구금되었던 자가 무죄판결을 받은 때에는 법률의 정하는 바에 의하여 국가에 대하여 보상을 청구할 수 있다.
헌법 3호	제24조 (형사피고인은 상당한 이유가 없는 한 지체 없이 공개재판을 받을 권리가 있다.) 형사피고인으로서 구금되었던 자가 무죄판결을 받은 때에는 법률의 정하는 바에 의하여 국가에 대하여 보상을 청구할 수 있다.
헌법 4호	제24조 (형사피고인은 상당한 이유가 없는 한 지체 없이 공개재판을 받을 권리가 있다.) 형사피고인으로서 구금되었던 자가 무죄판결을 받은 때에는 법률의 정하는 바에 의하여 국가에 대하여 보상을 청구할 수 있다.
헌법 5호	제24조 (형사피고인은 상당한 이유가 없는 한 지체 없이 공개재판을 받을 권리가 있다.) 형사피고인으로서 구금되었던 자가 무죄판결을 받은 때에는 법률의 정하는 바에 의하여 국가에 대하여 보상을 청구할 수 있다.
헌법 6호	제25조 형사피고인으로서 구금되었던 자가 무죄판결을 받은 때에는 법률이 정하는 바에 의하여 국가에 보상을 청구할 수 있다.
헌법 7호	제25조 형사피고인으로서 구금되었던 자가 무죄판결을 받은 때에는 법률이 정하는 바에 의하여 국가에 보상을 청구할 수 있다.
헌법 8호	제25조 형사피고인으로서 구금되었던 자가 무죄판결을 받은 때에는 법률이 정하는 바에 의하여 국가에 보상을 청구할 수 있다.
헌법 9호	제27조 형사피고인으로서 구금되었던 자가 무죄판결을 받은 때에는 법률이 정하는 바에 의하여 국가에 정당한 보상을 청구할 수 있다.

이 조항은 공개재판을 받을 권리와 함께 구금되었던 형사피고인이 무죄 판결이 되면 국가에 보상을 청구할 수 있는 권리다. 쉽게 말하면, 형사 고소인이 구속 수사를 받다가 무죄 판결을 받으면 구속되었던 기간만큼 국가에 보상을 청구할 수 있다는 뜻이다. 1962년에 개정되어 다음 해 시행된 헌법 제6호에서 공개재판을 받을 권리에서 독립되었다. 이후 현행 헌법에서 형사재판 보상청구의 범위가 넓어졌다. 먼저 형사피고인뿐만 아니라 형사피의자도 보상청구 대상이 되었다. 이어서 구금이 아니라 형사재판에서 불기소처분 혹은 무죄판결을 받으면 보상을 청구할 수 있다. 사실상 형사재판에서 승소하면 국가에 피해보상을 청구할 수 있다는 것이다. 형사소송법 제194조의 2는 무죄판결이 내려질 경우 비용보상을 규정하고 있다. 무죄판결을 받은 피고인이 법원에 소송비용보상을 청구하면, 공판준비와 공판기일에 출석하는 데 소요된 교통비 등 여비와 일당(1회에 약 5만 원), 변호인 선임료 등을 지급받을 수 있다. 그러나 이 사실을 아는 국민들이 거의 없기 때문에 이용자 수가 적다고 한다.

이 문제를 해결하기 위해 앞장선 정치인이 더민주당 박주민 의원이다. 2016년 11월 3일 언론 보도에 따르면, 박주민 의원은 재판장이 무죄를 선고할 때 변호사 선임료 등 형사재판 과정에서 지출한 비용을 피고인이 보상받을 수 있도록 의무적으로 알려주어야 함을 규정한 형사소송법 개정안을 발의하였다(의안번호 3270). 한국경제신문에 따르면 최근 5년 동안 검찰의 무리한 기소 등으로 인해 발생한 억울한 옥살이가 모두 13만 건이다. 이 때문에 국가는 5년 동안 국민의 혈세 3천억을 지불해야 했다. 이 가운데 검찰의 무리한 기소 때문에 발생한 무죄 사건이 7천 건으로 전체의 20%를 차지한다고 한다. 이 밖에 검사의 수사 미진이 1000건, 법률 오해와 잘못된 법률 판단으로 무죄선고의 원인이 있었다고 한다. 한마디로 검사들의 잘못 때문이라는 것이다. 형사재판 보상금을 받기에 앞서 검찰의 무리한 기소 남발이 사라졌으면 한다.

[요약]

기본권의 개정 상황 현행 헌법 조항		최초 제정 차수	개정 차수	개정 내용, 특징
제10조	행복추구권	6호	9호	박정희 정권이 제정한 헌법 제6호에서 처음 생김. 전두환정권이 만든 헌법 제9호부터 구체화.
제11조	평등권	1호	×	거의 동일
제12조	신체의 자유	1호	6호	박정희 정권의 헌법에서 3개 조항에서 6개 조항으로 확대
			8호	유신헌법. 신체의 자유 제한, 구속적부심(5항), 고문 등에 의한 자백(6항) 삭제
			9호	2공(제6차) 때 제정한 조항 회복
			10호	1개 조항 추가(모두 7개)

제13조 3항	연좌제금지	9호	×	전두환 정권 때 처음 생김
제14조	거주 이전의 자유	1호	6호	박정희 정권에서 거주 · 이전의 자유와 주거 침입 금지 분리
			8호	법률로 거주 · 이전의 자유 제한("모든 국민은 법률에 의하지 아니하고는 거주 · 이전의 자유를 제한받지 아니한다.")
			9호	거주 · 이전의 자유 다시 회복
제16조	주거의 자유	1호	4호	법관의 영장으로 주거 압수, 수색 가능.
			8호	유신. 개악. 법률로 주거의 자유 침해
			9호	제4호 때의 조항(제1~3공)으로 회복.
제15조	직업선택의 자유	6호	8호	법률로 직업선택의 자유 제한
			9호	직업선택의 자유 다시 회복
제17조	사생활의 비밀과 자유	9호	×	전두환 정권 때 처음 생김
제18조	통신의 비밀	1호		법률로 제한("모든 국민은 법률에 의하지 아니하고는 통신의 비밀을 침해받지 아니한다.")
			4호	장면정권, 통신의 비밀보장("모든 국민은 통신의 비밀을 침해받지 아니한다.")
			8호	유신. 이승만 정권(제1~3호)의 법으로 돌아감("모든 국민은 법률에 의하지 아니하고는 통신의 비밀을 침해받지 아니한다."). 법률로 통신의 비밀 침해
			9호	전두환 정권. 헌법 제4호 조항 회복("모든 국민은 통신의 비밀을 침해받지 아니한다.")
제19조	양심의 자유	1호	6호	신앙의 자유와 종교의 자유 조항을 양심의 자유 조항에서 분리(제16조 1항)
제20조	종교의 자유	1호	6호	제12조에서 제16조 1항으로

헌법은 밥이다

제21조	언론 · 출판 · 집회 · 결사의 자유	1호	4호	장면 정권 때 확대. 정당 보호와 해산 조항 추가
			6호	5개 조항으로 확대
			8호	법률로 언론 · 출판 · 집회 · 결사의 자유 제한, 헌법 제7호의 2~5항 삭제
			9호	제5~7호의 제18조 5항(명예훼손, 침해금지) 추가. 1항에 언론 · 출판 · 집회 · 결사의 자유 명시
			10호	제9호의 2개 항에 2개 항 추가
제22조	학문과 예술의 자유	1호	×	
제23조	재산권	1호	×	내용의 차이는 거의 없지만 제8 · 9 · 10호에 표현이 달라짐
제24조	선거권	1호	4호	20세에 선거권 부여
			10호	제1~3호 선거권 조항 회복
제25조	공무담임권	1호	×	제6호 때 '공무를 담임할 권리'를 '공무담임권을 가진다'로 바꿈
제26조	청원권	1호	×	
제31조	교육권	1호	6호	4항에 교육의 자주성과 정치적 중립성 보장 규정
			9호	5~6항 추가. 5항에 평생교육, 6항에 교육제도, 재정, 교원 조항 추가
제32조	노동권 (근로의 권리)	1호	6호	근로의 권리와 의무를 분리하여 1항(권리)과 2항(의무)로 나눔
			9호	5항(국가유공자 · 상이군경 · 전몰군경에 대한 근로 기회 우대) 추가
			10호	5항(연소자의 근로 보호) 추가. 5항은 6항으로
제33조	노동 3권	1호	6호	박정희 정권이 개악. 공무원의 노동 3권 일부 제한, 노동자의 이익분배 균점권 조항 삭제
			8호	공무원뿐만 아니라 지방자치단체, 국영기업체, 공익사업체 등 단체행동권 제한 혹은 금지
			10호	법률에 따라 공무원에게 노동 3권 부여. 방위산업체의 단체행동권 제한 혹은 금지(8차에서 만든 조항에서 대상 축소)

제34조	사회권	1호	6호	2개 조항 추가. 인간다운 생활을 할 권리(1항)와 사회보장 증진(2항) 추가.
			9호	2항에 사회복지의 증진 조항 추가(사회보장의 증진→사회보장·사회복지의 증진)
			10호	3·4·6항 추가. 3항은 여성의 복지와 권익, 4항은 노인과 청소년 복지, 6항은 재해 예방과 보호 조항.
제35조	환경권 (+주거권)	9호	10호	2개 조항 추가. 환경권의 내용과 행사를 법률에 정함(2항). 쾌적한 주거 정책(3항).
제36조 1~2항	결혼	1호	6호	'혼인은 남녀동권을 기본으로 하며' 구절 삭제
			9호	제1~8차 혼인의 순결과 가족의 건강을 2개 조항으로 나눔. 1항에 '개인의 존엄과 양성의 평등을 기초로 성립되고' 조항 규정
			10호	2항 모성 보호 추가
제36조 3항	결혼	1호	6호	'가족의 건강'이 '보건'으로, '국가의 특별한 보호'가 '국가의 보호'로 바뀜.
			9호	2항으로 독립(제31조→제34조 2항)
			10호	3항으로(제36조 3항)
제27조	재판을 받을 권리	1호	5호	소추와 이중처벌 조항(제23조)을 부칙으로 효력 정지
			6호	2개 조항 추가. 군법회의 재판에 관한 규정 신설(대상은 제한), 소추와 이중처벌 조항 효력 부활, 신속한 재판과 공개 재판(제24조 1항) 추가
			8호	군법회의 재판 받을 수 있는 범위 확대. 비상계엄과 긴급조치로 군법회의 재판 가능.
			9호	2개 조항 추가. 신속한 재판, 공개 재판(3항), 무죄추정원칙(4항) 추가
			10호	5항(형사 피해자의 진술권) 추가
제28조	형사재판 승소 보상청구	1호	6호	제24조 2항을 제25조로 개편
			9호	보상 → '정당한' 보상
			10호	형사재판 피해보상청구 대상을 형사피고인에서 형사피의자로 확대

헌법은 밥이다

제29조	국가의 배상	1호	4호	제27조가 제27조 3항으로 개편
			6호	제25조로 바뀜
			8호	군인 · 군무원 · 경찰공무원 등의 배상청구금지 추가(2항)
제30조	국가의 피해구조	10호	–	
제7조	공무원의 신분과 책임	1호	4호	2항(공무원의 정치적 중립성과 신분) 신설
			6호	제24조 1항의 공무원 파면 청원("공무원은 주권을 가진 국민의 수임자이며 언제든지 국민에 대하여 책임을 진다. 국민은 불법행위를 한 공무원의 파면을 청원할 권리가 있다.") 청구권 삭제
제37조	자유와 권리	1호	4호	'언론 · 출판 · 검열 · 집회 · 결사에 대한 허가 금지' 2항에 추가("언론 · 출판에 대한 허가나 검열과 집회, 결사에 대한 허가를 규정할 수 없다.")
			6호	제4차에 추가된 언론 · 출판 · 검열 · 집회 · 결사에 대한 허가 금지 삭제
			8호	법률로 모든 자유와 권리 제한 가능성 규정(2항). '제한하는 경우에도 자유와 권리의 본질적인 내용을 침해할 수 없다.' 구절 삭제
			9호	제8차에 삭제된 구절 복구

Part 4

민주주의의
심장,
국·민·주·권

제1조
대한민국의 주권은
국민에게 있고,
모든 권력은
국민으로부터
나온다.

현행 헌법의 제1조 2항은 국민 주권의 원리다.

헌법 1호	제1조 대한민국은 민주공화국이다. 제2조 대한민국의 주권은 국민에게 있고 모든 권력은 국민으로부터 나온다.
헌법 2호	제1조 대한민국은 민주공화국이다. 제2조 대한민국의 주권은 국민에게 있고 모든 권력은 국민으로부터 나온다.
헌법 3호	제1조 대한민국은 민주공화국이다. 제2조 대한민국의 주권은 국민에게 있고 모든 권력은 국민으로부터 나온다.
헌법 4호	제1조 대한민국은 민주공화국이다. 제2조 대한민국의 주권은 국민에게 있고 모든 권력은 국민으로부터 나온다.

헌법 5호	제1조 대한민국은 민주공화국이다. 제2조 대한민국의 주권은 국민에게 있고 모든 권력은 국민으로부터 나온다.
헌법 6호	제1조 ①대한민국은 민주공화국이다. ②대한민국의 주권은 국민에게 있고, 모든 권력은 국민으로부터 나온다.
헌법 7호	제1조 ①대한민국은 민주공화국이다. ②대한민국의 주권은 국민에게 있고, 모든 권력은 국민으로부터 나온다.
헌법 8호	제1조 ①대한민국은 민주공화국이다. ②대한민국의 주권은 국민에게 있고, 국민은 그 대표자나 국민투표에 의하여 주권을 행사한다.
헌법 9호	제1조 ①대한민국은 민주공화국이다. ②대한민국의 주권은 국민에게 있고, 모든 권력은 국민으로부터 나온다.
헌법 10호	제1조 ① 대한민국은 민주공화국이다. ② 대한민국의 주권은 국민에게 있고, 모든 권력은 국민으로부터 나온다.

한겨레신문의 한 기자는 이 조항이 9차의 헌법 개정 중에 한 번도 바뀐 적이 없다고 칼럼에 썼다. 그 기자는 잘못 알고 있었다. 현행 헌법의 제1조는 본래 1948년 제1차 헌법부터 헌법 제5호까지 제1조 "대한민국은 민주공화국이다."와 제2조 '국민주권 원리'로 분리되었던 조항을 박정희 정권 시기인 헌법 제6호에서 지금의 조항처럼 제1조 1항과 2항으로 통합하였다. 이러한 변화 과정을 알고 나니 두 조문이 한 조항으로 통합되어야 하는 이유를 모르겠다. 이 조항은 악명 높은 유신헌법 때 바뀌게 된다.

제1조 ①대한민국은 민주공화국이다.

②대한민국의 주권은 국민에게 있고, 국민은 <u>그 대표자나 국민투표에 의하여</u> 주권을 행사한다.

제1조 1항은 바뀌지 않았지만, 2항은 "모든 권력은 국민으로부터 나온다."라는 구절이 "국민은 그 대표자나 국민투표에 의하여 주권을 행사한다."라고 바뀌었다. 바뀐 구절을 읽으면 "이것이 무슨 뜻이지?"라는 의문을 가지게 된다. 대표자는 국민이 선거로 선출하는 선출직 공무원이라는 뜻이라면, 유신헌법 당시 대표자는 국회의원이다. 당시 국회의원의 1/3은 대통령이 임명하는 3년 임기의 통일주체국민회의 의원이었으니 정확히 말하면 국민이 직접 뽑는 2/3의 국회의원이다. 따라서 국민의 주권 행사는 2/3의 국회의원 선거와 국민투표 때만 행사한다는 뜻이다. 국민투표는 자주 있는 일이 아니었으므로 사실상 4년도 아닌 6년(유신헌법에서는 국회의원 임기가 6년이었다!!!)만에 국민임을 실감하는 의식을 행했다. 이런 배경지식을 알고 다시 유신헌법의 제1조를 읽어 보면 조롱이라는 느낌이 든다. 대한민국은 민주공화국이라고 기록했지만, 국민이 주권을 행사할 방법을 2/3의 대표자, 즉 국회의원을 뽑는 것으로 한정했기 때문이다. 아참, 유신헌법에 불만을 제기하는 것을 막기 위해 한 차례의 국민투표가 실시되었던 것을 깜빡했다. 그나마 국회의원 선거는 한 지역구에서 두 명의 국회의원을 뽑았다. 여당인 공화당 후보는 거의 당선되었

고, 나머지 한 자리는 야당 신민당 후보가 차지할 가능성이 많았으니 투표는 요식행위에 불과했다.

박정희 정권의 국민 무시는 대통령 취임 선서에 보인 국민의 위치에서 보인다. 본래 제헌헌법 제54조의 대통령의 취임 선서 내용을 살펴보자.

"나는 국헌을 준수하며 국민의 복리를 증진하며 국가를 보위하여 대통령의 직무를 성실히 수행할 것을 국민에게 엄숙히 선서한다."

반말투가 좀 거슬리지만, 취임선서에 나오는 주요 단어를 살펴보면, '국헌 → 국민 → 국가'의 순서였다. 즉 국민은 국가보다 우선순위였다. 그런데 박정희가 쿠데타를 일으키고 만든 1962년의 헌법 6호에서 순서는 '국헌 → 국가 → 국민'이었다. 유신헌법에서도 '국헌 → 국가 → 국민 → 통일'의 순서였다. 분단을 공고히 하는 '통일' 조항을 넣으며 취임선서에도 '통일'을 추가한 것이다. 1980년의 헌법 9호에서는 '헌법 → 국가 → 국민 → 통일 → 민족문화'의 순서였다. '국헌'이 '헌법'으로 바뀌었고 민족문화의 창달이 추가된 것이 이전과 다르다. 현행 헌법은 '헌법 → 국가 → 통일 → 국민 → 민족문화'의 순서다.[51] 취임 선서에 나오는 주요 단어의 순서를 굳이 살펴본 이유는

---

51) 조유진, 『헌법 사용설명서』, 294~295쪽.

의식적 혹은 무의식적으로 국민이 무시되었음을 지적하기 위해서다. 1948년 헌법에서는 국민이 국헌, 즉 헌법 다음이었고 국가보다도 앞섰다. 실천여부와 상관없이 당시 헌법을 만들 때 국민이 국가보다 우선순위라고 생각했다. 그러나 박정희 정권 이후 국가와 국민의 위치가 바뀌었다. 국가보다 국민이 강조된 것이다. 박정희 정권에서 "대(국가)를 위해 소(국민 개인)를 희생하라"라는 말을 자주 했고, 국가에 대한 충성심과 애국심을 강조한 것도 이와 무관하지 않을 것이다. 1968년 제정된 국민교육헌장에는 "우리의 창의와 협력을 바탕으로 나라가 발전하며, 나라의 융성이 나의 발전의 근본임을 깨달아, 자유와 권리에 따르는 책임과 의무를 다하며, 스스로 국가 건설에 참여하고 봉사하는 국민정신을 드높인다."라는 문장이 있다. 여기서도 나라의 발전이 나(국민 개인)의 발전보다 앞선다고 선언하였다. 현행 헌법은 한술 더 떠 국민이 통일보다 한 단계 뒤로 밀려났다. 국민 무시! 말로는 "모든 권력은 국민으로부터 나온다"라는 국민주권 원리를 들먹이지만, 박정희 정권 이후 대통령은 취임선서를 하며 국가가 국민보다 중요하다고 대내외에 선포한다. 이런 모순이 어디 있을까? 어떤 이는 이런 모순을 바로잡아 국민을 가장 앞에 놓아야 한다고 주장한다. 예컨대 취임선서를 "나는 국민의 명을 받들어 헌법을 준수하고 국가를 보위하며……"로 바꿔야 한다고 한다.[52] 국민주권을 중요시

---

52) 앞의 책, 294~295쪽.

한다면, 이 주장처럼 취임선서를 바꿔야 한다. 헌법 제1조 2항은 촛불집회가 아니면 듣기 어렵지만, 대통령 취임선서의 구절은 새 대통령이 취임할 때마다 방송을 통해 국민들의 뇌리에 각인되기 때문이다. 반복과 학습 효과. 국가가 국민보다 중요한가? 국민이 국가보다 중요한가? 국민주권은 사소하다고 생각할 수 있는 한 문장에서부터 시작된다.

그러나 자세히 살펴보면 헌법 조항에 언급만 없을 뿐이지 겨우 국회의원을 뽑는데 만족한 주권의 행사는 1948년 헌법부터 시작되었다. 제32조에서는 "국회는 보통, 직접, 평등, 비밀선거에 의하여 공선된 의원으로써 조직한다. 국회의원의 선거에 관한 사항은 법률로써 정한다."라고 하여 국회의원은 국민이 직접 선출한다고 규정하였다. 국민의 선거권은 그뿐이었다. 제53조에서 대통령과 부통령은 국회에서 뽑는 대통령간선제를 규정하였다. 이 대통령간선제가 직선제로 바뀐 것은 국회의 요구가 아니라 이승만의 권력욕 때문이었다. 이승만은 야당이 장악한 국회에서 대통령으로 재선할 가능성이 없자 1952년 제1차 개헌을 통해 대통령 선출방식을 국회에서 뽑는 간선제에서 국민이 뽑는 직선제로 바꾸었다. 아직 국민에게 인기가 있었기 때문에 직선제로 선거하면 당선될 확률이 크다고 생각했기 때문이다. 또 선거와 경찰을 관리하는 내무부를 통해 부정선거로 당선될 수 있다고 생각했을지도 모른다. 어쨌든 제2대 대통령 선거에서 이승만은 74.6%의 득표를 차지해 11.4%의 조봉암 후보를 꺾고 재선에 성공하였다. 이후 대통령직선제는 1960년 4 · 19 의거 이후 개정된 헌법 제4호에서 의원내각제를 채택하면서 간선제로 바뀌었다. 이때 대통령은 국회에서 뽑았다. 1961년 5 · 16쿠데타 이후 개정된 헌법 제6호에서 다시 대통령직선제로 바뀌었다가 1972년 소위 유신헌법에서 다시 간선제로 바뀌었다. 이후 16년이 지난 1987년에야 다시 대통령직선제로 바뀌었다. 당시에는 대통령을 직접 뽑는 권리가 절실했지만, 대통령직선제만이 국민주권을 실현한다고 생각하는 착각은 버리자.

한 학자는 국민주권을 명시한 현행 헌법 제1조를 아래와 같이 바꿔서 읽어봐야 한다고 권한다.

"우리 대한국민은 말한다. 대한민국은 민주공화국이다."

"우리 대한국민은 말한다. 대한민국의 주권은 우리 대한국민에게 있고, 모든 권력은 우리 대한국민으로부터 나온다."[53]

대한민국의 주권이 국민에게 있다는 국민주권이 현행 헌법의 딱딱하고 무미건조한 조문보다 실감나게 느껴질 것이다. 이렇게 헌법 조문이 바뀔 수 있을까? 헌법학자들은 품위 없다고 비판할지도 모르겠다.

---

53) 이국운, '대한민국헌법 제1조를 읽는 세 가지 방법', CBS 〈세상을 바꾸는 시간, 15분〉 제46회 2011. 9. 19 방영.

허울뿐인
국민투표

　　대통령직선제와 국회의원 선거 이외에 국민이 주권을 행사하는 또 다른 방법은 국민투표였다. 1948년 헌법에서는 국민투표 규정이 없었다. 헌법 개정은 국회의원 재적수의 2/3의 찬성으로 바로 가결되었다. 그러다가 1954년 제2차 개헌, 즉 헌법 제3호에 국민투표 조항이 처음 생겼다.

> 제7조의 2 대한민국의 주권의 제약 또는 영토의 변경을 가져올 국가안위에 관한 중대 사항은 국회의 가결을 거친 후에 국민투표에 부하여 민의원의원선거권자 3분지 2 이상의 투표와 유효투표 3분지 2 이상의 찬성을 얻어야 한다.
> 전항의 국민투표의 발의는 국회의 가결이 있은 후 1개월 이내에 민의원의원선거권자 50만 인 이상의 찬성으로써 한다.
> 국민투표에서 찬성을 얻지 못한 때에는 제1항의 국회의 가결사항은 소급하여 효력을 상실한다.
> 국민투표의 절차에 관한 사항은 법률로써 정한다.[본조신설 1954.11.29.]

　　제7조의 2에서는 '대한민국의 주권의 제약 또는 영토의 변경을 가져올 국가안위에 관한 중대 사항'을 국민투표에 붙인다고 규정하였다. 주권의 제약이나 영토 변경에 한정되었지만 국민투표 규정이 처음 생겼다. 당시 국민투표 규정은 상당히 엄격하여 유권자, 당시 용어

로는 민의원의원선거권자(국회의원선거권자)의 2/3의 투표와 2/3의
찬성이 필요하였다. 이후 국민투표 조항은 아래와 같이 바뀌었다.

헌법 1호	
헌법 2호	
헌법 3호	제7조의 2 대한민국의 주권의 제약 또는 영토의 변경을 가져올 국가 안위에 관한 중대 사항은 국회의 가결을 거친 후에 국민투표에 부하여 민의원의원선거권자 3분지 2 이상의 투표와 유효투표 3분지 2 이상의 찬성을 얻어야 한다. 전항의 국민투표의 발의는 국회의 가결이 있은 후 1개월 이내에 민의원의원선거권자 50만 인 이상의 찬성으로써 한다. 국민투표에서 찬성을 얻지 못한 때에는 제1항의 국회의 가결사항은 소급하여 효력을 상실한다. 국민투표의 절차에 관한 사항은 법률로써 정한다. [본조신설 1954.11.29.]
헌법 4호	제7조의 2 대한민국의 주권의 제약 또는 영토의 변경을 가져올 국가 안위에 관한 중대 사항은 국회의 가결을 거친 후에 국민투표에 부하여 민의원의원선거권자 3분지 2 이상의 투표와 유효투표 3분지 2 이상의 찬성을 얻어야 한다. 전항의 국민투표의 발의는 국회의 가결이 있은 후 1개월 이내에 민의원의원선거권자 50만 인 이상의 찬성으로써 한다. 국민투표에서 찬성을 얻지 못한 때에는 제1항의 국회의 가결사항은 소급하여 효력을 상실한다. 국민투표의 절차에 관한 사항은 법률로써 정한다. [본조신설 1954.11.29.]
헌법 5호	제7조의 2 대한민국의 주권의 제약 또는 영토의 변경을 가져올 국가 안위에 관한 중대 사항은 국회의 가결을 거친 후에 국민투표에 부하여 민의원의원선거권자 3분지 2 이상의 투표와 유효투표 3분지 2 이상의 찬성을 얻어야 한다. 전항의 국민투표의 발의는 국회의 가결이 있은 후 1개월 이내에 민의원의원선거권자 50만 인 이상의 찬성으로써 한다. 국민투표에서 찬성을 얻지 못한 때에는 제1항의 국회의 가결사항은 소급하여 효력을 상실한다. 국민투표의 절차에 관한 사항은 법률로써 정한다. [본조신설 1954.11.29.]

헌법 6호	˙
헌법 7호	
헌법 8호	제49조 대통령은 필요하다고 인정할 때에는 국가의 중요한 정책을 국민투표에 붙일 수 있다.
헌법 9호	제47조 대통령은 필요하다고 인정할 때에는 외교·국방·통일 기타 국가안위에 관한 중요정책을 국민투표에 붙일 수 있다.
헌법 10호	제72조 대통령은 필요하다고 인정할 때에는 외교·국방·통일 기타 국가안위에 관한 중요정책을 국민투표에 붙일 수 있다.

국가안위에 관한 중대 사항에 대한 국민투표를 실시할 수 있다는 조항은 박정희 정권이 개정한 헌법 제6호에서 삭제되었다. 그러나 박정희 정권은 헌법 제8호, 즉 유신헌법에서 국민투표 조항을 부활시켰다. 국민투표 대상은 '국가의 중요한 정책'으로 규정되었다가 헌법 제9호에서 '외교·국방·통일 기타 국가안위에 관한 중요정책'으로 바뀌었고 현행 헌법에도 그대로 유지되었다.

박정희 정권은 국가의 중요한 정책을 국민투표에 붙인다는 조항은 삭제하였지만, 대신 개헌 조항에 국민투표 조항을 넣었다. 헌법 제6호의 제121조 1항에는 "헌법개정안은 국회가 의결한 후 60일 이내에 국민투표에 붙여 국회의원선거권자 과반수의 투표와 투표자 과반수의 찬성을 얻어야 한다."라고 하였다. 이후 개헌 때 반드시 국민투표의 표결을 거친다는 조항은 국민주권을 제한한 유신헌법에서도 살아남았고 현행 헌법까지 계속되었다.

헌법 제3~5호에서 대한민국 국민은 헌법 개정을 제안하고 국민투표 발의 찬성권을 가진다고 규정하였다. 헌법 제1~2호에서는 대통령과 국회만이 헌법 개정을 제안할 수 있었다. 그러나 1954년 개헌 이후 헌법 제3호에서는 대통령과 국회(민의원과 참의원)뿐만 아니라 유권자(민의원의원선거권자) 50만 명의 찬성으로 국민도 헌법 개정을 제안할 수 있었다. 박정희의 쿠데타 이후 만들어진 헌법 제6호에서 이 제안권은 삭제되었다. 마찬가지로 헌법 제3호 제7조의 2에는 국가안위에 관한 중대 사항을 국민투표에 붙이기 전에 50만 명 이상의 유권자들이 국회의 발의에 찬성해야 국민투표를 실시할 수 있다고 하였다.

공교롭게도 이승만 정권 때 국민이 헌법 개정을 제안하거나 국민투표 발의를 찬성할 수 있는 권리를 만든 이유는 무엇일까? 독재자 이승만이 국민에게 준 민주주의의 선물일까? 결과부터 말하면 이승만의 꼼수였다. 이승만은 6·25전쟁이 한창 중인 1952년 7월 17일 제헌절 기념사에서 정치체제 변동, 대통령 탄핵, 국가 중대문제의 국민투표, 국회의원 소환제, 국회의원과 공무원의 뇌물사건 공개재판 등 7개 항의 개헌원칙을 밝혔다. 이어서 12월 2일 기자회견에서 휴전회담 대신 북진통일을 주장하였고 국가 중대사를 국민투표에 붙이는 개헌을 추진한다고 선언하였다. 이는 국민들이 직접 정치에 참여할 수 있도록 한 것이 아니라 자신에 반대하는 국회와 국회의원을 견제하려는 시도였다. 헌법 제1~2호 제46조에는 국회가 대통령, 부통령, 국무총리, 국무위원, 심계원장, 법관 기타 법률이 정하는 공무원을 탄핵할 수 있다고 규정하였다. 따라서 이승만은 국회 탄핵을 피하기 위해 대통령 탄핵은 국민투표로 행해져야 한다고 주장한 것이다. 당시 이승만은 대한국민회(이전의 대한독립촉성국민회)와 대한청년단, 학도호국단 등 각종 대중단체의 총재와 명예총재를 겸임하였다.[54] 학생들과 일반인들이 가입해야 하는 노동조합과 각종 조합, 직업단체의 우두머리는 거의 이승만이라고 봐도 좋을 정도였다. 따라서 자기의 영향력 아래에 있는 대중조직을 동원하여 국민투표에 영향을 줄 수 있는 집회와 선거활동과 특정 국회의원 소환운동을 벌일 수 있었다. 유권자 50만 명이 개헌을 발의할 수 있는 조건도 자신이 통제하고 있는 대중조직을 염두에 둔 것이었다. 이처럼 국민이 직접 정치에 참여하는 국민투표와 개헌안 제안 등 참여민주주의를 촉진하는 정책은 국회를 통제하고 자기 마음대로 헌법을 바꾸고 정책을 결정하면서 독재자 이승만 개인의 정치적 야욕을 채우기 위해 도입되었다. 이 가운데 국가 중대사와 개헌 때 국민에게 의사를 묻는 국민투표가 1954년 개정된 헌법 제3호에 반영되었다.

현재 국민투표는 외교 · 국방 · 통일 기타 국가안위에 관한 중요정책이나 개헌의 경우에 가능하다. 그런데 전자의 이유로 국민투표가

---

54) 신용옥, 「대한민국헌법 경제조항 개정안의 정치 · 경제적 환경과 그 성격」, 『한국근현대사연구』 44, 2008, 260~266쪽.

실시된 적은 없다. 행정수도 이전, 위안부 문제, 한일 군사협정, 사드 설치 등 민감하고 중요한 국가안위에 관한 중요정책이 있었지만, 어떤 정권도 중요정책을 국민투표를 통해 국민의 뜻을 물어본 적이 없었다. 다만 박정희가 1975년 2월 12일 유신체제의 지지 여부를 묻는 국민투표를 실시하였다. 박정희는 1973년 1월 담화를 통하여 북한이 적화통일을 포기하기 전까지는 유신헌법 철폐는 불가하다고 주장하였다. 그리고 유신체제의 존속과 자신의 신임투표를 결합하는 정치적 승부수를 던졌다. 자신과 유신체제를 비판하는 움직임이 거세지자 취한 조치였다. 실제 국민투표를 실시하기 위해 국민투표법까지 만들었다. 박정희는 국민들이 유신을 반대하면 즉시 사임하겠다고 선언하였지만, 국민투표의 결과는 이미 정해졌다. 왜냐하면 헌법 비판과 유신 반대 선거운동을 금지하는 긴급조치 선포 이후 실시되었기 때문이다. 이 국민투표에서 73.1%의 찬성을 받았다. 자신의 정권 유지를 위해 국민투표를 이용한 것이다. 또 박정희는 쿠데타를 일으켜 입안한 헌법 제6호부터 개헌 때마다 국민투표를 했다. 그러니 대한민국 역사에서 모두 5번 개헌을 위한 국민투표를 실시한 셈이다.

이처럼 국민투표는 독재자 혹은 쿠데타 세력이 정통성 확보를 위해 자기들 멋대로 만든 헌법을 강제로 통과시킨 요식적인 절차였다. 박정희와 전두환은 국회의 표결을 거치지 않고 헌법을 개정했기 때문에, 날치기 헌법에 정통성과 합법성을 부여하기 위해 국민투표를 방패막으로 이용했다. 예컨대 1969년 3선 개헌을 시도한 박정희 정권은 국민투표 통과를 위해 막대한 돈을 뿌렸다고 한다. 『프레이저 보고서』는 이때의 상황을 다음과 같이 기록하였다.

> "그러나 개헌안은 한국의 언론과 지식인들의 관심에 비추어 상징적 의미가 상당한 서울지역에서 과반 획득에 실패했다. 그럼에도 불구하고 박 대통령은 차기 선거에 출마하기 위한 헌법을 개정하는데 성공했다.
>
> 국민투표는 농촌 투표자들에 대한 현금뿌리기와 협잡 의혹으로 훼손되었다. 소문에 의하면, 민주공화당은 승리를 보증하는데 1,500만 달러를 소비했다고 한다."[55]

당시 1달러가 290.18원이었으므로, 1,500만 달러는 43억 5270만 원이다. 통계청의 CPI 소비자물가지수 환산법(소비자의 구매력을 바탕으로 물가를 추정하는 방법)에 의해 계산해보면, 1969년부터 2017년 1월까지 물가상승배수는 22.609이었다. 이를 43억 5270만 원에 곱하면 2017년 1월 당시의 화폐가치로 98,410,194,300원에 해당한다. 약 984억 원이다. 『프레이저 보고서』에서 인용한 카더라 통신(소문)이 사실이라면, 당시 박정희 정권은 3선 개헌을 위해 현재의 최소 984여억 원에 해당하는 돈을 뿌려 막걸리와 고무신으로 농민들의 표를 매수했다는 뜻이다. 이러니 역대 정권은 국민투표를 '당연한' 통과 의례로 여길 수밖에 없었다.

---

55) 미 하원 국제관계위원회 국제기구소위원회 지음, 김병년 엮음, 『프레이저 보고서』, 67쪽.

헌법은 밥이다

선거권과
공무담임권

국민주권을 실감하는 방법은 선출직 공무원(대통령, 국회의원, 지방의회의원)을 뽑는 선거이다. 혹은 그 선거를 통해 당선되거나 임명직 공무원(일반적인 직업공무원)이 되어 국민이 양도한 주권, 혹은 국가권력을 행사할 때도 마찬가지다.

생활에 직접적으로 영향을 주는 조항은 제24조의 선거권 조항이다.

헌법 1호	제25조 모든 국민은 법률의 정하는 바에 의하여 공무원을 선거할 권리가 있다.
헌법 2호	제25조 모든 국민은 법률의 정하는 바에 의하여 공무원을 선거할 권리가 있다.
헌법 3호	제25조 모든 국민은 법률의 정하는 바에 의하여 공무원을 선거할 권리가 있다.
헌법 4호	제25조 모든 국민은 20세에 달하면 법률의 정하는 바에 의하여 공무원을 선거할 권리가 있다. 〈개정 1960.6.15.〉
헌법 5호	제25조 모든 국민은 20세에 달하면 법률의 정하는 바에 의하여 공무원을 선거할 권리가 있다. 〈개정 1960.6.15.〉
헌법 6호	제21조 모든 국민은 20세가 되면 법률이 정하는 바에 의하여 공무원선거권을 가진다.
헌법 7호	제21조 모든 국민은 20세가 되면 법률이 정하는 바에 의하여 공무원선거권을 가진다.
헌법 8호	제21조 모든 국민은 20세가 되면 법률이 정하는 바에 의하여 선거권을 가진다.
헌법 9호	제23조 모든 국민은 20세가 되면 법률이 정하는 바에 의하여 선거권을 가진다.
헌법 10호	제24조 모든 국민은 법률이 정하는 바에 의하여 선거권을 가진다.

제24조에서 "모든 국민은 법률이 정하는 바에 의하여 선거권을 가진다."라고 하였다. 너무나 당연한 헌법 조문처럼 보이지만, 4·19 이후 개정된 헌법 제4호에서 "모든 국민은 20세가 되면 법률이 정하는 바에 의하여 선거권을 가진다."라는 구절로 바꾸었다. 즉 1960년부터 1987년까지 20세부터 투표권을 가질 수 있었다. 현행 헌법은 나이제한 조항을 없애고 이를 법률에서 정하도록 하였다. 그렇다고 해도 선거권 연령이 내려가는데 시간이 많이 걸렸다. 만 19세이면 대학교 1학년인데, 주로 야당(진보) 지지 세력이므로 여당(수구)은 투표 연령을 낮추는데 반대하였다. 1996년 19세의 한 대학생이 헌법소원을 제기하였으나 19세의 투표권은 인정되지 않았다. 이후 1999년 무렵에 선거 연령을 19세로 낮추었다. 2013년 헌법재판소는 선거권을 19세 이상에게만 부여하는 공직선거법 조항이 헌법을 위반하지 않는다며 6대 3의 의견으로 합헌 결정을 내렸다. 그 근거는 아래와 같다.

"입법자는 19세 미만 미성년자의 경우 독자적으로 정치적 판단을 할 수 있을 정도의 정신적, 신체적 자율성을 갖추지 못했다고 판단, 선거권 연령을 19세로 정했다(2014. 4. 24. 2012헌마287)."

19세 미만의 남녀가 정신적·신체적으로 자율성을 가지지 못했다는 근거는 무엇일까? 이 구절은 선거 연령은 18세 혹은 그 아래로 낮추려는 움직임을 막는 상투적인 구절이었다. 만 18세는 법적으로 성년으로 간주되며 결혼하거나 군대에 갈 수 있는 나이임에도 불구하고 투표만 할 수 없다.

박근혜 퇴진을 외치는 촛불집회가 한창이던 2017년 1월 9일 국회 안전행정위원회 안전 및 선거법 심사소위가 선거 연령을 18세로 낮추는 내용의 공직선거법 개정안을 의결했다. 그러나 자유한국당이 투표권은 정치제도 개혁이므로 안행위가 아닌 정치개혁위원회에서 논의해야 한다며 반대하여 아직까지 통과되지 못하였다. 2016년 10월부터 시작된 박근혜 퇴진 촛불집회에 많은 중학생과 고등학생이 참여하였다. 일부 학생들은 18세 혹은 16세 학생에게도 투표권을 달라는 푯말을 들고 호소하였다. 그 모습을 보고 너무 짠했으나, 여당 국회의원들은 이들이 자신을 찍지 않을 거라는 이유로 반대하고 있다. 현재 미국과 유럽의 선진국을 비롯한 대부분의 나라에서 선거 연령을 18세로 정하였다. 우리나라의 선거 연령도 세계적 평균인 18세로 낮춰져야 한다. 촛불집회에서 발언하는 학생들을 보면 18세가 아니라 16세로 낮춰도 투표를 제대로 할 것이다. 적어도 교육감을 뽑는 선거에 학생들도 참여할 권리를 주자는 주장이 있다. 교육을 받는 학생들이 직접적인 이해당사자이니 그들에게 영향을 주는 교육감 선거권을 주자는 주장은 타당해보인다 .

투표권과 함께 공무원이 될 권리, 즉 공무담임권도 중요한 권리다. 이 권리 조항은 1948년 이후 거의 바뀌지 않았다. 공무원이 되는 방법은 두 가지다. 공무원 시험에 합격하거나 연줄을 통해 공무원에 임명되는 방법이다. 이를 임명직 공무원이라고 한다. 흔히 보는 공무원이다. 현재 노량진에서 공부하는 젊은이들은 정년보장과 기회균등의 장점이 있는 임명직 공무원이 되기 위해 열심히 공부하고 있다. 또 선거로 선출되는 대통령, 국회의원, 지방의회의원은 선출직 공무원이다. 임명직 공무원은 시험을 통해 뽑는 경우가 일반적이므로 개인의 노력과 학습능력이 중요하다. 반면 선출직 공무원은 정당, 지역구, 유권자의 지지 등 변수가 많다. 여기서 중요한 것 중 빠진 것이 하나 있다. 바로 돈이다.

소위 정치인이라 불리는 선출직 공무원이 되기 위해 개인적인 자질도 중요하지만, 선거를 치를 돈이 필요하다. 예전처럼 유권자에게 제공했던 현금과 선물, 향응제공은 사라졌지만, 여전히 선거비용은 많이 든다. 선거비용뿐만 아니라 선거기탁금도 액수가 만만찮다. 헌법재판소는 2008년 국회의원 선거기탁금 2,000만 원, 무소속 후보자에게 부과하는 두 배의 기탁금, 대통령 선거기탁금 5억 원, 유효투표 총수의 20% 미만 득표의 경우 기탁금을 국고로 귀속하는 공직선거법 조항이 위헌이라고 판결했다. 헌법재판소의 판결문을 살펴보자.

결론적으로, 이 사건 조항이 설정한 5억 원의 기탁금은 대통령선거에서 후보자난립을 방지하기 위한 입법목적의 달성수단으로서는 개인에게 현저하게 과다한 부담을 초래하며, 이는 고액 재산의 다과에 의하여 공무담임권 행사기회를 비합리적으로 차별하므로, 입법자에게 허용된 재량의 범위를 넘어선 것이다

헌법은 밥이다

(2008. 11. 27. 2007헌마1024 전원재판부).

위의 인용문에서 알 수 있듯이, 대통령 선거에 출마하는 후보가 내는 5억의 기탁금이 너무 많아 위헌이라고 판결하였다. 헌법과 법률에 따라 정당 보조금을 받는 정당의 후보와 달리 군소정당 후보와 무소속 출마자들에게 5억은 부담이 커서 형평성이 없다고 본 것이다.[56) 그러나 기탁금제도 자체를 위헌으로 판단하지는 않았다.

기탁금제도는 독재정치, 권위주의 통치가 자행해 온 국민 기본권 제한 조치다. 기탁금제도는 이승만 대통령이 1958년에 도입하였다가 4·19혁명 직후에는 폐지되었으나, 1972년 유신헌법 제정 이후 부활하였다. 기탁금이 없어서 선거에 출마할 수 없다면, 이 나라는 사실상 가진 사람만이 선출직 공무원이 될 수 있는 사실상의 신분제 국가일 것이다.

한국과 일본 정도만 고액의 기탁금을 내도록 하여 가난한 사람의 출마를 원천 봉쇄한다. 미국, 프랑스, 독일, 이탈리아, 스페인, 스위스, 멕시코, 브라질 등의 나라에는 기탁금제도가 없다. 영국과 캐나다는 100만 원 이하, 호주·뉴질랜드·오스트리아는 대략 20만 원이나 50만 원 내외의 기탁금을 내면 국회의원 선거에 출마할 수 있다. 이 정도 금액이면 가난한 사람도 큰 부담을 느끼지 않고 입후보할 수 있다.

---

56) 「공직선거법 제56조 제1항 제1호 위헌확인」, 헌법재판소, 『판례집』 20권 2집, 488~489쪽.

헌법 제24조에 규정된 공무담임권이 보장되기 위해 선거기탁금을 없애거나 50만 원 정도로 낮추어야 한다.[57)]

기탁금을 없애거나 낮추었다고 해도 아무나 선거에 출마할 수 있는 것은 아니다. 선거비용 때문이다. 2016년 4·13 총선의 경우, 후보자 선거비용 한도는 평균 1억7800만 원이다. 여기서 평균을 언급한 것은 현행법에 따르면 지역구 후보자의 선거비용 제한액은 해당 선거구의 인구수와 읍·면·동 수를 기준으로 하고 전국소비자물가변동률(3.8%)이 적용되어 결정되기 때문에 지역구마다 다르다. 선거비용이 가장 많은 선거구는 순천시 곡성군으로 2억 4100만 원, 가장 적은 선거구는 안산시 단원구 을(乙)로 1억 4400만 원이다. 그러나 이 돈으로 선거를 치를 수 있다고 믿는 사람들은 거의 없다. 경선 비용이나 당에 비밀리에 바치는 공천헌금을 제외하더라도 실제 선거 때 여론조사와 선전 팸플릿, 선거운동원 수당과 밥값 등은 선거비용의 한도를 가볍게 넘는다. 다만 안 걸리게 회계처리 하여 선관위에 제출할 뿐이다. 그러니 국회의원 선거 한 번 치르는데 최소 3억이 든다고 한다. 경선 비용 등을 포함하면 10억에서 30억 사이의 돈이 필요하다. 국회의원은 정치후원금을 받을 수 있지만, 국회의원이 아닌 후보자는 그렇지 못하다. 현재의 선거법이 국회의원에게 지나치게 유리하다. 선거자금의 조달이나 홍보 모두 그렇다. 지나치게 기울어진 운동장이다.

---

57) 박홍순, 『헌법의 발견』, 247~248쪽.

헌법은 밥이다

청원권

　　　　　국민투표 이외에 국민이 정책에 직접 참여할 수 있는 방법이 청원이다. 1948년 헌법의 제21조에는 "모든 국민은 국가 각 기관에 대하여 문서로써 청원을 할 권리가 있다."고 규정하였다. 현행 헌법에는 제26조다. 청원권은 참정권이나 언론의 자유가 제대로 보장되지 않던 시대에 유용한 기본권이었다고 한다. 남녀의 보통선거권과 피선거권이 확보되고 언론의 자유가 확립된 현재에는 중요성이 쇠퇴했다고 보기도 한다. 어쨌든 헌법의 청원권에 바탕을 둔 청원제도는 대의민주제의 약점을 보완하고 참여민주주의를 부분적으로 실현한다.

　헌법에 규정된 청원 대상 기관은 국가기관, 지자체와 그 소속 기관, 법령에 의하여 행정권을 가지고 있거나 행정 권한을 위임 또는 위탁받은 법인, 단체 또는 그 기관이나 개인이다(청원법 제3조). 현재의 청원법에 따르면, 피해의 주체, 공무원의 위법 · 부당 행위 시정이나 징계 요구, 법률 · 명령 · 조례 · 규칙의 제정 · 개정 · 폐지, 공공 제도 또는 시설 운영 등이 청원 대상이다(청원법 제4조). 청원법에는 없지만, 도청이나 시청, 구청 등에 각종 민원을 제기하는 것도 청원권의 범주에 들어간다. 또 각종 민원을 제기하거나 공무원의 위법 행위를 고발할 수 있는 '국민신문고(www.epeople.go.kr)'와 '서울특별시 응답소(eungdapso.seoul.go.kr)'도 청원권을 실현하는 장치이다. 문재인 정부는 미국 제도를 모방하여 청와대 홈페이지에 청원을 하여 동의

한 사람이 20만 명이 넘으면 정부에서 답변하는 제도를 도입하였다. 그나마 국민주권과 직접민주주의를 경험할 수 있는 창구다.

이 밖에 현행 헌법에는 없지만 헌법 제1~5호의 제27조에 있었던 공무원 파면 청원권도 국민주권을 실현하는 한 방법이었을 것이다.

> 제27조 공무원은 주권을 가진 국민의 수임자이며 언제든지 국민에 대하여 책임을 진다. 국민은 불법행위를 한 공무원의 파면을 청원할 권리가 있다. 공무원의 직무상 불법행위로 인하여 손해를 받은 자는 국가 또는 공공단체에 대하여 배상을 청구할 수 있다. 단, 공무원 자신의 민사상이나 형사상의 책임이 면제되는 것은 아니다.

위의 조항은 1948년 헌법이며, 헌법 제4호에는 제27조를 1항과 2항으로 나누었을 뿐 내용은 같다. 이 조항에 따르면, 공무원은 국민의 주권을 대리하는 존재이다. 공무원은 주권자인 국민에 대해 책임을 지기 때문에 국민에게 공무원 파면 청원권이 있었음을 규정하였다. 이승만 정권시대 공무원은 사실상 조선시대 관리처럼 국민 위에 군림했기 때문에 헌법 제27조 조항이 현실 세계에서 얼마나 반영되었는지는 의문이다. 박정희 정권은 명목상에만 존재하는 이 조항이 거추장스럽다고 생각했는지 헌법 제6호에서 공무원 파면 청원권을 삭제하였다.

국민주권과 시민 참여(1):
문자보내기

많은 국민들이 대의민주주의에 비관적인 이유는 국회의원들이 선거가 끝나면 안면몰수 하는 모습을 늘 봤기 때문이다. 일단 국회의원이 되면, 대부분 지역구 유권자들의 의사와 다른 의정활동을 하는 국회의원들이 많다. 선거공약을 안 지키는 것은 다반사다. 전직 국회의원들의 말을 들어보면 국회의원들은 바쁘단다. 의정활동도 해야 하고, 지역구도 챙겨야 하고, 당직을 맡으면 정당의 일도 해야 하고, 그러다 보니 가장 중요한 법안 심사와 입법활동을 소홀히 한다. 그나마 보좌관이나 비서들이 써준 입법안이나 심사 법안 요약본을 읽고 상임위 회의에 참석하면 다행이다. 대부분 이것도 건너뛰고 전문위원들의 요약본을 읽거나 듣고 법안에 대한 찬반양론을 내린다고 한다. 그러다 보니 전문위원들의 역할이 중요하고, 나쁘게 말하면 국회의원들을 속이기 쉽다고 한다(팟캐스트 방송 「그것은 알기 싫다」 시즌1 073b 그럼 국회의원은 뭘 해?).

이런 국회의원의 수가 많지 않았으면 좋겠다. 법안 입안과 심사를 열심히 하는 국회의원이라고 하더라도 국회의사당의 자기 사무실을 출퇴근하다 보면 자기 세계에 빠져 국민들의 여론과 괴리되기 쉽다. 2016년 하반기와 2017년 상반기 탄핵 정국에서 대부분의 국회의원들은 처음에 탄핵을 원하는 국민의 여론과 달리 대통령의 2선 후퇴와 거국내각 혹은 총리·장관 교체를 원했다. 자신들이 총리나 장관이 되고 싶었나?

탄핵정국 이후 국민들이 국회의원들에게 정치적 의사를 확실하고 위력적으로 전달하는 방법은 문자보내기였다. 2016년 '최순실 게이트' 때문에 탄핵 이야기가 나왔을 때 많은 국회의원들이 주저했다. 이에 많은 국민들은 자신의 지역구 국회의원, 혹은 지역구와 상관없이 국회의원들에게 탄핵에 찬성할 것을 요구하는 문자를 보냈다. 이 과정에서 막말을 하는 국회의원들에게는 18원 후원금을 보냈다. 현재 국회의원 등 정치인에게 정치후원금을 보내면 세액 공제의 혜택을 준다(세액 공제는 자신이 내야 할 소득세에서 해당 액수만큼 빼주는 방법). 국회의원은 이를 국세청에 신고하고 기부자에게 문자와 편지로 이 사실을 알려야 한다. 이 과정에서도 비용이 발생한다. 18원의 기부금보다 이를 처리하는 비용이 많이 들기 때문에 마음에 들지 않는 국회의원들에게 18원의 기부금을 보내 국회의원과 비서들을 골탕 먹이는 것이다. 그리고 며칠 후 기부금 취소와 반환을 요구한다. 한방 더 먹이는 것이다. 유권자가 할 수 있는 방법은 문자보내기와 18원 기부금 보내기(와 취소하기)밖에 없다. 탄핵정국에서 문자에 시달린 많은 국회의원들이 전화번호를 바꾸었다고 한다.

원래 국민들이 자신의 의사를 관철시키거나 알리기 위해 국회의원 사무실에 전화를 거는 것은 당연한 권리다. 문제는 전화도 과부하가 걸리는지라 많은 사람들이 국회의원 사무실에 전화를 걸면 통화 중일 수도 있다. 혹은 항의전화가 많으면 일부러 전화를 받지 않는다.

헌법은 밥이다

그래서 전화 대신 국회의원들의 핸드폰에 문자를 보내는 방법이 국회의원들에게 압력을 행사하고 자신의 의사를 표시하는 방법이 되었다. 물론 전화건 문자건 국민이나 유권자들의 뜻을 의정활동에 반영하느냐는 '국민의 대표'인 국회의원들의 몫이다. 대부분의 국회의원들은 문자세례를 대비해 두 개 이상의 핸드폰을 가지고 다닌다고 한다. 국민들의 문자를 받는 전용 폰과 개인 전용 폰.

문재인 정부가 출범한 후 2017년 5월과 6월 총리와 장관 청문회에서 딴지 거는 국회의원들에게 국민들은 많은 문자를 보냈다. 야당 국회의원들과 언론은 이를 '문자폭탄'이라 부르며 일부 야당과 국회의원은 고소·고발하겠다고 밝혔다.

강경화 외교부 장관 후보자에 대해 부적격 입장을 밝힌 국민의당이 문재인 대통령 지지자들의 항의로 당 홈페이지가 마비되고 소속 의원들에게 문자 폭탄이 쏟아지는 등 극심한 홍역을 치르고 있다. 국민의당은 특정세력이 조직적으로 사이버 테러와 문자폭탄 공격을 가한 것으로 의심된다면서 법적 대응을 나서겠다는 방침이다.

김동철 국민의당 원내대표는 2017년 6월 국회에서 열린 비상대책위원회의에서 "당이 강 후보자 부적격 방침을 결정한 후 소위 문재인 대통령의 무조건적인 지지자들로 인해 홈페이지가 마비됐다"며 "안타깝고 답답하다"고 말했다. 전날 국민의당이 강 후보자에 대한 방침을 정한 이후 당 홈페이지는 비난성 게시글로 도배돼 한때 다운이 되기도 했으며 소속 의원들에게는 비난성 문자가 쏟아졌다.

김정화 비대위원은 이와 관련 "국민의당 홈페이지가 악의적 댓글로 도배됐다"며 "제대로 된 다원적 정당정치가 국민의 삶에 좋은 변화로 이어질 수 있도록 원색적 비난이 아닌 생산적 비판을 해 달라"고 했다.

국민의당 측은 이날 문자폭탄과 관련 김인원 전 서울북부지검 형사부장을 단장으로 하는 문자폭탄 태스크포스(TF)를 꾸렸다. 당은 다음 비대위 회의에 1차 TF의 보고 등을 통해 관련 증거를 수집한 후 형사고발 등 조치를 취할 방침이다.

최명길 원내대변인은 "대단히 모욕적인 인신 비방성 내용, 허위사실들이 쏟아지고 있다"며 "특정 기관에서 조직적으로 문자폭탄 공격을 하고 있다는 것을 방증하는 자료가 있다"고 주장했다. 이어 "이런 행태는 민주주의의 열린 사회에서 불법으로 규정할 수밖에 없는 행태"라고 덧붙였다.[58]

국회의원들은 국민들이 보내는 문자를 문자폭탄이라고 매도한다. '문자폭탄'은 '세금폭탄'처럼 부정적인 의미가 있으므로 '문자세례' 혹은 '문자행동'으로 바꿔야 한다는 주장도 있다. 후자는 손혜원 의원의 제안이다. 국민들이 보내는 문자 가운데 일부는 인신공격이나 욕설일 수는 있다. 그렇다고 해서 국민들의 의사를 '폭탄'으로 매도하는 것은 국민의 주권을 위임받은 '국민의 대표'라는 국회의원들이 할 말이 아니다. 게다가 고소·고발도. 직접민주주의를 실현할 장치가 없

---

58) 손효숙 기자, 「강경화 거부한 국민의당, 문자폭탄에 홈피 마비로 홍역」, 『한국일보』 2017. 6. 9.

헌법은 밥이다

는 현재 유권자가 국민의 대표인 국회의원에게 의사표시 할 수 있는 방법은 이것밖에 없다. 선거 때마다 지지를 요구하는 '문자폭탄'을 날리며 유권자들을 괴롭히는 그들이 당선 이후 유권자들의 문자를 폄하하는 이중성. 그들은 국민의 대표가 아니라 대의민주주의의 탈을 쓰고 유권자 위에 군림하는 지배자일 뿐이다.

국민주권과 시민 참여(2):
촛불집회와
저항권

앞에서 헌법과 이에 기반한 법률, 제도에 명시된 국민주권 실현 장치를 찾아보았다. 사실상 일반 국민이 주권자임을 실감할 수 있는 제도는 적다. 각종 청원제도는 공무원들이 무시하면 그만이다. 헌법 제1조 2항의 "대한민국의 주권은 국민에게 있고, 모든 권력은 국민으로부터 나온다."라는 조항은 현실과 거리가 멀다. 2016년 10월부터 2017년 3월까지 계속된 촛불집회는 국민주권을 느낄 수 있는 드문 경우였을 뿐이다.

이명박 정권 때인 2008년 5월 2일부터 소고기 수입에 반대하여 일어났던 촛불집회에서 중고등학생들이 "대한민국은 민주공화국이다. 대한민국의 주권은 국민에게 있고, 모든 권력은 국민으로부터 나온다."라는 헌법 제1조를 외쳤다. 후에 이 조항은 노래로 만들어졌다.

최순실이 대통령 연설문과 기밀문서를 빼돌리고 박근혜 대신 국정을 농단한 소위 박근혜-최순실 게이트 때문에 2016년 10월 29일 처음 촛불집회가 열렸다. 이후 3월 중순까지 촛불집회는 계속되었다. 촛불집회에 참석한 대부분의 국민들이 "박근혜 탄핵"을 외치자 처음에 머뭇거렸던 국회도 결국 12월 9일 탄핵을 가결시켰고 2017년 3월 10일 헌법재판소는 박근혜의 파면을 선고했다. 그동안 10여 차례 벌어진 서울 광화문과 각지의 촛불집회에서 국민들은 대한민국의 주인이 되었음을 실감했다.

그러나 모든 촛불집회가 성공한 것은 아니었다. 1980년대와 90년대 전반기까지 집회는 폭력으로 얼룩졌다. 경찰은 민주화와 전두환 퇴진을 요구하는 대학생들의 집회를 물리력으로 막았다. 심한 경우 시위진압 부대인 백골단을 동원해 폭력을 행사하였다. 학생들도 화염병과 막대기로 맞섰다. 이러한 집회 문화는 2000년대부터 바뀌었다. 촛불집회가 자리 잡았다. 촛불집회는 글자 그대로 광장에서 촛불을 들고 벌이는 집회다. 보통 비폭력 평화시위이며 침묵시위라지만 한국에서는 거리 행진과 '촛불 문화제'라는 이름으로 여러 가지 행사가 개최되었다. 위키 백과에 따르면 한국 최초의 촛불집회는 1992년 코텔(지금은 사라진 PC통신 하이텔의 옛 이름) 유료화 반대 촛불집회라고 한다. 그러나 본격적이고 대중적인 첫 촛불집회는 2002년 2월 벌어진 미군 장갑차 여중생 사망사건 추모 촛불집회다. 이어 2004년 3월부터 4월까지 노무현 대통령 탄핵 소추안 통과반대 촛불집회가 열렸고, 2008년 5월에는 미국 광우병 수입협상을 반대하는 촛불집회가 열렸다. 이 밖에도 용산 참사(2009년 2월), 반값 등록금(2011년), 세월호 사건 진상 규명(2014년부터) 이명박 구속 촉구(2017-2018년) 등 많은 촛불집회가 있었다. 이 가운데 성공적이었다고 평가할 수 있는 촛불집회는 2004년의 탄핵 반대 촛불집회와 2016~2017년 박근혜 탄핵 촛불집회이다. 전자의 경우 4월 국회의원 총선거에서 소수 여당 열린우리당을 원내 1당으로 만들어 주었다. 후자의 결과 박근혜는 탄핵되어 쫓겨났고 보궐선거에서 승리한 문재인 대통령이 취임하였다. 2008년 광우병 소 수입 반대 집회는 이명박 정권이 강경진압으로 수백 명을 구속시키고 많은 사람들에게 벌금을 매기는 등 탄압했으니 외형상 패배, 즉 정권의 승리처럼 보인다. 게다가 이명박 정권은 노무현 전 대통령을 촛불집회의 배후로 오인하여 무리한 수사로 노 전 대통령을 죽음으로 몰아넣었다. "저항하기 어려우면 벽을 보고 욕이라도 하라"고 외쳤던 김대중 전 대통령은 노 전 대통령의 장례식에 무리하게 참석하다 지병이 악화되어 사망했다. 당시 야당의 유력한 지도자이자 전직 대통령 두 사람이 죽었으니 이명박 정권의 승리로 보였다. 그러나 촛불집회의 요구인 광우병 소고기 수입은 중단되었으니 촛불집회의 승리로도 볼 수 있다.

촛불집회 성공의 관건은 참가 인원이다. 이를 수학과 통계로 표현한 것이 3.5% 법칙이다. 정치학자 에리카 체노웨스(Erica Chenoweth)가 발견한 법칙이다. 그는 1900년대부터 2000년대까지 비폭력 시위를 분석한 결과, 국민의 3.5%가 시위에 지속적으로 참여하면 시위는 성공하고 정권은 퇴진했음을 발견하였다. 한국의 인구가 5160만 명이니 3.5%는 180만 명이다. 2016년 11월 26일 5차 촛불집회에서 전국적으로 190만 명(주최 측 추산·전국 기준)이 참여하였다. 한 신문은 "박근혜 대통령이 29일 "국회가 정한 일정에 따라 대통령직에서 물러나겠다"고 밝히면서 한국에서도 이른바 '3.5%의 법칙'이 통했다는 얘기가 나온다."[59]라고 평가하였다. 그러나 박근혜는 끝까지 물러나지 않아서 "5천만 명이 데모해도 물러나지 않는다"는 김종필의 말이 옳았음이 입증되었다. 그녀는 헌법재판소의 탄핵 선고가 내려진 2017년 3월 10일 이후에도 청와대에서 미적거리다가 사흘 후에야 청와대에서 나왔다. 탄핵 이후 황교안 권한대행의 세월호 당시 박근혜 행적 등 대통령 기록물 봉인, 사드 알박기 등 저항이 지속되었다. 그러나 5월 9일 보궐선거에서 문재인 후보가 승리하여 겨우 선거를 통해 정권이 교체되었다. 박근혜 퇴진을 외친 좁은 의미의 촛불집회는 선거를 통해 평화적인 정권교체를 실현하였고, 개혁이 추진 중이므로 '촛불혁명'으로 불러도 괜찮을 것이다.

촛불집회를 다시 생각해보니 저항권이 생각이 난다. 현행 헌법뿐만 아니라 이전의 헌법에도 저항권은 없었다. 일부 사람들은 3·1운

---

59) 임현우 기자, 「인구 3.5% 뭉치면 퇴진… '체노워스 법칙' 한국서도 통했다」, 『한국경제신문』 2016. 11. 29.

동과 4·19혁명이 헌법전문에서 언급되고 정통성의 근거로 삼기 때문에 헌법에서 공식적으로 저항권을 인정하고 있다고 해석한다. 반면 보수 세력은 '불의에 항거한 4·19 민주이념을 계승'한다는 내용을 저항권 인정으로 볼 수 없다고 주장한다.[60] 저항권은 미국의 독립선언문과 프랑스 인권선언에 명시되었다.

"어떤 형태의 정부라도 이러한 목적(생명, 자유, 행복 추구의 권리)을 유린할 때는 언제든 그 정부를 변혁하거나 폐지하고, 인민의 안정과 행복을 가장 효과적으로 가져다줄 수 있는 그러한 원칙에 기초를 두고 그러한 형태로 권력을 조직한 새로운 정부를 수립하는 것이 인민의 권리다."(미국의 독립선언문)

"제2조. 모든 정치적 결사의 목적은 인간의 자연적이고 소멸될 수 없는 권리를 보전함에 있다. 그 권리란 자유, 재산, 안전, 그리고 압제에의 저항 등이다."(프랑스 인권선언)

저항권이 뭔가 불온하다고 생각했는지 1948년 이후 한국의 헌법에서는 눈을 씻고 봐도 찾을 수 없는 금기어가 되었다. 1987년 6월 민주화 항쟁과 6·29 선언 이후 현행 헌법을 만들기 위해 여당인 민정당과 야당인 통일민주당이 협상 테이블에 나섰다. 이때 야당 대표들

---

60) 박홍순, 『헌법의 발견』, 82쪽 및 92쪽.

(이중재, 이용희, 박용만, 김동영)은 헌법전문에 국민 저항권을 5·18 광주의거, 국군의 정치적 중립과 함께 명문화할 것을 요구하였으나 국민 저항권과 5·18광주의거는 헌법전문에도 포함되지 않았다.[61] 현행 헌법의 탄생 과정을 보면, 현행 헌법에 국민의 저항권이 명시되었다고 보기 어렵다. 이처럼 저항권이 없으니 정권은 자신들에게 불리한 집회나 시위는 평화적이더라도 폭력과 물리력을 사용하여 진압하려고 한다. 2016년 백남기 농민에게 물대포를 쏜 경찰의 살인행위가 대표적인 예다.

저항권을 옹호하는 주장에 따르면, 대부분의 민주국가는 불법적 방법으로 권력을 획득한 정부에 대항하는 저항권이 인정된다고 한다. 즉 저항권의 행사가 법의 유지 또는 회복을 위하여 남겨진 유일한 수단일 때, 저항권이 인정된다는 주장이다.[62]

만약 헌법을 바꾼다면 저항권을 헌법 조문에 포함했으면 좋겠다는 생각이 든다. 정부에 일방적으로 반항하겠다는 뜻이 아니라 국민의 주권을 위임받는 대통령이나 기타 공무원들이 국민의 뜻을 어겼을 경우에 한정된다는 조건으로 말이다. 살수차의 물대포와 최루탄 없는 집회를 꿈꾸며 말이다.

---

61) 강원택 외, 『헌법 개정의 정치』, 인간사랑, 2011.
62) 박홍순, 『헌법의 발견』, 92쪽.

국민주권과 시민 참여(3):
선거감시운동

문자보내기가 국회를 견제하는 방법이라면, 투개표 감시는 헌법기관인 선거관리위원회의 활동을 감시하는 운동이다. 팟캐스트 방송 '새가 날아든다' 출연자 신비 김상호 기자가 제안해 시민들이 참여한 '시민의 눈'은 부정선거를 막기 위해 모인 초정과 시민단체다. 지난 2012년 대통령선거 개표부정 논란이 제기되는 상황에서 개표부정을 막으려는 시민들이 모여 2016년 국회의원 선거 때부터 활동하였다. 딴지그룹의 김어준 총수가 기획하여 만든 '더 플랜'은 일부 사람들이 제기한 선거부정을 통계와 실험을 통해 입증한 다큐멘터리 영화다. 선관위에서 사용하는 동일한 종류의 개표기를 이용한 실험에서 컴퓨터 프로그램으로 개표기를 조작할 수 있음을 보여주었다. 이를 막기 위해 수개표가 대안으로 제시되지만, 국회의원들의 외면으로 2017년 대통령 선거에서 도입되지 않았다. 필자 역시 시민의 눈에 가입하여 2017년 대통령선거에서 투표와 개표참관인으로 활동하였다. 국민들의 정권교체 열망이 크고 문제인 후보가 압도적인 지지를 얻고 있는 상황이었기 때문에 개표부정은 처음부터 불가능했다. 필자는 개표 과정 가운데 심사·집계부에서 감시활동을 벌였다.

개표 절차를 간단히 소개하면 다음과 같다. 지역 선관위에서 보관하는 사전투표함과 투표소의 투표함이 차편으로 개표장소에 도착한다. 그러면 투표함의 봉인상태와 관련 서류를 확인한 후 투표함을 접수한다(접수부). 이 투표함을 개표장소 안으로 반입한 후 투표함을 열어 투표지를 정리한다(개함부). 우편으로 접수한 투표용지도 회송용 봉투를 확인하고 투표지를 정리한다(우편투표 전담부). 정리된 투표지를 후보자 별로 분류한다. 원래 사람이 투표지를 집계해야 하지만 투표지 분류기가 이 일을 맡아서 한다(투표지 분류기 운영부). '더플랜'에서는 이 과정에서 컴퓨터로 개표를 조작했다고 주장하였고, 여기에 동조하는 사람들도 많다. 그러나 이번에는 그런 장난이 없었다. 후보별로 분류된 투표지는 제대로 분류가 되었는지, 다른 후보의 표가 섞이지 않았는지 눈으로 살펴본다. 이어서 분류기에서 분류하지 못한 투표용지(미분류 투표지)를 개표사무원이 선관위가 제시한 유효표와 무효표 기준에 따라 다시 분류한다. 그리고 후보별 득표수 등을 기록한 개표 상황표를 작성한다(심사·집계부). 이후 개표 상황표가 제대로 되었는지 확인한 후(개표 상황표 확인석) 검열위원들이 다시 검토하고(위원검열석), 정식으로 투표를 보고한다(보고석).

필자는 심사·집계부에서 분류된 투표용지를 다시 세는 작업과 미분류 투표지를 분류하는 과정을 감시하였다. 은행에서 지폐를 세는 기계인 계수기로 투표용지를 세는 과정을 보면서 잘못된 투표용지가 섞였는지 확인하였다. 모두 세 개의 계수기 가운데 두 개에는 각각 두 사람이 계수기를 다루었다. 이 두 사람이 서로 감시하기 때문에 잘못 분류된 투표용지(혼표)를 쉽게 발견할 수 있다. 다만 혼자서 계수기

헌법은 밥이다

를 다루는 개표사무원은 감시할 필요가 있다. 또 기계가 인식하지 못한 미분류 투표용지를 눈으로 확인하고 분류하는 작업도 중요하다. 필자는 이 과정을 직접 관찰하면서 잘못 분류하는 현장을 목격하고 이의를 제기했으며, 몇 개의 투표용지를 어떤 후보에게 투표한 것인지 가리기도 했다. 필자가 꼼꼼히 감시한 탓인지 두 명의 개표사무원은 필자의 눈치를 보며 판단이 어려운 경우 개표참관인인 필자의 판단과 동의를 구하기도 했다. 당시 15개의 탁상에서 투표를 심사했는데 사람이 확인하고 판단하는 미분류 투표용지가 탁상마다 3~5표의 운명이 엇갈린다. 만약 두 후보의 표차가 박빙일 경우 여기서 당락이 바뀔 수 있다.

개표참관인으로 활동하면서 많은 것을 느꼈다. 먼저 '더 플랜'의 주장처럼 컴퓨터 소프트웨어로 개표를 조작하려면 많은 사람들이 공모해야 한다. 누가 컴퓨터를 해킹해서 투표용지를 잘못 분류하더라도 심사 · 집계부에서 다시 검사하여 제대로 분류할 수 있다. 그리고 계수기에 투표용지를 넣으며 다른 후보의 표를 가릴 수 있다. 지방자치단체 공무원과 아르바이트생이 다수인 개표사무원들이 제대로 일하면 개표부정은 불가능하다. 그러나 누구의 지시를 받으면 개표부정을 눈감아 줄 수 있다. 개표참관인은 이를 막기 위해 활동한다. 그러나 정당에서 파견한 개표참관인들은 염불보다 잿밥에 관심이 있었다. 투표참관인과 개표참관인은 일당 4만 원을 받는다. 개표참관인의 경우 일정 시간을 넘기면(12시 이후로 기억한다) 추가로 4만 원을 더 받는다. 일부 정당의 개표참관인들은 그 시간까지 대충 시간을 때우다 돌아가기도 했다. 심지어 이번 선거에서 당선된 문재인 후보의 정당 개표참관인들도 이미 당선예측 보도를 보고 중간에 가버렸다. 지난 2012년 대선 때에도 그 정당의 개표참관인들은 방송 3사의 선거예측 방송결과를 보거나 듣고 개표가 끝나기 전에 이미 술 마시러 갔다고 한다. 당시 정청래 의원은 마포의 개표소를 방문하여 개표참관인이 술 마시러 사라진 광경을 보고 개표참관인들을 다시 불러들여 끝까지 개표참관을 시켰다고 한다. 그 덕분일까? 정청래 의원의 지역구인 마포구에서 당시 문재인 후보가 최고 득표를 기록했다. 만약 정청래 의원이 개표참관인들을 다시 불러들이지 않았다면 그런 결과가 나오지 않았을 것이라는 우스갯소리가 있다. 당시 다른 지역의 개표참관인들이 자신의 역할을 다했다면 결과는 달라졌을지도 모른다. 개표사무원이 눈으로 분류하는 비분류투표용지에서 잘못 분류되는 오류를 잡아낸 필자의 경험에서 더욱 그렇다.

2017년 대통령선거 투표참관인과 개표참관인을 해보면서 현재 거의 유일하게 국민주권을 실현하는 투개표 감시의 중요성을 실감하였다. 투표참관인과 개표참관인으로 참여하는 방법은 두 가지다. 정당의 추천과 지역 선관위원회의 추첨. 전자의 경우 정당 관계자와 연줄이 있어야 한다. 후자는 인터넷으로 지역 선관위 홈페이지에 투표나 개표참관인 신청을 하면 선관위에서 추첨한 후 결과를 통보한다. 정당 관계자들도 투개표의 중요성을 인식하지 못하고 친분 있는 사람이나 당원들을 참관인으로 추천하고 참관인 교육도 하지 않는다. 그러니 투표참관인과 개표참관인은 시간만 때우면 되는 '꿀알바'로 생각한다. 필자는 운 좋게 2014년 지방자치단체 선거에서도 투표참관인으로 활동하였다. 그때 그 정당에서 참관인 교육도 시키지 않고 그냥 투표소에 가서 감시만 하라고 말해 황당했던 경험이 있었다. 헌법기관인 선관위를 견제하기 위해 무작위로 추첨으로 뽑은 유권자들에게 투표와 개표의 참관 업무를 의무화시키면 어떨까? 그러면 국민의 주권을 실감할 수 있을 것이다.

필자는 계수기의 위력을 실감했고 수계표가 가능하고 나은 대안임도 실감하였다. 선관위는 대부분의 선진국에서 실시하는 수개표를 거부하고 독일에서 위헌으로 판결된 기계 분류에 집착한다. 기계가 분류하는 것이 시간이 적게 걸리고 정확하다는 이유다. 여기에는 한 곳에서 개표하는 현재의 방식이 남들이 보기에 폼도 나고 생색을 낼 수 있다는 선관위의 조직 이기주의도 있는 것 같다(헌법 제115조에 따르면, 지자체 등 여러 행정기관은 선거와 관련된 사무는 반드시 선관위의 지시에 따라야 한다. 이때가 선관위가 갑질할 수 있는 유일한 기회다). 투표소에서 개표소까지 투표함을 옮기는 번거로움과 비용을 감안하면, 투표가 끝난 후 투표소에서 직접 사람이 개표하는 수개표가 시간과 비용이 적게 든다. 개수를 세는 계수기의 도움을 받으니 정확성을 높일 수 있다.

국민주권의 대안(1):
시민의회

        대통령과 국회의원, 지방자치단체장과 지방의회의원 선거, 국민투표 이외에 국민주권을 실현할 수 있는 방법은 없을까? 2016~2017년 촛불집회에서 단결된 국민의 힘을 실감하며 던지는 질문이다. 이 문제에 대해 학자들의 견해가 다르다. 국민주권이 국민의 대표가 대행하는 대의민주주의를 통해 실현된다고 보는 견해와 시민(국민)이 직접 국정에 참여하는 직접민주주의로 실현된다는 견해로 나뉜다.

    대의민주주의 이론의 시조는 영국 휘그당 소속의 전형적인 보수 정치인 에드먼드 버크(Edmund Burke, 1729~1797)다. 그는 다음의 세 가지 근거를 제시하며 대의제를 주장하고 직접민주주의에 반대했다. 첫째, 일반 국민들은 정치에 참여하고 결정할 지적 능력과 해박한 지식이 없다. 둘째, 대중들이 선동가들에 의해 쉽게 휘둘린다. 셋째, 상층계급에 의해서 보호되어야 할 비주류 소수파가 직접민주주의에 의해서 폭군화 된다.[63] 마지막 세 번째 이유를 제외하고는 지금도 일부 정치인들과 학자들이 하는 말이다. 반대로 루소는 국민주권과 민주주의를 고대 그리스의 아테네와 로마 등의 사례에서 찾으며 직접

---

63) Hamburger, Joseph., "Burke Edmund" in Seymour Martin Lipset, ed., The Encyclopedia of Democracy, Congressional Quarterly, 1995, 147~149쪽.

민주주의를 주장했다. 학자들에 따라 루소의 주장을 절대적 민주주의, 또는 순수민주주의라고 부른다. 루소의 민주주의 사상은 미국독립혁명과 프랑스대혁명에 지대한 영향을 미쳤다. 그의 고향인 스위스에서도 직접민주주의가 시행되고 있다. 그가 제시한 주권 개념과 민주주의 개념은 근대 서양 헌법의 씨앗이 되었다고 한다.[64]

국회의원과 기득권층은 대의민주주의를 선호할 것이다. 자신들의 이해관계를 몇 명의 국회의원이나 중앙정부의 공무원들에게 로비나 압력을 통해 관철할 수 있다. 전 국민을 설득하는 것보다 300명도 안 되는 국회의원을 설득하는 것이 쉽기 때문이다. 선거 때면 표를 구걸하던 정치인들이 대통령과 국회의원에 일단 당선된 후 안면몰수 하는 광경을 너무 자주 목격했다. 김무성 의원과 홍준표 자유한국당 대표는 선거공약은 지키기 위한 것이 아니라는 망언까지 했다. 이런 국민의 대표들 때문에 화난 유권자들이 많았을 것이다. 일단 선거가 끝나면 대부분의 국회의원들은 유권자들을 무시한다. 그리고 유권자들의 표심과 다른 의정활동을 하거나 표결에 참여하기도 한다. 유권자들이 국회의원을 견제할 수단이 없다. 이에 국민발안제 혹은 국민발의제(국민이 법률이나 헌법안 제안), 국민소환제(대통령, 국회의원이나 지치단체장 등을 탄핵 혹은 파면) 등이 대안으로 제시되지만, 국회의원들은 반대한다. 자신들의 독점물인 입법권을 침해할 뿐만 아

---

64) 조유진, 『헌법 사용설명서』, 33~34쪽.

니라 자신들을 자르자는 주장이기 때문이다. 그래서 지방자치단체장과 지방의회의원을 소환하는 법은 만들어도 국회의원을 소환하는 법은 만들지 않는다. 부정청탁 및 금품 등 수수의 금지에 관한 법률(언론에서 김영란법으로 소개함)의 주요 대상에 자신들이 포함되자 언론인까지 주요 대상에 집어넣어 엿 먹인 그들이 아닌가! 자신들 대신 언론인들이 이 법을 없애달라고 꼼수를 부린 것이다.

국민을 대표하지 않는 국민의 대표. 국회의원, 지방의회의원. 이들을 견제하기 위한 방법으로 일부 학자들은 시민의회를 대안으로 제시하기도 한다. 시민의회는 대한민국의 성별, 연령별, 지역별로 안배하여 추첨을 통해 선출한 의원으로 구성된다.

학자에 따라 다른 시민의회의 개념과 기능을 소개한다. 심의민주주의를 강조하는 견해에 따르면, 시민의회는 입법부, 행정부, 사법부를 견제할 뿐만 아니라 보완·완충한다. 지역 간의 이해가 첨예하게 대립하여 국회의원들이 회피하는 현안이나 표를 의식해 건드리지 못하는 종교인의 과세 문제 등은 선출직 공무원(국회의원)이 아닌 시민의회가 해결할 수 있다는 주장이다.[65] 대의민주주의의 약점과 특히 임명직 법관들이 판결을 좌우하는 법원과 헌법재판소를 비판하며 시민의회에 광범위한 권한을 주어야 한다는 견해도 있다. 이에 따르면, 시민의회는 대통령 탄핵, 중앙·지방정부 간 권한분쟁 등 국가기구 간의

---

65) 김상준, 「헌법과 시민의회」, 함께하는 시민행동 엮음, 『헌법 다시 보기』, 창비, 2007, 164쪽.

　헌법은 밥이다

권력 분할과 갈등 해결, 기본권의 준수 및 확장에 관련된 사항, 위헌심판 청구와 헌법소원 등 헌법 이념의 구현에 관한 사항, 국군의 해외 파견과 전쟁 수행에 관한 사항, 국가기구를 통치하는 대리인들(대통령, 의원 등)의 선출 방식과 임면에 관한 사항 등을 논의하는 기구다.[66]

입법부와 사법부, 행정부를 견제한다는 시민의회는 대의민주주의의 약점을 보완하고 직접민주주의, 특히 국민주권을 실현한다는 점에서 참신한 시도라고 생각한다. 물론 국회의원들이 싫어하겠지만 말이다. 자기 지역구의 국회의원이나 지방의회의원의 스펙을 살펴보자. 대개 명문대 출신이거나 장관, 검사, 판사, 변호사 등 선망하는 직책이나 직업을 가졌던 사람들이다. 일부는 부자들이다. 이들은 일단 '국민의 대표'가 된 후 '국민의 뜻'과 다른 법안에 투표하거나 결정에 따르며, 심지어 당까지 바꾼다. 또 민심을 무시하고 국회의원으로서의 특권만을 누린다. 국회의원들은 대개 50대 이상의 남성들이기 때문에 어린이의 양육과 교육 문제에 관심이 적다. 그러니 양육비와 교육비에 신음하는 유권자들의 요구를 반영하지 못한다. 청년비례대표로 국회의원이 되었던 장하나 전 의원도 출산 후에야 출산, 육아, 교육의 중요성을 알았다고 말할 정도다. 국민의 다양한 요구를 반영하려면 대한민국의 다양한 계층과 지역, 성(남성과 여성), 학력 등을 반영하여 구성된 시민의회가 입법부나 사법부의 권한 중 일부를 행사하는

---

66) 오현철, 「국민주권과 시민의회」, 『헌법 다시 보기』, 306~307쪽.

것은 바람직해 보인다. 50대 이상, 남성, 명문대 출신, 부자 등으로 대표되는 국회나 법원에서 관심을 가지지 못하는 문제를 제기할 수 있기 때문이다. 그리고 시민의회 구성원을 투표가 아닌 추첨으로 뽑자는 주장은 국민들이 돌아가면서 시민의회에서 권한을 행사할 수 있다는 점에서 국민주권을 실현할 수 있는 방법이다. 추첨으로 공직을 선출했던 제도는 이미 고대 그리스의 아테네에서 실행했던 방법이다. 공직추첨제가 유지되려면, 공직을 맡는 동안 생계를 유지할 수 있는 수당 혹은 월급을 주어야 한다. 아테네는 페르시아 전쟁 이후 약한 도시국가들로 만든 델로스 동맹의 공동 기금을 착취하여 이 수당을 충당했다. 일정 규모의 강국이나 제국이 되어야 공직추첨제를 감당할 경제적 기반이 된다. 현재 한국은 시민의회 구성원에게 일정 수준의 수당이나 해당 구성원이 받던 수입을 보전해 줄 경제적 여건은 된다. 국회의원 세비보다 적은 수준이 될 것이기 때문이다.

추첨으로 의원을 뽑으면 다양한 연령과 성별, 직업을 반영한 대표를 뽑을 수 있다는 장점과 함께 정치에 관심 있고 능력이 있으나 돈이 없거나 현재 유권자들이 좋아하는 스펙이 안 되는 사람들도 의정활동을 할 수 있다는 장점이 있다. 현재의 유권자들은 자신의 계층이나 직업, 연령의 대표를 뽑기보다 사회적으로 성공한 사람을 뽑는다. 그러다 보니 '새파랗게 어린' 혹은 '젖비린내 나는' 청년이나 여성들에게 투표하지 않으려고 한다. 명문대를 나온 50대 이상의 고소득 전문직 종사자 남성들이 주로 뽑힌다. 이런 사람이 아닌 평범하지만 정

헌법은 밥이다

치에 관심 있는 사람이 시민의원이 되어야만 자신의 연령, 직업, 계층, 지역의 이익을 대변할 수 있다. 이들의 자질이 의심스럽다고? 인터넷과 스마트폰의 영향일까? 젊은 사람들일수록 대학교 졸업 이상의 고학력자들이 많아서일까? 주변에서 현실 상황을 잘 알고 정치적 의식이 있는 사람들을 많이 본다. 이런 사람들이 시민의회의 의원이 되어 상식적으로 법안을 심의하고 중요 사항을 결정하면 된다.

시민의회의원은 현재 국회의원들의 이익과 직결된 문제들을 처리하는 권리를 부여해야 한다. 시민의회의원들은 국회의원의 임기, 월급, 선거구 획정, 연금 등을 결정해야 한다. 국회의원들은 자신들의 이해관계에 따라 월급을 함부로 올리고 국민의 세금으로 연금을 주는 제도를 만들었다. 대부분의 국민들은 월급에서 사실상 세금이나 다름없는 연금보험료를 내는데 비해 국회의원들은 세비에서 연금 보험료를 내지 않고 65세가 넘으면 연금을 받는다(관련 법이 바뀌어 19대 국회의원들부터는 연금을 받지 못하지만 18대까지 국회의원을 한 사람들은 여전히 월 120만원의 연금을 받는다). 100% 국민의 세금에서 나온다. 아무리 언론에서 비판하고 여론이 부정적이라도 이들은 바꾸지 않는다. 이런 일을 시민의회에서 다루어야 한다. 선거구 획정과 국회의원 선출 방법도 마찬가지다. 헌법재판소는 2014년 10월 30일 지역 선거구를 획정한 법 조항에 대해 헌법불합치를 결정하고 선거구별 인구 편차를 현행 3대1에서 2대1 이하로 바꾸라며 입법 기준을 제시했다. 헌재는 최대 선거구와 최소 선거구의 인구 편차가 3대

1에 달하는 것은 위헌이라며 고모 씨 등 6명이 선거법 제25조 2항에 의한 선거구 구역표에 대해 제기한 헌법소원 심판에서 재판관 6대3 의견으로 헌법불합치를 결정했다. 헌재는 인구편차가 3대 1에 달하는 현재의 지역구 획정이 대의민주주의 관점에서 결코 바람직하지 않음을 지적하였다. 헌재는 선거법 개정 시한을 다음 해(2015년) 12월 31일로 정했다(2014. 10. 30. 2012헌마190 · 192 · 211 · 262 · 325, 2013헌마781, 2014헌마53(병합)). 또 중앙선거관리위원회가 권역별 비례대표제와 석패율제를 제안했다. 이 제안을 따라 선거법을 바꾸면 국회의원의 수가 300명 이상 늘어나고 지역감정에 따른 특정 정당의 특정지역구 의석 독점을 막을 수 있으며, 정의당 등 군소정당의 의석 수가 증가하여 국민의 정치적 의사를 충분히 반영한 국회의원 선출이 가능했다. 그러나 국회는 이를 무시하고 깔아뭉갰다. 헌법재판소가 정한 2015년 12월 31일을 넘겨 선거 직전에야 대충 선거법을 고쳤다. 선관위가 제시한 권역별 비례대표제와 석패율제를 무시하고 국회의원수를 300명으로 정한 채 비례대표 수를 줄이는 횡포를 부렸다. 국회의원들이 자기들의 이해관계에 따라 국회의원 선거제도를 만드는 것을 막아야 한다. 이를 위해 이해관계에서 초월한 시민의회가 선관위 등의 전문적인 조언을 받아들여 객관적으로 선거법과 선거구를 만들도록 해야 한다.

헌법은 밥이다

국민주권의 대안(2):
배심원과
참심원 제도

'배심원제'도 국민감정에 어긋나는 판사들의 판결을 시정할 수 있는 대안으로 제시된다. 공정한 재판의 권리를 보장하기 위한 시민의 사법참여 방식으로 배심제와 참심제가 있다. 배심제는 추첨에 의해 배심원으로 참여한 일반인들이 유죄, 무죄 결정만 하는 제도다. 전문 법관과 일반 시민이 역할을 나누어 일반 시민은 사실 인정을, 법관은 양형을 결정한다. 참심제는 일반인으로 구성된 참심원과 전문 법관이 재판의 사실인정과 양형을 함께 결정하는 제도다.[67]

배심원 제도의 기원은 고대 그리스의 아테네로 거슬러 올라간다. 아테네는 공직추첨제와 함께 배심원 6천 명으로 구성되는 시민법정을 운영하였다. 재판이 있으면 배심원 6천 명 가운데 501명의 배심원을 추첨한다. 이들은 피고와 원고의 의견을 들은 후 투표로 유죄와 무죄 등을 판결한다. 500명이 아니라 501명이라는 홀수로 정한 것은 동수가 되는 것을 막기 위해서다. 세계 4대 성인의 한 사람인 소크라테스도 501명의 배심투표에서 찬성 361표, 반대 140표로 사형판결을 받았다. 이처럼 많은 사람들이 재판에 참여하고 결정하면 한 사람이

---

67) 박홍순, 『헌법의 발견』, 232쪽.

나 세 사람이 결정하는 것보다 재판을 잘못할 가능성이 줄어든다. 사람은 불완전한 존재이므로 소수보다 다수가 결정하는 것이 공정하고 객관적인 판결이 가능하다는 경험에서 나온 제도다. 이러한 배심원 제도는 미국 법원에서 채용되었다.

현재 한국 법원의 재판에는 크게 몇 가지 문제가 있다. 첫째, 소수의 판사가 판결할 때, 현실과 동떨어진 외골수 판결 가능성이다. 한국의 재판은 1~3인의 판사가 맡는다. 판사들은 사법고시를 합격한 후 사법연수원에서 우수한 성적을 올려야 임용되므로 엘리트라는 자부심이 있다. 따라서 자신의 판결을 맹신한다. 20대 후반 혹은 30대 초반부터 판사가 된 이들은 다양한 사회적 경험이 적기 때문에 엉뚱한 판결을 내리곤 한다. 때로는 국민들의 상식과 어긋난 판결이 공분을 일으키기도 한다. 공교롭게도 판사 출신 변호사들도 제기하는 비판이기도 하다. 이를 보완하기 위해 다양한 경험을 한 일반인들이 상식적인 판결을 내리는 국민참여 배심제도가 일부 도입되었다. 그러나 배심원의 결정은 재판에 구속력이 없다. 즉 원고나 피고가 원할 때에 국한되고 판사가 배심원들의 판결을 반드시 따를 필요가 없다. 그러다 보니 판사가 배심원단의 결정과 어긋난 판결을 내리기도 한다. 2013년 10월 28일 안도현 시인에 대한 판결이 대표적인 예이다. 안도현 시인은 대선 당시 박근혜 후보에 대한 의혹을 제기해 공직선거법상의 허위사실 공표죄 위반 혐의로 기소됐다. 국민참여 재판에서 배심원 7명이 만장일치로 무죄를 평결하였다. 그러나 전주지법 담당 재판부가 배심원의 평결과 달리 유죄판결을 내렸다. 일부 헌법학자와 언론은 정권의 눈치를 본 판결이라며 비판하고 전면적인 국민참여 배심제도를 대안으로 제시하였다. 그러나 현재의 헌법과 법률로는 배심원들의 견해는 참고 사항에 불과하다.

둘째, 판사들이 인사권자인 대법원장의 눈치를 보거나 퇴임 후 변호사 개업을 위해 국민의 법 감정과 다른 엉뚱한 판결을 자주 한다. 현행 헌법 제103조에는 "법관은 헌법과 법률에 의하여 그 양심에 따라 독립하여 심판한다."라고 하였지만, 이는 지켜지지 않는(사문화된) 조항에 불과하다. 판사들은 10년마다 재임용 심사를 받는데, 이는 비판적인 판사들을 내쫓는 도구로 악용되기도 한다. 예컨대 '국민판사'의 애칭을 받은 서기호 판사가 재임용심사에서 탈락되었다. 또 법원 조직이 관료화됨에 따라 승진에 목을 매게 되었다. 변호사 개업할 때도 판사 재직 시의 직책에 따라 전관예우와 변호사 수임료가 달라지기 때문에 무조건 승진은 해야 한다. 그리고 법률 시장의 큰 손인 재벌과 대기업의 눈치를 봐야 한다. 그러니 판사들은 퇴임 후를 생각해서 실형을 선고해야 하는 재벌총수들의 형량을 깎아주어 집행유예로 만든다. 2018년 2월 5일 이재용의 2심 판결에서 형량이 가장 센 재산국외도피를 무죄로 선고하여 집행유예에 맞춰 형량을 낮추는 신공을 보여줬다. 재벌총수의 범죄 행위에 신청한 영장을 기각하는 것도 마찬가지 이유다. 사실 한국에만 있는 '전관예우'는 1948년 정부 수립 당시 판사와 검사들에게 적절한 월급을 줄 수 없는 상황에서 생겨난 관행이었다. 판사나 검사로 재직할 때 청렴하게 직책에 수행하는 대신, 변호사로 개업하면 3대가 먹고 살 수 있는 돈을 벌도록 편의를 봐주었다. 그 사이 한국 사회는 바뀌었다. 20~30년 재직한 판사나 검사는 400~500만 원의 연금을 받는다. 일반 국민들에 비하면 많은 연금이다. 이처럼 고액의 연금을 받으면서 전관예우로 수십억, 혹은 수백억 원의 수임료를 받는 전관예우는 한국 사회에 해악을 끼친다. 재벌총수나 대기업 임원, 사기꾼들은 전관예우 변호사를 구하면 무죄나 집행유예의 판결을 기대할 수 있으니 사기를 치거나 배임, 횡령 등 범죄를 쉽게 저지른다. 재벌총수들의 자식들도 방망이로 사람을 때리거나 음주운전을 해도 집행유예나 무죄로 풀려난다.

현재현-이혜경 전 동양그룹 사주 부부는 그룹 경영을 잘못했을 뿐만 아니라 2007~2008년부터 부실기업인 동양메이저 등 계열사의 회사채와 기업어음(CP)을 계열사인 동양증권을 통해 팔았다. 동양증권은 CMA와 어음 등 금융상품을 취급하며 은행의 예금금리보다 높은 이자를 지급하여 많은 고객을 모았다. 다른 증권회사와 달리 회사채를 고객들에게 팔았다. 필자도 직원의 권유로 건설회사의 회사채를 구매했는데, 다행히 원금과 이자를 받은 후 그 건설회사는 법정관리를 신청했다. 잘못했으면 원금을 날릴 뻔했다. 검찰에 따르면 현 회장은 계열사의 회사채와 기업어음(CP)을 발행하고 2013년 고의로 5개 계열사의 법정관리를 신청해 투자자들에게 1조 원대의 피해를, 계열사에는 수천억 원대의 손실을 끼친 혐의(특정경제범죄가중처벌법상

사기 등)를 받고 있다고 한다. 동양증권이 개인투자자에게 판매한 채권은 1조 5천776억 원 규모라고 한다. 원금을 떼이게 된 고객들은 동양증권 지점을 찾아가서 항의하고 죄책감을 이기지 못한 제주지점의 한 직원은 자살하기까지 했다. 일부 언론에서는 사실상의 사주인 대주주 이혜경 부회장이 동양계열사들의 법정관리 신청 직전 동양증권의 금고에 보관한 금과 유가증권, 고가 미술품 등을 인출했다는 의혹을 제기했다.[68] 이들 부부는 고객들에게 1조 5천776억 원의 피해를 입혔을 뿐만 아니라 법정관리 신청 이전에 개인의 재산을 빼돌리는 짓을 저질렀다. 이 부회장이 빼돌린 현금과 귀중품은 자신들의 잘못을 배상하는데 쓰여야 하는 돈이었다. 그러나 이들은 고객들에게 피해를 입힌 1조 5천776억 원을 배상하지도 않았고, 범죄 행위에 걸맞은 중형을 선고받지도 않았다.

최은영 전 한진해운 회장의 도덕 불감증은 윤리의 문제를 넘어선다.

"최 회장은 지난 2006년 남편 조수호 전 한진해운 회장이 사망하자 이듬해 회사 경영을 맡았다. 이후 회사는 해운시장 업황을 예측하는 데 실패해 비싼 용선료를 주고 배를 빌리는 장기 계약을 맺었고, 2008년 글로벌 금융 위기로 시장 상황이 악화되자 회사는 급격히 어려워졌다. 2009년 당시 155%였던 부채비율이 2013년 1445%까지 뛰어올랐다. 해운업계 관계자는 '한진해운은 이때부터

68) 신수정 · 손효림 기자, 「동양 이혜경 부회장 거액 빼낸 의혹 조사 중」, 『동아일보』 2013. 10. 5.

쇠락했다'고 말했다. 국내 1위 해운사를 엉망으로 경영한 최 회장은 결국 2014년 시숙인 조양호 회장에게 회사를 넘겼다. 이때도 최 회장은 2013년 연봉과 퇴직금 명목으로 회사로부터 97억 원을 받아갔다.

한진해운에서 나와서도 최 회장은 한진해운으로부터 상당한 이득을 얻어왔다. 최 회장은 한진홀딩스(현 유수홀딩스)를 챙겨 나오면서 한진해운의 알짜 회사로 꼽혔던 싸이버로지텍과 유수에스엠 등도 계열사로 편입시켰다. 싸이버로지텍은 영업이익률이 44.5%에 이르면서 급성장했는데, 일감의 상당 부분을 한진해운으로부터 받았다. 최 회장이 있는 유수홀딩스는 서울 여의도 한진해운 사옥을 소유해 매년 건물 임대료로 140억 원씩을 받아간다. 침몰하는 회사에서도 끝까지 자기 이익만 챙긴 것이다.

심지어 최 회장은 지난 4월 22일 한진해운이 자율협약을 신청하기 직전에 본인과 두 자녀가 보유하고 있던 한진해운 주식 97만주 전량을 매각해 약 10억 원의 손실을 피한 혐의도 받고 있다. 검찰은 미공개 정보이용 혐의로 영장을 청구했지만 법원이 기각했고, 최 회장은 거액을 들여 국내 최대 로펌인 김앤장을 선임했다. 검찰은 '죄질이 중한 만큼 곧 기소할 계획'이라고 말했다."[69]

기업 경영에 실패하고 거액의 퇴직금과 연봉을 챙기거나 건물 임대료를 챙기는 것은 애교다. 회사 내부의 정보를 알고 미리 한진해운

---

69) 윤주헌 기자, 「한진해운 부실 키운 최은영 前회장, 사옥 임대료 年 140억 꼬박꼬박 챙겨」, 『조선일보』 2016. 9. 7.

헌법은 밥이다

주식 97만 주를 팔아 손실을 피한 행위는 내부자거래 위반으로 자본주의 사회에서 경영자나 대주주가 하지 말아야 하는 금기 사항이다. 주식시장에서 내부자 거래를 하면 그 피해는 다른 투자자들에게 돌아가기 때문에 엄격하게 처벌하지만 한국에서는 처벌 받는 경우가 적다. 이는 공정해야 하는 자본주의 금융시장을 왜곡시키는 나쁜 영향을 준다.

현재 한국의 법률은 재벌총수와 기업 경영자들의 횡령과 배임, 사기 등에 대한 처벌이 관대하다. 미국과 같은 선진국에서는 이러한 범죄를 엄격하게 처벌하고 거액의 벌금을 매기지만 한국은 다르다. 사기 치기 좋다. 게다가 전관예우의 변호사와 미래의 변호사 개업을 생각하는 판사와 검사가 미래의 고객들을 재판에서 관대하게 대우한다. 재벌과 대기업 비리의 솜방망이 처벌 배경이다. 국민 가운데 추첨으로 뽑는 배심제나 참심제를 도입하면, 배심원들이나 참심원들이 이러한 이해관계로부터 자유로우므로 객관적인 판결이 가능할 것이다.

물론 배심제와 참심제를 도입하기 위해서는 헌법을 바꾸어야 한다. 현행 헌법 제27조 1항에는 "모든 국민은 헌법과 법률이 정한 법관에 의하여 법률에 의한 재판을 받을 권리를 가진다."라고 하였다. 자세히 읽어보면 각종 재판은 법관, 즉 판사들만이 할 수 있다고 못박았다. 법관이 재판을 하는 것은 재판을 받는 사람들이 자격 없는 사람이나 권력자의 구미에 맞는 사람이 재판을 맡지 않는다는 신뢰를 가질 수 있도록 하는 효과 때문이라고 한다.[70] 이는 판사들의 재판 독점을 위한 아전인수식 해석이다. 이 조항이 배심원과 참심원 제도를 가로막는 조항임은 분명하므로, 국민들의 재판 참여를 확대하려면 개헌 때 이 조항을 바꾸어야 한다.

현재 법원에서만 부분적으로 실행하는 배심재판을 헌법재판소에도 적용해야 한다. 1987년 현행 헌법을 만들 때 당시 여당과 야당 정치인들이 우습게 보고 만든 헌법기관이 헌법재판소다. 각종 탄핵 심판과 정당 해산, 법률의 위헌 여부 판결을 위해 헌법재판소를 만들기는 했지만, 헌재가 영향력 있는 기관이 될 것이라고 예상하지 못했다. 헌재가 한국을 바꿔 놓은 대표적인 판결은 노무현 정권이 추진한 행정수도를 무력화시킨 사건이다. 일부 관료들과 정치인들이 '천도'라는 자극적인 말을 썼지만, 헌재는 성문법 체계를 무시하고 '관습헌법'과 '경국대전'을 들먹이며 행정수도 이전을 막았다. 노무현 정권은 행정부 대부분을 옮기려는 계획을 바꿔서 일부만 옮기는 방식으로 위헌 판결을 우회하였다. 고액의 주택이나 아파트를 소유한 사람들에게 부과한 종합부동산세도 가족 개인이 아닌 부부 합산으로 부과한 것이 헌법 제36조 1항 "혼인과 가족생활은 개인의 존엄과 양성의 평등을 기초로 성립되고 유지되어야 하며, 국가는 이를 보장한다."에 위반된다며 위헌이라고 판결했다(헌재결 2008.11.13. 2006헌바112 등 병합). 다른 조항도 아니고 종합부동산세가 왜 가족과 관련된 조항과

---

70) 차병직, 윤재왕, 윤지영 지음, 『지금 다시, 헌법』, 402쪽.

관련이 있는지… 이해할 수 없는 판결이었다. 80% 가까운 국민들이 종합부동산세를 지지하던 국민 정서와도 동떨어진 판결이었다. 이에 헌법재판소의 결정을 비난하는 국민 여론이 60%에 육박했다. 이 두 판결의 배후에는 강남에 거주하며 강남에 거액의 부동산을 소유한 헌법재판관들의 이해관계가 숨어 있었다. 그들도 자신들의 지역과 계층의 이익에 충실한 판결을 한 것이다.

일부 전문가들은 법관 자격이 있는 법률가만 헌법재판관이 될 수 있도록 규정한 제111조 2항의 규정을 비판한다. 정치적 판단이 대부분인 헌법 재판을 법률가에게만 맡기는 것은 바람직하지 않다는 것이 비판의 핵심이다. 이 조항에 따라 헌법학자, 철학자, 사회학자, 정치학자, 경제학자, 여성학자 등이 헌법 재판에 관여할 수 있는 길이 완전히 봉쇄되어 다양한 전문가들의 견해를 반영할 수 없다. 따라서 헌법재판관의 자격을 법률가로 한정하는 이 조항을 개정해야 한다.[71] 필자도 이 조항에 동의하면서도 일부 전문가들뿐만 아니라 추첨으로 뽑힌 배심원 혹은 참심원들도 헌법 재판에 참여해야 한다고 주장한다.

의회와 사법부가 무시한 헌법재판소가 정치뿐만 아니라 국민들의 일상생활에도 영향을 끼칠 수 있는 기관으로 바뀌었다. 대법원과 검찰은 헌재를 무시하며 법원과 검찰 인사에서 물먹은 인사들을 헌법재판관으로 밀어 넣었다. 법원과 검찰보다 급이 낮은 기관으로 자리

---

71) 차병직, 윤재왕, 윤지영 지음, 『지금 다시, 헌법』, 441쪽.

매김하기 위한 의도적인 조치였다. 그러나 헌재에서 법원과 국회, 검찰에도 영향력을 행사하는 위헌 판결을 할 수 있고, 종합부동산세, 간통제, 호주제 등 일상생활에도 영향을 미치면서 사실상 행정부 · 입법부 · 사법부 위에 군림할 수 있는 권한을 가지게 되었다. 따라서 헌재의 재판을 일부 법관에게 맡기는 것은 위험하다. 전문가들과 함께 일반 국민들도 헌재 재판에 참여하여 그들만의 판결을 막아야 한다.

국민참여 배심제도가 판사의 독단적인 판결에 대한 대안이라면, 검찰을 견제하기 위한 대안으로 배심원이 기소 여부 판단에 참여하는 기소배심원제가 제시되기도 한다. 검찰의 기소독점은 아주 큰 권한이다. 검사들이 재량으로 범죄자들을 기소하거나 기소하지 않을 수도 있다. 과거 검찰은 광주학살사건의 주범인 전두환과 노태우를 기소하지 않았다. 성공한 쿠데타는 처벌할 수 없다는 이유로. 그러나 대통령이 기소와 재판을 지시하자 검찰은 태도를 180도 바꾸었다. 이는 드문 경우이고 대개 검사들은 기소독점권을 무기로 재벌이나 부패한 기업주, 공무원들의 범죄를 눈감아 준다. 최순실의 국정농단도 검사들이 제대로 기소하고 수사했으면 미리 막을 수 있는 사태였다. 배심원들이 기소 여부를 결정한다면 한 명의 검사보다 부패나 연줄 등으로 잘못된 판단을 할 가능성은 적어질 것이다.

헌법은 밥이다

직접민주주의 혹은
참여민주주의

앞에서 국민주권과 이를 실천할 수 있는 현재의 제도적 장치, 문자보내기 · 촛불집회 · 선거감시운동 등 시민들의 직접 참여, 시민의회 · 배심원 · 참심원 · 기소배심제 등 대의민주주의의 보완 혹은 견제 장치를 살펴보았다. 독자들은 저항권의 명문화, 시민의회 · 배심원 · 참심원 · 기소배심제 도입 등에 회의적이거나 비판적일 수도 있다. 국민주권을 실현하는 다양한 방법의 전제는 국민들이 민주주의를 잘 알고 있고 상식으로 무장하고 사심에 치우치지 않으며 시민의회 · 배심원 · 참심원 · 기소배심제에 직접 참여하여 적극적으로 활동해야 한다는 것이다. 그렇지 않다면 현행 헌법 제1조 2항의 추상적인 국민주권 조항만 필요할 것이다.

점점 나아지고 있지만, 초 · 중 · 고 교육의 목적이 모두 대학교 입시이다 보니 민주주의 교육에 소홀했다. 그리고 민주주의를 실생활에서 실현하는 방법에 대해서도 무관심했다. 그러다가 이명박 · 박근혜 정권을 거치면서 먹고사는 문제만큼이나 민주주의가 중요함을 깨닫게 되었다. 그러나 제도적으로 국민이 직접 참여할 수 있는 방법은 별로 없었다. 문자보내기, 촛불집회 참여, 선거감시운동은 시민들이 자발적으로 찾아낸 참여 방법이었다.

문재인 정부 출범 이후 민주주의의 불꽃이 계속 타오를지 사그러들지 예단하기 어렵다. 추첨제를 활용한 시민의회 · 배심원 · 참심원·기소배심제는 모든 국민들이 입법과 재판에 직접 참여할 수 있는 대안으로 제시되지만, 헌법을 바꾸지 않는 이상 실현되기 쉽지 않다. 국회의원들은 국회와 국회의원으로 대표되는 대의제가 손상된다고 반대하겠지만, 국민들이 직접 헌법 개정안이나 법률안을 제안하는 권리와 대통령과 국회의원 등 헌법 기관의 국민소환제, 배심원 재판의 의무화 혹은 확대, 선거감시를 위한 선거참관인의 의무화, 국민을 추첨으로 뽑아 구성하는 시민의회 등 국민들의 참여를 보장 혹은 의무화하는 헌법 혹은 제도적 장치가 마련되었으면 한다.

Part 5

내가
참여하는
헌법

학계와 시민들의
개헌안

사람마다 생각이 다르고, 하는 일이 다르기 때문에 새로 넣거나 뺐으면 하는 헌법 조항이 다를 것이다. 정치인이 아닌 학자나 시민들이 만든 개헌안 혹은 개헌논의를 소개한다.

먼저 현행 헌법의 문제점을 지적하고 개헌을 주장한 '함께하는 시민행동'에 참여한 여러 학자와 전문가들의 견해를 소개한다.

홍윤기 교수(동국대 철학)는 국민헌법이 아닌 시민헌법의 제정을 제안하였다. 그는 대한민국 시민헌법에 20세기의 성과로 민주화와 산업화를 명시하며 지구화·사회분화·정보화·평화화·생태화, 범아시아 지향의 지구적 시민국가 등 21세기의 비전을 국가의 성격으로 추가할 것을 제시하였다. 또 민주공화국, 지구적 국가시민, 인권을 추구하는 주권과 국적 개념을 넘어서는 '지구시민권' 도입, 복수의 수도 설치, 지구적 평화와 정의 추구, 아시아의 무장 중립과 교량자 역할, 사회 안전망을 체제안보 수준에서 구축, 가족이나 그에 준하는 기초생활공동체 창설 권리와 국가지원의 의무화, 보육과 부양의 국가지원 체계, 문화권, 균등교육권, 교육에 의한 통합 기능, 교육의 공공성, 국가목표로서의 무상교육, 교육 운영의 민주성과 투명성, 공공성, 학벌 불평등의 적극적 시정, 표현의 자유의 사회적 의사소통권으로의 확대 개편, 언론의 공적기능 강조, 세계시민의 인권과 지구환경의 생태권 보장, 망명권, '시민심의권', 전문관료의 국가기관 독점 방지, '헌정 수임관' 제도, 지방 분권, 지역 통합적 국가심의기구 설치, 경제주체협의회 신설, 헌법재판관의 법관 독점 폐지, 시민의 헌법재판 참여, 헌법재판 간 권력충돌과 대통령 탄핵의 국민투표 부여 등 현행 헌법의 기본권과 헌법기관 전반을 바꾸고 신설해야 한다고 주장하였다.[72]

박명림 교수(연세대)는 현행 헌법의 문제점을 지적한 후, 농업사회를 반영한 경제조항을 현재의 경제상황에 맞게 바꾸어야 한다고 주장하였다. 즉 재정 · 금융 · 경쟁 · 기업 · 주택 · 보건 · 의료 · 연금 · 보험 · 실업 등에 관한 조항을 신설하거나 상세하게 바꾸어야 한다고 제안하였다. 국가가 전통문화의 계승과 민족문화 창달에 노력해야 한다는 제9조와 제44조 1항과 2항의 국회의원의 특권 조항은 고치거나 없애야 한다고 주장하였다. 이어서 21세기 최근의 헌법 경향(EU 헌법과 스위스 헌법)을 참조하여 평화권 · 생명권 · 인격권 등의 삽입을 고려해야 한다고 제안했다. 또 제2장의 제목을 '국민의 권리

---

72) 홍윤기, 「국민헌법에서 시민헌법으로—세계 경영과 세기 경영을 위한 헌법개혁의 어젠다—」, 함께하는 시민행동 엮음, 『헌법 다시 보기』, 창비, 2007, 14~64쪽.

헌법은 밥이다

와 의무'에서 '기본권과 시민권'으로 바꾸고 외국인 이주노동자 수의 증가에 맞춰 대한민국 국민뿐만 아니라 외국인들의 인권과 소수자 보호, 프라이버시 규정 등 인권을 강화해야 한다고 하였다. 다음으로 국가의 보장, 중앙정부와 지방정부의 관계, 지방정부 협의체 건설, 역할 등을 규정하여 2개 조에 불과한 지방자치 조항을 늘리고, 최근 정치적·사회적으로 영향력이 확대되는 법원(사법부)과 헌법재판소를 민주적으로 통제할 수 있는 장치를 마련해야 한다고 역설하였다.[73]

여성학자 정희진(이화여대 강사)은 남성 위주의 헌법을 비판하며 대표적인 규정으로 제32조 4항(국가는 노인과 청소년의 복지 향상을 위한 정책을 실시할 의무를 진다)과 제36조 2항(국가는 모성의 보호를 위하여 노력하여야 한다)을 제시하였다. 그리고 "혼인과 가족생활은 개인의 존엄과 양성의 평등을 기초로 성립되고 유지되어야 하며, 국가는 이를 보장한다."라는 제36조 1항은 양성구유자, 트랜스젠더등 '제3의 성'들의 존재를 고려하여 바뀌어야 한다고 주장하였다.[74]

김상준 교수(경희대)와 오현철 교수(한양대)는 시민의회 구성을 주장하였다. 전자는 민주주의를 참여민주주의, 결사체민주주의, 심의민주주의, 대의민주주의로 나누고 갈등과 이해가 첨예하여 입법부나 행정부가 쉽게 결정하기 어려운 사안을 다루는 시민의회를 구성할

---

73) 박명림, 「헌법개혁과 한국 민주주의-무엇을, 왜, 어떻게 바꿀 것인가-」, 『헌법 다시 보기』, 89~90쪽.
74) 정희진, 「헌법의 남성성과 국민 범주의 정치」, 『헌법 다시 보기』, 244~245쪽.

것을 주장하였다. 유권자 가운데 무작위로 뽑은 시민의회의원을 뽑아 각종 사안을 공정하게 심의하고 여러 지역이나 단체의 갈등과 이해를 조정할 것을 제안하였다.[75] 후자는 현재의 입법부, 행정부, 사법부, 헌법재판소 등을 견제하며 대의기구의 권력을 제한하고 헌법적 판단이 필요한 사항은 국민이 직접 심판하는 대표체계로서 시민의회를 만들 것을 제안하였다. 그의 주장에 따르면,

"시민의회는 국민주권을 실현하는 최고 기구로서 자리매김하여, 국가기구 대리인의 임면을 규정하고 국가기구 간 권력 충돌을 조정하는 최고 권력기구, 인권 보호와 신장을 꾀하는 인권의 최고 보호기구, 헌법 해석에 관한 최고 평결기구, 주요 외교정책을 결정하는 최고 결정기구가 되어야 한다. 그래서 시민의회가 최고의 대표성을 지니는 헌법적 최고 결정기구가 되고, 기존 3부는 시민의회의 헌법적 판단을 제도적으로 조정하여 일상적 정책 결정과 법률의 판단을 담당하게 되면, 국민주권 원리에 부합하는 대표체계가 될 것이다."[76]

정태호 교수(경희대 법학)는 삭제해야 할 조항과 새로 추가해야 할 조항으로 나누어 다양한 대안을 제시하였다. 먼저 방송과 통신 설립을 제한한 제21조 3항, 언론·출판의 자유를 법률로 제한하는 제

---

75) 김상준, 「헌법과 시민의회」, 『헌법 다시 보기』, 144~181쪽.
76) 오현철, 「국민주권과 시민의회」, 『헌법 다시 보기』, 306쪽.

21조 4항, 군인·군무원·경찰공무원 등의 국가배상청구권을 박탈한 헌법 제28조 2항을 삭제해야 한다고 보았다. 다음으로 사법제도와 관련하여 '검사의 신청에 의한'이라는 문구를 삭제하여 검사만이 영장을 신청할 수 있도록 한 영장신청제도(제12조 3항, 제16조)를 바꾸어야 한다는 대안을 제시하였다. 또 '헌법과 법률이 정한 법관'에게 재판받을 권리를 보장하고 있는 제27조 1항의 조문 일부도 수정하여 공정하고 민주적인 재판 권리를 보장하며 사법 민주화에 기여하는 대안인 배심제나 참심제가 위헌 판결에 휘말리지 않도록 해야 한다고 보았다. 이어서 생명권 및 신체를 훼손당하지 않을 권리(사형제 폐지 명기 필요), 개인정보 자결권, 정보의 자유 등 불문의 기본권을 명시해야 한다고 주장하였다. 마지막으로 추가되거나 강화되어야 할 기본권으로 국가목표로서의 남녀평등, 출신 지역, 언어, 피부색에 따른 차별 금지, 불로소득 환수의 가능성 명시, 노인, 청소년, 장애인의 주체적 지위 보장, 선거 연령의 하한 명시, 정치적 망명권 명시, 양심을 이유로 한 대체 복무 가능성 명시 등을 제시하였다. 마지막으로 국가인권위원회를 헌법기관으로 격상해야 한다고 역설하였다.[77]

또 정태호 교수는 정치적 망명권을 헌법 조항에 추가할 것을 제안하였다. 그는 한국이 1951년 7월 28일의 제네바협정, 1967년 1월 31일의 '난민의 법적 지위에 관한 의정서'에 따라 부과된 국제법상의

---

77) 정태호, 「권리장전의 현대화」, 『헌법 다시 보기』, 274~ 288쪽.

의무를 다해야 한다고 주장하였다. 일제의 강점 시기 독립운동가들과 독재정권 시절 민주투사들이 해외로 망명해 독립운동이나 민주화운동을 벌였기 때문에 이에 대한 부채의식 때문이라도 이 권리를 명시해야 한다고 보았다. 독일 기본법 제16조를 모델로 "정치적으로 박해받는 자는 법률이 정하는 바에 의하여 망명권을 가진다."라는 조항을 제시하였다.[78] 현재 정치권과 일반 국민들의 정서상 받아들일 수 있을지 모르겠으나, 독립운동가들의 힘들었던 삶과 독립운동 과정을 기억한다면 공감할 수 있는 주장이다.

이기우 교수(인하대 사회교육과)는 지방자치에 관한 헌법 조항을 다음과 같이 바꾸어야 한다고 제시하였다.

제117조 ① 모든 지방자치단체의 권력은 주민으로부터 나온다. 지방자치단체는 법률에 위반되지 않는 범위 내에서 자기 책임 하에 주민의 복리에 관한 사무를 처리한다. 공공사무는 능력이 미치는 한 주민에 가까운 지방자치단체에서 우선적으로 처리한다.

② 지방자치단체는 법률에 위반되지 아니하는 범위 내에서 그 권한에 속하는 사무에 관한 조례를 제정할 수 있다. 헌법 제37조 2항, 헌법 제12조 1항, 제13조 1항, 제23조 1항, 제24조 내지 제26조, 제59조의 법률에는 지방자치단체의 사무와 관련되는 경우에 조례를 포함하는 것으로 본다.

---

78) 정태호, 「권리장전의 현대화」, 『헌법 다시 보기』, 284쪽.

헌법은 밥이다

③ 지방자치단체는 그 사무를 처리하기 위한 비용을 자기 책임 하에 충당하기 위해 필요한 세원을 가져야 하며, 조례로 세목과 세율을 결정할 수 있어야 한다. 국가는 지방자치단체가 그 사무를 원만하게 처리할 수 있도록 지원하여야 한다.

제117조의 2 ① 지방자치단체에는 법률이 정하는 바에 따라 광역 지방자치단체와 기초 지방자치단체를 둔다.

② 광역 지방자치단체로는 특별시, 특별도, 광역시, 도를 둔다.

③ 기초 지방자치단체로는 시, 군, 자치구를 둔다.

제118조 ① 지방자치단체에는 주민의 대표기관으로 지방의회를 두며, 지방의회는 주민의 직접, 평등, 보통, 비밀선거에 의하여 선출된 지방의원으로 구성한다. 지방의회의 조직 · 권한 · 의원선거 등에 대해서는 법률에 위반되지 않는 범위 내에서 당해 지방자치단체가 조례로 정한다.

② 지방자치단체의 업무를 수행하기 위한 집행기관의 조직과 구성에 대해서는 법률에 위반되지 않는 범위 내에서 민주주의 원칙에 따라 당해 지방자치단체가 조례로 정한다. 지방자치단체의 장은 주민이 직접, 평등, 보통, 비밀선거에 의하여 주민이 선출한다.

③ 지방자치단체의 중요한 의사 결정에 주민이 직접 참여할 수 있는 가능성을 보장하여야 한다.

④ 국가와 지방자치단체는 독립하여 사무를 수행하되 필요한 경우에는 각각의 자기 책임성을 침해하지 않는 범위 내에서 법률이 정하는 바에 따라 상호 관여할 수 있다.

⑤ 지방자치단체의 자치권이 침해된 경우에는 법률이 정하는 바에 따라 법원에 구제를 청구할 수 있다.

제118조의 2 ① 제주 국제자유도시를 실현하고 제주도의 정치적 · 경제적 · 사회적 · 문화적 특수성에 기초한 지방분권을 실현하기 위하여 제주도의 자치권을 법률이 정하는 바에 따라 확대할 수 있다.

② 제주도의 조직과 행정기구 및 그 운용에 관한 사항에 대해서는 제주도가 조례로 정한다.

③ 국방, 외교, 통일, 화폐 등 국가 전체의 통일성을 기하기 위하여 필요한 영역을 제외하고는 국제자유도시와 지방분권의 선도적인 실현을 위해 필요한 경우에 제주도는 법률과 다른 규정을 조례로 정할 수 있다.[79]

1948년 헌법부터 현행 헌법까지의 지방자치에 대한 조항보다 상세한 점이 큰 특징이다. 헌법에 제주도를 별도의 광역자치단체로 설정한 부분은 참신하지만, 이 부분은 국회와 제주도뿐만 아니라 국민전체가 논의해봐야 하는 문제이다.

대화문화아카데미는 김문현(이대, 헌법학), 김선택(고대, 헌법학), 김재원(성대, 법사회학), 박명림(연대, 한국정치), 박은정(서울대, 법철학), 박찬욱(서울대, 비교정치), 이기우(인하대, 행정법학), 정종섭(서울대, 헌법학), 하승창 등을 초빙하여 헌법과 개헌 문제를 논의하였다.

---

79) 이기우, 「지방자치 활성화를 위한 헌법 개정안의 제안」, 『헌법 다시 보기』, 390~391쪽.

헌법은 밥이다

그 결과물로 『새로운 헌법 필요한가』(대화문화아카데미, 2008)와 『새로운 헌법 무엇을 담아야 하나』(대화문화사, 2011) 두 권의 책을 내놓았다. 최근에는 후자의 책을 수정하여 『대화문화아카데미 2016 새헌법안』(대화문화아카데미, 2016)을 출판하였다. 『새로운 헌법 필요한가』를 저술한 학자들은 대부분 앞에서 소개한 '함께하는 시민행동'의 참여자와 겹친다. 그리고 발표문도 별 차이가 없으므로 생략한다.

대화문화아카데미의 새헌법조문화위원회는 분권형 정부형태인 세미-대통령제와 양원제를 새 헌법의 권력구조로 택하였다. 즉 의원내각제를 실시하여 총리에게 실권을 주면서도 일정한 범위의 실권이 부여되는 '약한 대통령'을 두는 소위 이원집정부제를 새로운 정치체제로 제시하였다.[80] 그러나 실권이 적은 대통령을 국민이 직접 뽑아야 할 이유가 적고 권한이 불분명한 상원과 하원을 두면서도 상원의원 100인, 하원의원 250인으로 헌법에 못박아 국회의원의 수가 적다. '놀고먹는', '일 안하는' 국회의원의 이미지가 강하여 국회의원 수를 줄이는데 찬성하는 견해도 있지만, 국회의원 수를 늘려야 행정부를 견제하고 입법활동을 활발히 벌일 수 있다는 주장도 있다. 게다가 선거구별 인구비례를 감안하면 국회의원의 의석수가 변동이 생길 수 있는데, 헌법에 고정된 수를 정하면 여러 가지 문제가 생길 수 있다. 이원집정부제는 대통령과 총리의 개인적 카리스마와 성향에 따라 둘

---

80) 대화문화아카데미 편, 『새로운 헌법 무엇을 담아야 하나』, 대화문화아카데미, 2011, 62~63쪽.

의 권력투쟁이 발생할 가능성이 많은 제도인데, 헌법안에서는 이 문제를 말끔히 해결했다고 보기 어렵다. 그러나 기본권은 잘 만들었다. 아래에서 기본권과 경제문제에 관한 조항을 제시한다(조문 번호는 새헌법조문화위원회의 새헌법안 조문 번호).

제9조 ① 모든 사람은 인간으로서의 존엄과 가치를 가지며, 행복을 추구할 권리를 가진다. 국가는 개인이 가지는 불가침의 기본적 인권을 확인하고 이를 보장할 의무를 진다.

② 모든 사람은 생명의 권리를 가진다.

③ 사형은 금지된다.

제10조 ① 모든 사람은 법 앞에 평등하다.

② 모든 사람은 성, 종교, 종족, 연령, 신체적 조건이나 정신적 장애, 출신, 성적 지향 또는 사회적 신분 등에 의하여 정치적 · 경제적 · 사회적 · 문화적 생활의 모든 영역에 있어서 차별을 받지 아니한다.

③ 국가는 성평등의 실질적 실현을 위하여 노력하여야 한다.

제12조 ① 모든 사람은 행위 시의 법률에 의하여 범죄를 구성하지 아니하는 행위로 소추되지 아니하며, 동일한 범죄에 대하여 거듭 처벌받지 아니한다.

④ 특정집단의 전부 또는 일부를 말살할 목적으로 범해진 집단살해, 공권력에 의한 반인륜적 범죄에 대해서는 법률이 정하는 바에 의하여 공소 시효를 배제한다.

제13조 ② 모든 국민은 어떤 이유로도 추방당하지 아니 한다.

③ 국가는 국제법과 법률에 따라 난민을 보호한다.

제16조 ② 모든 사람은 자기정보에 대한 결정의 자유를 가진다.

제19조 ① 모든 사람은 언론 · 출판의 자유를 가진다.

② 모든 사람은 알 권리를 가진다.

③ 언론 · 출판에 대한 허가나 검열은 금지된다.

제20조 ① 모든 사람은 집회 · 시위의 자유를 가진다.

② 집회 · 시위에 대한 허가는 금지된다.

제22조 ② 대학의 자치는 보장된다.

제31조 ① 모든 국민은 학습할 권리가 있으며 능력에 따라 균등하게 교육을 받을 권리를 가진다.

④ 교육의 자주성 · 전문성 · 정치적 중립성은 법률이 정하는 바에 의하여 보장된다.

제34조 ③ 국가는 질병과 재해를 예방하고 그 위험으로부터 국민을 보호하기 위하여 노력하여야 한다.

④ 장애인은 법률이 정하는 바에 의하여 국가의 특별한 보호를 받는다.

⑤ 질병 · 노령 기타의 사유로 생활 능력이 없는 국민은 법률이 정하는 바에 의하여 국가의 보호를 받는다.

제35조 ① 모든 국민은 아동기에 성장과 발전을 위하여 국가와 사회의 특별한 보호를 받을 권리를 가진다. 아동은 자기의 정신적, 신체적 성숙 정도에 따라 기본권을 향유하고 행사한다.

② 아동의 양육은 부모의 권리인 동시에 의무이며, 부모는 의무를 이행함에 있

어서 국가의 도움을 받는다. 부모가 그들의 기본적 의무를 적절하게 이행하지 못할 경우, 아동을 부모로부터 분리하는 등 부모의 권리에 대한 제한 또는 중지에 대한 조건과 절차는 법률로 정한다.

③ 혼인 외의 출생자의 정신적, 신체적 성장과 사회적 지위에 관하여 입법을 통하여 혼인 중의 출생자와 동일한 기회가 부여되도록 규정하여야 한다.

④ 부모가 없는 아동, 유기아동, 장애아 등에 대하여 국가는 법률이 정하는 바에 따라 특별한 보호를 한다.

⑤ 아동에 관한 모든 사안에 있어서 아동의 최선의 이익이 최우선적으로 고려되어야 하며, 아동의 의사를 반영할 수 있는 적정한 절차가 마련되어야 한다. 아동의 권리가 침해된 경우 구제를 위하여 적절한 지원 방식과 절차를 법률로 정한다.

제36조 모든 사람은 노년기에 국가와 사회의 특별한 보호를 받을 권리를 가지며, 이 권리의 실현을 위하여 국가는 특별한 조치를 할 의무를 진다.

제37조 ③ 국가는 모든 국민이 쾌적한 주거생활을 할 수 있도록 노력하여야 한다.

제38조 ① 혼인과 가족생활은 개인의 존엄과 성평등을 기초로 성립되고 유지되어야 하며, 국가는 이를 보장한다.

② 국가는 자녀의 출산과 양육에 관하여 지원해야할 의무가 있다.

제41조 ② 누구든지 병역의무의 이행으로 인하여 불이익을 받지 아니한다.

③ 누구도 양심에 반하여 집총병역을 강제 받지 아니하고, 법률이 정하는 바에 의하여 대체복무를 할 수 있다.

헌법은 밥이다

제8장 지방자치와 지방분권

제1절 총칙

제131조 ① 국가는 지방자치단체가 수행할 수 없는 사무에 대해서 보충적으로 권한을 가진다.

② 지방자치에 관하여 헌법이 정하는 기본적인 사항에 대해서는 지방자치기본법으로 정한다. 지방자치기본법의 제정이나 개정, 폐지는 각원 재적의원 과반수 출석과 출석의원 3분의 2 이상의 찬성을 필요로 한다.

제2절 시 · 군 · 자치구

제132조 ① 시 · 군 · 자치구는 법률에 위반되지 않는 범위 안에서 자신의 비용으로 모든 지역적인 사무를 자기책임으로 처리한다.

② 시 · 군 · 자치구는 법률에 위반되지 않는 범위 안에서 그 권한에 속하는 사무에 관한 조례를 제정할 수 있다.

③ 시 · 군 · 자치구는 그 사무를 처리하기 위한 비용을 충당하기 위해 필요한 세입과 세출을 자기책임 하에 결정할 수 있다. 국가는 시 · 군 · 자치구가 그 사무를 원만하게 처리할 수 있도록 지원하여야 한다.

제133조 ① 시 · 군 · 자치구에는 주민의 대표기관으로 시 · 군 · 자치구 의회를 둔다. 시 · 군 · 자치구 의회는 주민의 보통 · 평등 · 직접 · 비밀 · 자유선거에 의하여 선출된 시 · 군 · 자치구 의원으로 구성한다. 시 · 군 · 자치구 의회의 조직 · 권한 · 의원선거 등에 대해서는 법률에 위반되지 않는 범위 내에서 당해

시 · 군 · 자치구가 조례로 정한다.

② 시 · 군 · 자치구의 업무를 수행하기 위한 집행기관의 조직과 구성에 대해서는 법률에 위반되지 않는 범위 내에서 당해 시 · 군 · 자치구가 조례로 정한다.

③ 지방자치단체의 중요한 의사결정에 대해서는 주민이 직접 참여할 수 있도록 보장하여야 한다.

④ 지방자치단체의 자치권이 침해된 경우에는 법률이 정하는 바에 따라 법원에 제소할 수 있다.

제3절 도

제134조 ① 도의 구역과 명칭은 지방자치기본법으로 정한다.

② 지방자치기본법으로 도와 같은 지위를 가진 시를 정할 수 있다.

③ 도에는 주민의 보통 · 평등 · 직접 · 비밀 · 자유선거에 의해서 구성되는 도민의 대표기관으로 도의원을 두어야 한다. 도의 조직, 인사, 재정, 기타 운영에 대해서는 법률에 정한 사항을 제외하고는 도의 기본 조례로 정한다.

제135조 ① 다음 각 호가 정하는 사항에 대해서는 국가가 입법권을 가지며 지방자치기본법에 특별한 규정이 없는 한 도는 입법권을 행사할 수 없다.

　　1. 외교, 국방, 국세, 국가 조직

　　2. 통화, 물가정책, 금융정책, 수출입정책

　　3. 농산물 · 임산물 · 축산물 · 수산물 및 양곡의 수급조절과 수출입

　　4. 국가종합경제개발계획, 국토종합개발계획

　　5. 근로기준, 도량형

6. 우편, 철도, 고속국도

7. 항공, 기상, 원자력

8. 기타 성질상 국가만 입법권을 갖는 것이 명백한 사항

② 제1항에 규정하지 않은 사항 중에서 지방자치기본법으로 정하는 사항에 대해서는 국가와 도가 경합적으로 입법권을 가진다. 국가는 전국적인 통일이 필요한 경우에 한하여 경합적인 입법권을 행사할 수 있다.

③ 한 지역에만 영향을 미치거나 지역의 정체성에 관련한 사항으로 이 헌법과 지방자치기본법에 의하여 국가의 입법권에 속하지 않는 사항은 도가 입법권을 갖는다.

④ 도의 조례는 시 · 군 · 자치구 조례에 우선하며 법률에 위반해서는 안 된다.

⑤ 이 헌법에서 법률로 규정하도록 되어 있는 사항이 도의 권한에 속하는 경우에는 도가 조례로 규정할 수 있다.

제136조 ① 도가 입법권을 가지는 사항에 대해서는 도가 자치사무를 집행한다.

② 국가가 도와 경합적으로 입법권을 갖는 사항에 대해서는 지방자치기본법에 특별한 규정이 없는 한 도가 자치 사무를 집행한다.

③ 국가만 입법권을 갖는 사항에 대해서는 지방자치기본법에 의하여 도에 위임하여 수행하게 할 수 있다.

제137조 ① 국가는 도가 그 사무를 수행하는데 필요한 재원을 보장하여야 한다.

② 도세의 종류와 세원은 지방자치기본법에 위반하지 않는 범위 안에서 도가 조례로 정한다.

③ 도가 국가의 법률을 집행하는데 필요한 비용은 국가가 전액을 부담하여야 한다.

제9장 경제

제138조 ③ 국가는 <u>전국의</u> 균형 있는 경제발전을 위하여 <u>필요한 정책을 수립하고 시행한다.</u>

제140조 ① 국가는 농업과 어업의 지속적인 개발 및 농어민의 권익을 신장하기 위하여 필요한 정책을 수립하고 시행한다.

② 국가는 농지의 경자유전 원칙이 달성될 수 있도록 노력하며, 농업생산성의 제고와 농지의 합리적인 <u>이용을 위하여 필요한 경우에는 법률에 따라</u> 농지의 임대차와 위탁경영을 허용한다.

제141조 ① 국가는 중소기업과 <u>소상인을 보호하기 위하여 필요한 정책을 수립하고 시행한다.</u>

② 국가는 농수산물과 <u>생활필수품의</u> 수급균형을 유지하고 유통구조를 <u>개선하여 가격이 안정될 수 있도록 노력한다.</u>

③ 국가는 농·어민과 중소기업의 <u>자조조직을 지원하고 그 자율적 활동을 보장한다.</u>

④ <u>국가는 소비자의 권익을 보호하고 소비자운동을 보장한다.</u> [81]

위의 조문 가운데 밑줄 친 부분이 수정하거나 새로 만들어 넣은 구절이다. 이 밖에 새헌법조문화위원회의 새 헌법안에서 '국민'을 '모든 사람'으로 바꾸었는데, 이 부분은 따로 제시하지 않았다. 위의 새 헌법

---

81) 대화문화아카데미 편, 『새로운 헌법 무엇을 담아야 하나』, 376-446쪽.

헌법은 밥이다

안을 보면 아동의 권리를 새로운 조항에 추가한 점이 가장 눈에 띈다. 그리고 언론·출판·집회·결사의 자유, 사생활 등 기본권 문제도 잘 다루었다. 그리고 지방자치에 관해 지나칠 정도로 상세한 조항을 넣었다.

공화주의자를 자처하며 헌법을 재해석한 조유진 전 청와대 행정관은 바꾸거나 신설해야 하는 헌법 조항의 문구까지 만든 헌법 개정안을 제시하였다. 이 가운데 몇 가지 제안을 소개한다.

제1조(국민주권) ③ 헌법에 대한 궁극적 해석권은 국민에게 있다(제1조 3항 신설).

제2조(국적) ③ 1910년 8월 29일 현재 대한제국 국적을 보유하고 있던 자는 대한민국의 국적을 취득한 것으로 본다(제2조 3항 신설).

제3조(영토조항) 대한민국은 대한제국의 영토를 승계한다(제3조 수정).

제8조(정당 설립의 자유와 보호) 3항의 정당운영 자금 보조 조항 삭제

④ 정당의 목적, 조직, 활동이 헌법에 위배될 때에는 정부는 헌법재판소에 그 해산을 제소할 수 있고, 정당은 헌법재판소의 심판에 의하여 해산된다.

제10조(인간의 존엄과 가치) ② 사형제도는 인정되지 아니한다(제10조 2항 신설).

제21조(표현의 자유) ⑤ 언론의 독과점으로 인한 폐해를 시정하기 위하여 필요한 사항은 법률로 정한다(제21조 5항 신설).

제29조(국가배상청구권) 2항 군인·군무원·경찰공무원 등의 이중배상청구금지 조항 삭제

제31조(교육을 받을 권리) ① 모든 국민은 균등하게 교육을 받을 권리를 가진다.

제40조(입법권) 입법권은 국회에 위임한다.

제42조(국회의원 임기) 국회의원의 임기는 2년으로 하되, 계속 재임은 3기에 한한다.

제52조(법률안 제출권) ① 국민과 국회의원은 법률안을 제출할 수 있다.

② 국민이 법률안을 제출하고자 할 때에는 국회의원선거권자 20만 명 이상의 동의가 있어야 한다(제52조 2항 신설).

제62조(국회 출석 의무) ② 국회나 그 위원회의 요구가 있을 때에는 국무총리 · 국무위원 또는 정부위원은 출석 · 답변하여야 하며, 국무총리 또는 국무위원이 출석 요구를 받은 때에는 특별한 사정이 없는 한 국무위원 또는 정부위원으로 하여금 출석 · 답변하게 할 수 없다.

제66조(대통령의 임무) ① 행정권은 대통령을 수반으로 하는 정부에 위임하며, 대통령은 외국에 대하여 국가를 대표한다.

④ 행정권은 대통령을 수반으로 하는 정부가 행한다.

제69조(대통령 취임 선서) "나는 국민의 명을 받들어 헌법을 준수하고 국민의 자유와 복리를 증진하며, 국가를 보위하고 조국의 평화적 통일에 노력하여 대통령으로서의 직책을 성실히 수행할 것을 엄숙히 선서합니다."

제70조(대통령 임기) 대통령의 임기는 4년으로 하며, 1차에 한하여 연임할 수 있다.

제89조(국무회의 심의 사항) 다음 사항은 국무회의의 의결을 요한다.

제97조(감사원 업무) 감사원 소속을 대통령에서 국회로 변경

헌법은 밥이다

제110조(군사법원)4항의 "다만 사형을 선고한 경우에는 그러하지 아니하다" 삭제(제10조 2항 사형 폐지 신설에 따른 삭제)

제117조(지방자치단체의 업무) ① 국가는 국가균형발전과 지방자치단체의 재정자립을 촉진하기 위하여 노력해야 한다.

② 국가와 지방자치단체 간의 권한 이양 또는 지방자치단체의 지출을 증가시키는 국가적 사업의 실시에는 법률에서 정하는 재원의 이전을 수반한다.

제122조(국토 이용의 제한) ① 국가는 국민 모두의 생산 및 생활의 기반이 되는 토지의 효율적이고 균형 있는 이용·개발과 보전, 그리고 공공성을 수호하기 위하여 법률이 정하는 바에 의하여 그에 관한 필요한 제한과 의무를 과할 수 있다.

② 국가는 개인 또는 법인이 소유할 수 있는 토지의 면적, 개발이익의 귀속에 대하여 법률로써 제한을 할 수 있다.

③ 국가는 동일 세대의 부동산 보유 규모가 법률이 정하는 기준을 초과할 경우, 그 초과분에 따라 조세를 부과할 수 있다.

제128조(개헌안 발의) ① 헌법 개정은 국회의원선거권자 50만 명, 국회재적의원 과반수 또는 대통령의 발의로 제안 된다.

제129조(개헌안 공고) 제안된 헌법 개정안은 대통령이 60일 이상의 기간 이를 공고하여야 한다.

제130조(개헌안 의결, 확정, 공포) ② 헌법 개정안은 국회가 의결한 후 30일 이내에 국민투표에 부쳐 국회의원선거권자 과반수의 찬성을 얻어야 한다.[82]

---

82) 조유진, 『헌법 사용설명서』, 385~400쪽.

조유진 전 청와대 행정관의 주장 가운데 국회의원 임기를 2년으로 줄이고 3번 연임할 수 있도록 제한한 내용이 인상적이다. 연임횟수는 다르지만 필자도 기본 취지에 동의한다. 국회의원들은 재선 이후 법률안 제정이나 행정부 감시 등 해야 할 일을 하는 것이 아니라 3선, 다선만을 노리고 정치활동만 한다. 현재 상당수 국회의원들이 상임위원회 활동에서 제안한 법률안을 검토하지 않고 국회전문위원의 요약본만 듣거나 보고 표결하는 무성의한 활동을 하고 있다. 국회의원들에게 초선의원처럼 열심히 하기를 기대하기 어려우므로 연임을 제한하도록 해야 한다. 그는 3번 연임 이후 한 번 쉬었다가 다시 3번 연임에 도전할 수 있다고 덧붙였다. 쉬는 동안 자신과 사회를 성찰할 기회를 가지는 것이 다시 의정활동을 할 때에도 좋다는 것이다. 또 사소해 보이지만 교육을 받을 권리를 규정한 제31조 1항에서 "모든 국민은 능력에 따라 균등하게 교육을 받을 권리를 가진다."에서 '능력에 따라 균등하게'를 '균등하게'로 바꿀 것을 제안한다. 후자의 구절이 1948년 헌법이었는데, 1962년 제정된 헌법 6호에서 현재처럼 바뀌었다. 『지금 다시 헌법』에서는 '능력에 따라'를 '각자의 수학 능력과 개성에 따라 교육의 기회가 다르게 제공된다.'고 해석하였다. 즉 경쟁시험에 떨어져 그 학교에서 교육을 받은 교육기회를 얻지 못했다고 해서 교육 받을 권리나 평등권을 침해당한 것은 아니라는 것이다.[83] 그러나 조 전 행정관은 '능력에 따라 균등하게 교육을 받는다'는 표현은 모순이라고 보았다. 그는 '능력'을 부모와 조부모의 경제력으로 해석하여, 집안의 경제력과 최고 수준의 대학 등록금 때문에 교육의 빈부격차 확대가 진행되는 현실임을 지적하였다.[84] 양자의 견해를 비교하면 '능력'의 해석에 따라 법률안의 입안과 교육 정책에 큰 영향을 줄 수 있음을 알 수 있다. 후자의 주장이 옳은 것으로 보인다.

국회의 개헌논의가 정략적인 이유로 지지부진하자 문재인대통령은 대통령직속 국민헌법자문특별위원회를 출범하였다. 국민헌법특위(약칭)는 홈페이지(www.constitution.go.kr)를 만들고 국민의 뜻을 수렴하는 모양새를 취하였다. 이 홈페이지에 2월 19일부터 3월 9일까지 모두 525,209명이 방문했으며, 주목받는 안건에는 찬성과 반대 클릭수가 511,219건, 댓글이 53,920건이었다. 개인이 헌법을 제안하는 '내가 제안하는 안건'에는 1,127건의 개헌안이 올라왔다. 약 20일 동안 방문자수가 50만여 명임을 보면 국민들의 관심이 뜨겁다고 볼 수 없다. 그리고 '주목받는 안건'에 이미 개헌의 방향을 정해놓고 찬반 클릭과 댓글을 다는 정도라서 국민들의 여론을 수렴했다고 보기에 미흡하다. '내가 제안하는 안건'에서 국민들의 목소리를 생생하게 들을 수 있다. 이중배상금지(29조 2항) 삭제, 동일노동 동일임금 조항 신설, 인권위원회와 고위공직자비리수사처의 헌법기관 격상, 국회의원 최저임금제 혹은 연봉 삭감, 성폭력, 동성애와 동성결혼 찬반,

---

83) 차병직, 윤재왕, 윤지영 지음, 『지금 다시, 헌법』, 198쪽.
84) 조유진, 『헌법 사용설명서』, 218쪽.

만18세 투표권, 투표소 수개표, 심신미약 감형 반대, 낙태, 양성평등, 기본소득, 정당방위 요건 완화, 국회의원 소환제, 무고죄 처벌 강화, 동물권과 동물보호법, 국회의원 임기 축소, 청소년 투표권, 쉽게 읽을 수 있는 헌법 문장 표현과 한글 전용, 여성의 병역의무, 민족반역자 처벌, 모병제, 국회의원과 지방의회의원 자격시험, 사형 실시 혹은 부활, 공소시효 폐지, 대법원장과 대법관 혹은 법관 선거 직선제, 대통령 국회의원 출마 연령제한 폐지, 이익균점권 부활, 국회의원 출마횟수 제한, 개헌 반대 등이 3회 이상 제기된 주제이다. 이 주장 가운데 개헌 반대나 사형 실행 혹은 부활처럼 개헌과 관련 없는 주장도 있지만, 동성애와 동성혼 찬반, 동물권(동물보호법), 정당방위 요건 완화, 심신미약 처벌 완화 반대, 청소년 투표권, 모병제, 이중배상금지 삭제 등 구체적으로 기본권을 신설하거나 바꾸어 우리의 삶을 바꾸어야 한다는 절실한 목소리도 있었다. 여담이지만, 국회의원 임기나 출마 횟수를 줄이거나 연금을 최저임금으로 낮춰야 한다는 등 국회의원을 비난 혹은 증오하는 주장이 많았다. 현재 국회의원에 대한 이미지를 그대로 반영한다.

헌법은 밥이다

필자가 새 헌법에 넣거나 빼고 싶은 조항들

앞에서 소개한 헌법 개정에 대한 대안만 보아도 바꿔야 할 부분이 많고, 이를 정리하고 토론하며 정리하는데 많은 시간이 필요하다. 필자는 헌법 전문가가 아니지만, 주권을 가진 국민의 한 사람으로서, 혹은 유권자로서 개인적인 견해를 제시해 보겠다. 〈표 6〉은 다음 헌법에서 삭제되거나 새로 추가하거나 바꿔야할 조항을 나열한 것이다.

〈표 6〉 필자의 헌법 개정 삭제·신설·개정 조항

현행 헌법 조항	삭제·신설·개정 조항	비고
헌법전문	유구한 역사와 전통에 빛나는 우리들 대한국민은 기미 삼일운동으로 대한민국을 건립하여 세계에 선포한 위대한 독립정신을 계승하여 이제 민주독립국가를 재건함에 있어서 정의인도와 동포애로써 민족의 단결을 공고히 하며 모든 사회적 폐습을 타파하고 민주주의 제도를 수립하여 정치, 경제, 사회, 문화의 모든 영역에 있어서 각 인의 기회를 균등히 하고 능력을 최고도로 발휘케 하며 각 인의 책임과 의무를 완수케하여 안으로는 국민생활의 균등한 향상을 기하고 밖으로는 항구적인 국제평화의 유지에 노력하여 우리들과 우리들의 자손의 안전과 자유와 행복을 영원히 확보할 것을 결의하고 우리들의 정당 또 자유로이 선거된 대표로써 구성된 국회에서 단기 4281년 7월 12일 이 헌법을 제정한다.	1948년 헌법전문 부활

제1조 (국민주권)	③ 시민은 헌법을 어기거나 국민의 뜻을 거스르는 정부에 저항할 권리를 가진다.	저항권 신설
	④ 시민은 주권의 위임을 받은 모든 선출직 공무원들이 주권자의 뜻을 어길 경우 선출직 공무원의 파면을 투표에 붙일 수 있는 권한을 가진다.	국민소환제 신설
제12조 (신체의 자유)	③ 체포, 구금, 수색에는 법관의 영장이 있어야 한다. 단, 범죄의 현행범인의 도피 또는 증거인멸의 염려가 있을 때에는 수사기관은 법률의 정하는 바에 의하여 사후에 영장의 교부를 청구할 수 있다.	1948년 헌법(1~5호 헌법 규정 동일) 부활
제13조 (일사부재리 등)	③ 모든 국민은 자기의 행위가 아닌 친족의 행위로 인하여 불이익한 처우를 받지 아니한다. 다만 친일파는 연좌제금지에서 제외할 수 있다.	
제20조 (정치와 종교 의 분리)	② 국교는 인정되지 아니하며, 종교와 정치는 분리된다. 이를 어기는 정치인과 공무원, 종교인은 헌법 위반으로 무겁게 처벌한다. 구체적인 처벌 사항은 법률로 정한다.	"이를 어기면 헌법 위반으로 무겁게 처벌한다. 구체적인 처벌 사항은 법률로 정한다." 추가
제21조 (언론·출 판·집회·결 사의 자유)	3항 "통신·방송의 시설기준과 신문의 기능을 보장하기 위하여 필요한 사항은 법률로 정한다." 삭제	
	4항 "언론·출판·방송은 타인의 명예나 권리 또는 공중도덕이나 사회윤리를 침해하여서는 아니된다. 언론·출판이 타인의 명예나 권리를 침해한 때에는 피해자는 이에 대한 피해의 배상을 청구할 수 있다." 삭제	
제26조 (청원권)	② 국가는 국민의 청원을 성실히 심사하고 그 결과를 반드시 통보해야 한다.	"국가는 청원에 대하여 심사할 의무를 진다." 강화
제23조 (재산권)	① 모든 국민의 재산권은 보장된다. 다만 친일파의 후손과 국가의 재산이나 시민의 세금을 횡령한 범죄자는 재산권 보장에서 제외된다. 재산권의 내용과 한계는 법률로 정한다.	

헌법은 밥이다

제29조 (국가배상청 구권)	2항 군인 · 군무원 · 경찰공무원 등의 이중배상 청구금지 조항 삭제	
제31조 (교육을 받을 권리)	① 모든 국민은 균등하게 교육을 받을 권리를 가진다.	1948년 헌법 조항 으로 복귀, "능력에 따라" 삭제
제35조 (환경권)	3항 삭제	환경권과 주거환경 의 오해를 피하기 위해 삭제
제36조 (가족과 보건)	① 국가는 다양한 형태의 가족을 인정하며 가족 의 유지를 위해 노력해야 한다.	
	③ 국가는 모든 국민의 건강과 보건을 책임질 의무가 있다.	
신설	대한민국 시민은 시민의회, 시민참심원(법원과 헌법재판소), 기소배심원, 선거참관인과 투표참 관인 등 추첨에 의해 선발되는 공직에 참여할 의무가 있다.	시민의 의무
제40조 (입법권)	입법권은 국회와 시민의회가 행한다.	
제42조 (의원 임기)	국회의원의 임기는 2년이며, 5회까지 연임이 가 능하다. 시민의회의원의 임기는 2년이며 연임할 수 없다.	
제50조 (회의 공개의 원칙)	① 국회의 회의는 공개한다. 특히 예산안 심의는 공개하며 회의 기록을 반드시 공개해야 한다. 다 만, 출석의원 과반수의 찬성이 있거나 의장이 국 가의 안전보장을 위하여 필요하다고 인정할 때 에는 공개하지 아니할 수 있다.	예산안 심의 공개 와 회의 기록 의무 화
제52조 (법률안 제출 권)	시민과 국회의원, 시민의회는 법률안을 제출할 수 있다. 시민이 법률안을 발의할 경우 국회의원 선거권자 100만 인 이상의 서명이 있어야 한다.	국민발안제

제54조 (예산안의 심 의 · 확정)	② 정부는 회계연도마다 예산안을 편성하여 회 계연도 개시 120일 전까지 국회에 제출하고, 국 회는 회계연도가 개시되기까지 예산을 의결하 여야 한다. 부득이한 사유로 인하여 예산이 의 결되지 못한 때에는 국회는 1개월 이내에 가예 산을 의결하고 그 기간 내에 예산을 의결하여야 한다.	1948년 헌법 조항 부활 · 원용, 예산 안 국회 제출 기간 을 90일에서 120일 로 연장
제62조 (국무총리 · 국무위원의 국회 출석)	② 국회나 그 위원회의 요구가 있을 때에는 국 무총리 · 국무위원 또는 정부위원은 반드시 출 석 · 답변하여야 한다. 화상회의도 출석 · 답변으 로 간주한다.	
제64조 (국회의원 징 계 · 제명)	② 시민의회는 국회의원의 자격을 심사하며, 의 원을 징계할 수 있다.	
	③ 국회의원을 제명하려면 시민의회의원 5분의 3 이상의 찬성이 있어야 한다.	
신설 (회계감사원)	① 납세자의 대표인 국회는 국가의 세입 · 세출 의 결산, 국가 및 법률이 정한 단체의 회계감사 를 감시하기 위해 회계감사원을 둔다. ② 회계감사원의 조직과 운영은 법률로 정한다. ③ 회계감사원은 세입 · 세출의 결산을 매년 검 사하여 국회와 시민의회, 대통령에 그 결과를 보 고하여야 한다.	
신설 (시민의회)	① 시민의회는 시민들의 청원에 의한 입법권을 대행하며 국회를 견제한다. ② 시민의회 의원은 유권자의 성별 · 연령 · 학 력 · 직업 · 고향 · 거주지 등에 따라 그 비율에 비례하는 대한민국 시민을 추첨으로 선출하며 임기는 2년이고 중임할 수 없다.	신설
	③ 행정부의 행정기관 및 공무원의 직무에 관한 감찰을 하기 위하여 시민의회 아래에 감사원을 둔다.	현행 헌법 제97조 의 감사원 소속 변 경
	④ 시민의회의 조직 등은 법률이 정하는 바에 따른다.	신설

헌법은 밥이다

신설 (시민의회의 권한)	① 시민의회는 지역·계층·연령 간의 갈등이 첨예하거나 국회가 외면하는 현안에 대한 입법권과 심의권을 가진다. ② 시민의회는 국회의원의 인사·보수·징계·제명, 국회의원 선거제도, 국회의원의 수와 지역구 획정 등과 관련한 입법권을 가진다. 그리고 국회 법사위원회가 법조문의 결함 이외에 자의적으로 법안 심사 통과를 막는 것을 제재할 수 있다. ③ 시민의회는 입법부·행정부·사법부·헌법재판소 등 헌법기관이나 중앙정부와 지방정부, 정부기관 사이의 분쟁을 조정할 수 있다. ④ 시민의회는 시민들이 발의한 법률안을 심의하고 국회의 본회의에 부의한다. ⑤ 시민의회는 세금의 인상이나 새로운 세금 항목의 신설, 예산안 등의 의결권과 거부권을 가진다. ⑥ 2항을 제외하고 1항과 4항의 법률안은 시민의회와 국회의 합동회의에서 투표에 부친다.	
제66조 (대통령의 지위)	① 대통령은 국민의 주권을 위임받은 행정권의 수반이며 외국에 대하여 국가를 대표한다.	1948년 대통령의 지위 조항 복귀
	4항 삭제	"행정권은 대통령을 수반으로 하는 정부에 속한다."가 1항과 중복되므로 삭제
제67조 (대통령 선거)	② 대통령선거에서 투표수의 과반수의 투표를 얻은 후보가 없으면, 1·2위 득표자를 상대로 결선투표를 실시한다.	
	4항 삭제	대통령후보의 나이(40세) 제한

제69조 (취임선서)	대통령은 취임할 때 다음의 선서를 한다. "저는 시민의 주권을 위임받아 헌법을 준수하며 시민의 기본권과 복리를 증진하며 조국의 평화적 통일을 위하여 노력할 뿐만 아니라 국가를 보위하여 대통령의 직무를 성실히 수행할 것을 국민 앞에 엄숙히 선서합니다."	조유진의 개헌안 참조하여 수정
제70조 (대통령의 임기)	대통령의 임기는 4년으로 하며, 1차에 한해 중임할 수 있다.	4년 중임제
제71조(권한 대행 순서)	대통령이 궐위되거나 사고로 인하여 직무를 수행할 수 없을 때에는 국회의장, 시민의회의장, 국회부의장, 국무총리, 법률이 정한 국무위원의 순서로 그 권한을 대행한다.	현행 헌법은 "국무총리, 법률이 정한 국무위원의 순서로 그 권한을 대행한다."임
제79조 (사면·감형· 복권 조항)	① 대통령은 법률이 정하는 바에 의하여 사면·감형 또는 복권을 명할 수 있다. 다만 자본주의 질서를 어긴 경제사범과 조세포탈사범은 사면·감형 또는 복권 대상에서 제외한다.	밑줄 친 부분 추가
신설 (국무원의 지 위)	국무원은 대통령과 국무총리 기타의 국무위원으로 조직되는 합의체로서 대통령의 권한에 속한 중요 국책을 의결한다.	1948년 제68조 조항 원용
제87조	① 국무위원은 대통령이 임명한다.	"국무총리의 제청으로"구절 삭제
제88조 (국무회의의 권한)	① 국무회의는 정부의 권한에 속하는 중요한 정책을 의결한다.	'심의'에서 '의결'로 바꿈
제89조 (국무회의 의 결 사항)	다음 사항은 국무회의의 의결을 거쳐야 한다.	'심의'에서 '의결'로 바꿈
신설(국무회 의 표결)	① 국무회의의 의결은 과반수로써 행한다. ② 의장은 의결에 있어서 표결권을 가지며 가부 동수인 경우에는 결정권을 가진다.	1948년 헌법 제71조 부활

(신설)	① 국회에서 국무위원에 대하여 불신임결의를 하였을 때에는 당해 국무위원은 즉시 사직하여야 한다. ② 전항의 불신임결의는 그 발의로부터 24시간 이상이 경과된 후에 재적의원 5분의 3이상의 찬성으로 한다.	헌법 2~3호 제70조의 2 조항 원용
제90조	국가원로자문회의 조항 삭제	조직 폐지 혹은 헌법기관에서 제외
제92조	민주평화통일자문회의 삭제	
제93조	국민경제자문회의 삭제	
제99조	감사원의 회계검사 보고 규정 삭제	회계감사원의 권한
제101조	① 사법권은 법관으로 구성된 법원과 시민참심원이 행한다.	시민 배심원 혹은 참심원 제도 도입
제105조	③ 대법원장과 대법관이 아닌 법관의 임기는 정년까지 보장한다. 그러나 범죄를 저지르거나 법관의 품위를 손상시키는 행위를 한 경우 중도에 파면 혹은 해임할 수 있다. 법관의 중도 파면 혹은 해임에 관한 사항은 법률로 정한다.	
제110조	④ 비상계엄 군사재판 단심 조항 삭제	
제111조(헌법 재판소의 직무와 구성)	② 헌법재판소는 법관과 헌법학자, 인권 전문가, 변호사 등 가운데 임명하는 재판관 9인과 시민 배심원으로 구성하며, 재판관은 대통령이 임명한다.	법관 자격자(판사와 검사) 이외에 다양한 사람이 헌법재판에 참여
	⑤ 시민배심원은 1항의 2, 3, 4 재판에 반드시 참여해야 한다.	신설
신설	① 시민의 인권과 기본권을 보장하기 위해 국가인권위원회를 둔다. ② 국가인권위원회의 권한과 조직 등은 법률이 정하는 바에 따른다.	

제117조	① 지방정부의 권력은 주민으로부터 나온다. 지방정부는 보충성의 원리와 법률의 범위 안에서 그 자치에 관한 행정사무와 중앙정부가 위임한 행정사무를 처리하며 재산을 관리한다. ② 지방정부의 장은 보통 · 평등 · 직접 · 비밀 선거로 선출하며, 특히 읍, 면, 동의 장은 주민의 직접선거로 뽑는다. ③ 지방정부는 법률이 정하는 바에 따라 자유롭게 지출할 수 있는 재원을 가진다. 중앙정부가 지방정부에 위임한 행정사무를 처리하는데 필요한 비용은 모두 중앙정부가 부담해야 한다. ④ 지방정부의 장과 지방정부의 종류, 조직과 운영에 관한 사항은 법률로 정한다.	
제118조 지방시민의회 규정 두 가지 (별첨)	① 지방정부에 주민의 대표로 구성된 의회를 둔다. 지방의회의 의원은 보통 · 평등 · 직접 · 비밀 선거로 선출한다. ② 지방의회의 조직 · 권한 · 의원선거에 관한 사항은 법률로 정한다.	
제119조	③ 독과점의 폐단은 적절히 규제 · 조정한다.	헌법 제9호의 제120조 3항 부활
제120조	① 광물 기타 중요한 지하자원, 수산자원, 수력과 경제상 이용할 수 있는 자연력은 국유로 한다. 법률이 정하는 바에 의하여 일정한 기간 자연력의 채취 · 개발 또는 이용을 특허할 수 있다. 자연력에서 나오는 수익은 중앙정부나 지방정부의 재정으로 충당하거나 기본소득으로 시민들에게 분배한다.	1948년 헌법 제85조 부활 및 기본소득과 연계
제121조	③ 1항의 경자유전의 원칙을 어기고 농민이 아닌 사람이 농토를 구입하는 경우 형사처벌하고 농지 매매 혹은 농지 수용의 이익은 모두 국고로 환수한다.	신설

헌법은 밥이다

제124조	국가는 시민의 인권과 복지를 보장하기 위해 소비자보호운동을 법률에 따라 보장한다.	"건전한 소비행위를 계도하고 생산품의 품질향상을 촉구하기 위한" 구절 삭제
제128조 (개헌안 발의)	① 헌법 개정은 국회의원선거권자 100만 인, 국회재적의원 과반수 또는 대통령의 발의로 제안된다.	현행 헌법은 "국회재적의원 과반수 또는 대통령의 발의"임
제129조 (개헌안 공고)	제안된 헌법 개정안은 대통령이 60일 이상의 기간 이를 공고하여야 한다.	현행 헌법은 "20일"임
제130조 (개헌안 의결, 확정, 공포)	제130조 ① 국회는 국회나 대통령이 발의한 헌법개정안이 공고된 날로부터 60일 이내에 의결하여야 하며, 국회의 의결은 재적의원 3분의 2 이상의 찬성을 얻어야 한다. 다만 시민이 발의한 개헌안은 국회와 시민의회의 합동회의에서 의결해야 하며, 합동회의에 참석한 국회의원과 시민의원 재적 정족수의 3분의 2 이상의 찬성을 얻어야 한다. ② 헌법 개정안은 국회가 의결한 후 30일 이내에 국민투표에 부쳐 국회의원선거권자 과반수 이상의 투표와 과반수의 찬성을 얻어야 한다.	현행 헌법은 "국회의원선거권자 과반수의 투표와 투표자 과반수의 찬성"임

〈표 6〉의 헌법 조항을 헌법전문, 국민주권, 기본권, 경제조항, 권력구조, 좀 더 생각할 문제 등 몇 가지로 나눠 살펴보자.

① 헌법전문

헌법전문(前文)을 새로 만들 것인가 아니면 기존의 것을 그대로 쓸 것인가라는 문제도 다시 생각해볼 문제이다. 박정희가 쿠데타를 일으킨 이후, 개헌 횟수만큼이나 헌법전문의 수도 늘어났다. 장면 정권이 자신과 다른 정치체제를 지녔던 이승만 정권과 차별화하였지만, 적어도 헌법전문은 1948년 헌법의 것을 전혀 바꾸지 않았다. 그리고 바뀐 헌법조항은 '일부 개정'으로 표기하였다. 현행 헌법은 대한민국임시정부의 법통을 계승한다고만 하였다. 건국절 논란을 지우고 대한민국의 정통성과 정체성을 바로잡기 위해 헌법 제1~5호의 전문을 다시 사용하는 것이 좋다고 생각한다. 만약 10차례의 헌법 개정이나 민주화운동을 언급해야 한다면, 그 문장만 새로 추가해도 좋을 것이다. 물론, 새로 추가한 문장 다음에 "일부 개정"이라는 표시를 반드시 해야 한다.

그러나 문재인 대통령이 여러 차례 광주민주화운동을 헌법전문에 넣겠다고 공언한 것으로 보아 개헌 후의 헌법 제11호에서 또 다른 전문, 즉 여섯 번째 헌법전문을 보게 될 것 같다.

② 국민주권

현행 헌법에서 제1조 2항에 "대한민국의 주권은 국민에게 있고, 모든 권력은 국민으로부터 나온다."라는 구절이 있다. 그러나 막상 헌법을 뒤져보면 국민이 주권을 행사할 수 있는 방법은 별로 없다. 대통령과 국회의원을 뽑는 정도? 청원권이 있지만, 공무원들도 국민들의 청원을 그 사람의 지위와 사회적 영향력에 따라 가려 받으니 흙수저들에게는 그림의 떡이다. 국민투표는 지금까지 헌법 개정을 통과시키는 요식 행위로만 사용되었다. 따라서 헌법을 바꾸게 된다면 국민주권을 강화하는 조항을 추가해야 한다.

국민주권을 강화하는 조항은 저항권, 국민소환제(선출직 공무원의 파면 청구 투표)와 국민발안제(국민이 직접 법률안 제출), 청원권의 강화, 추첨으로 선출한 국민대표인 시민의회와 지방시민의회 신설, 법원과 헌법재판소 재판의 시민 참여(시민 참배심제) 등이 있다.

먼저 저항권이다. 미국의 독립선언서와 프랑스의 인권선언문, 그리고 이를 반영한 헌법에서 국민의 저항권을 규정했다고 한다. 현행 헌법을 만들 때 야당 대표들이 광주민주화운동과 1987년 6월 항쟁을 헌법전문에 넣는 등 저항권을 명시하려고 했으나 실패하였다. 일부 판례에서는 현행 헌법에 '4·19 의거'가 포함되었고 헌법전문도 위헌 여부 판결에 참조가 되기 때문에 저항권이 반영되었다고 보기도 한다. 이를 명확히 하기 위해 헌법을 위배하거나 시민(국민)의 뜻에 어긋나는 정권에 저항할 수 있는 권리를 조항에 집어넣는 것이 필요할 것이다.

다음으로 국민소환제와 국민발안제(국민투표·법률안 제안권)이다. 두 제도는 국민이 뽑은 국회가 국민의 뜻을 반영하지 않는 상황에서 국민이 직접 헌법개정안과 법률안을 제안하거나 탄핵할 수 있는 권리를 주는 것이다. 이승만 정권은 유권자 50만 명 이상의 동의를 얻으면 헌법 개정안을 제안할 수 있도록 헌법 규정을 바꾼 적이 있다. 이를 참조하여 국회의원선거권자(유권자) 100만 명의 서명이 있으면 법률안을 제출할 수 있거나 선출직 공무원(선거로 뽑은 대통령, 국회의원, 시도지사, 구청장, 지방의회의원 등)의 파면을 선택할 수 있는 투표를 제안할 수 있는 권리를 추가해야 한다. 특히 후자, 즉 국민소환제는 매우 절실하다. 현행 헌법에 규정된 국회의원이 탄핵할 수 있는 공무원을 국민들도 탄핵할 수 있는 규정을 헌법에 보장되어야 한다. 물론 국회의원도 탄핵 대상에 포함되어야 한다.

고대 아테네의 공직추첨과 학계 일부에서 제기되는 시민의회 논의를 현실화한 시민의회를 만들 필요가 있다. 유권자의 성별, 거주 지역, 학력, 직업 등을 반영하여 추첨으로 선출한 시민 대표들이 중앙정부와 지방정부의 갈등, 잔머리만 굴리는 국회가 처리하지 못하는 지역 간·세대 간 갈등과 분쟁, 국민들이 제안한 법률안의 심사, 국회와 행정부의 감시 등을 맡아야 한다. 특히 국회와 관련된 여러 가지 사항은 시민의회만 논의하도록 해야 한다. 지금까지 국회의원들이 물의를 빚은 국회의원을 징계하지 않거나 경제가 어려워도 세비를 인상하고 연금 보험료를 내지도 않고 연금을 받는 규정을 만들었다. 헌법재판소의 선거구 위헌 판결과 선거관리위원회의 권역별비례대표제 제안을 무시하고 일부러 헌법재판소가 제시한 선거구 확정 날짜를 넘기고 2016년 총선 직전에야 누더기 선거법을 통과시켰다. 선거제도와 선거구 확정은 자신들의 이해와 관련되므로 제삼자인 시민의회에서 결정하도록 규정해야 한다. 다만, 추첨으로 뽑힌 시민의회가 선거로 뽑힌 국회와 동일한 입법권을 가지면 대의민주주의가 훼손되므로, 시민들이 직접 발의한 법안을 토론하고 국회와 함께 합동(본)회의를 개

최하여 표결에 부쳐야 할 것이다. 국회와 시민의회가 따로 표결하는 것이 아니라 함께 표결하며, 이를 위해 국회와 시민의회 의원 수를 동수로 해야 한다.

법원과 헌법재판소의 자의적이고 상식에 어긋난 판결을 방지하기 위해 시민이 재판에 참여하는 시민배심제 혹은 시민참심제를 도입해야 한다. 현재 판사들이 학연, 지연, 승진, 퇴직 후 변호사 개업 등을 이유로 양심에 따라 판결하기는커녕 윗사람과 재벌, 기득권층의 눈치를 보며 판결하기도 한다. '유전무죄, 무전유죄'라는 말이 괜히 나온 것이 아니다. 그러다보니 일반 사람들의 상식에 어긋나는 판결이 많다. 특히 2017년 하반기부터 2018년 2월까지 서울지법 영장전담판사들은 댓글사건에 개입한 전직 국방부 장관과 군인들에 대한 구속영장을 기각하거나 구속적부심을 통해 구속을 풀어주었다. 특히 우병우 전 민정수석의 구속영장이나 압수수색영장이 자주 기각되어 국민의 공분을 사기도 하였다. 다양한 배경을 가진 다수의 사람들이 내린 상식적인 판결이 올바른 판결에 가까울 수 있다. 배심 혹은 참심의 재판을 보장하기 위해 현행 헌법에서 법관 자격자만이 법원과 헌법재판소의 판사나 재판관이 되어 재판하는 규정을 고쳐 시민배심원이 재판에 참여하도록 헌법 조항을 바꾸어야 한다. 박근혜의 탄핵으로 위상이 높아진 헌법재판소는 탄핵뿐만 아니라 기존 법률이 국민의 기본권을 충실히 반영하는지를 검토하는 중요한 역할을 맡고 있다. 따라서 판사와 검사, 변호사뿐만 아니라 헌법학자나 인권운동가,

경제학자, 사회복지 전문가 등 다양한 분야에서 일하는 사람들이 헌법재판관이 되거나 배심원으로 재판에 참여한다면 상식적이고 올바른 판결을 내릴 수 있을 것이다. 또 검사들이 독점한 기소독점을 막기위해 기소배심원제도를 실시하여 집단지성에 의해 검사들의 자의적인 기소 혹은 기소 포기를 막도록 견제해야 한다.

다음으로 선거관리위원회에게만 맡긴 투표 관리에 일반 시민들도 참석할 수 있어야 한다. 국민주권과 직접민주주의를 실현하기 위해 시민의 의무로 시민의회의원, 법원과 헌법재판소의 배심원(혹은 참심원)뿐만 아니라 선거감시인과 투표감시인으로 의무적으로 참여할 수 있는 규정을 신설할 필요가 있다.

마지막으로 법률안뿐만 아니라 헌법 개정안도 시민들이 직접 제출할 수 있는 권한을 집어넣어 시민도 개헌의 주체가 될 수 있음을 규정해야 한다.

③ 기본권 조항

현행 헌법의 기본권 조항이 다소 미흡하기는 하지만, 기본권 조항만 제대로 지켜져도 한국은 살기 좋은 나라가 될 것이다. 그리고 시민들의 다양한 요구 사항을 기본권에 담는 것이 쉽지도 않고 필자의 능력도 부족하다. 일반 시민의 입장에서 바꾸거나 삭제할 기본권 조항 몇 가지를 현행 헌법의 조문 순서대로 나열해 보았다.

현행 헌법의 제20조에서는 국교를 부정하고 종교와 정치가 분리

헌법은 밥이다

된다고 규정하였다. 그러나 현실세계에서 이 조항을 지키는 정치인이나 종교인들은 적다. 따라서 이 조항을 어기면 처벌하는 조항을 추가해야 한다. 개인적으로 기독교와 불교의 기념일만 공휴일로 정하는 관행을 바꾸어 성탄절과 석가탄신일을 공휴일에서 제외하고 두 종교 이외의 다른 종교 신봉자들도 자기 종교의 기념일 중 하루를 쉴 수 있도록 해야 한다고 생각한다. 다만 이 내용까지 헌법에 추가할 필요는 없기 때문에 생략하였다.

다음으로 언론 · 출판 · 집회 · 결사의 자유 보장을 위해 명예훼손이나 민사소송을 금지하는 조항을 넣을 필요가 있다. 제18조 1항에 규정된 집회와 결사의 자유, 제31조 1항의 노동 3권을 보장하기 위해 국민이나 노동자가 국가와 회사를 상대로 벌이는 집회에 배상금 폭탄을 부과하게 하는 판례를 없애기 위해 손해배상소송을 못하게 하는 조항을 헌법 규정에 넣어야 한다. 정부와 재벌은 손해배상소송으로 국민들에게 재갈을 물린다. 법원에서 파업하는 노동자들에게 파업 도중 생긴 피해를 배상하라는 판례가 정착된 후 노조와 파업에 참여한 노동자들은 천문학적인 배상금을 내라는 판결문을 받기 십상이다. 평화로운 제주도 강정마을에 군항을 세우며 마을 사람들을 반반으로 찢어놓은 정부는 군항 건설에 반대하는 사람들에게 손해배상을 청구하여 막대한 돈을 내라는 판결을 받아냈다. 다행히 문재인 정부가 구상권 청구를 포기했는데, 정권이 바뀌면 반대로 뒤집힐지도 모르는 일이다. 국민들이 국가의 조치에 반대하는 집회를 열거나 노동자들이 파업 집회를 여는 것은 자신들의 생존권과 관련이 있기 때문이다. 그리고 그 이전에 국가가 해당 지역, 혹은 계층의 국민들에게 결정과정에서 제대로 설명하거나 충분한 동의를 구하지 않는 경우가 많다. 노동자들의 파업 등 집회도 마찬가지다. 대통령이나 회사의 사장, 혹은 그 밑의 관료와 관리인들이 국민이나 직원들의 의견을 수렴하지 않고 일방적으로 결정한 것에 대해 항의하는 권리는 당연히 있어야 한다. 그리고 이러한 집회를 막기 위해 돈으로 사람들의 행동을 막으려는 행위는 치졸하다.

또 국가를 위해 일하거나 희생한 사람들에게 정당한 배상을 할 수 있는 기회를 주어야 한다. 제29조 2항을 살펴보자.

> 군인 · 군무원 · 경찰공무원 기타 법률이 정하는 자가 전투 · 훈련 등 직무집행과 관련하여 받은 손해에 대하여는 법률이 정하는 보상 외에 국가 또는 공공단체에 공무원의 직무상 불법행위로 인한 배상은 청구할 수 없다.

뜬금없이 이 조항을 왜 바꿔야 하는지 의문을 제기할 독자들도 있을 것이다. 이 조항은 베트남 전쟁 때 참전한 사람들이 받지 못한 월급이나 치료비 등을 요구하는 배상소송을 막기 위해 유신헌법 때 신설한 것이다. 원래 법률 조항이었던 것인데, 대법원이 위헌이라고 판결하자 아예 헌법 조항에 집어넣어 배상 소송을 금지시켜 버렸다. 국가를 위해 자기 목숨을 걸고 희생하는 사람들에게 정당하게 보상해야 한다. 천

안함 사태 때 침몰하는 잠수함 안에서 "가만히 있으라"는 명령을 지키다가 죽은 장병들에게 얼마 안 되는 보상금을 주고 해결하고 군대복무 중 다친 군인들 치료비가 아까워서 의가사제대 시킨 후 모르쇠로 일관하는 군의 행태는 이 조항 때문에 가능한 것이다. 국가를 위해 희생하는 군인과 경찰 등에게 제대로 배상을 해 주어야 한다. 정당한 보상과 배상 없이 희생만 강요한다면 누가 대한민국을 지킬 것인가? 이 조항이 추가하게 된 과정을 아는 사람이면 이 조항의 삭제를 주장한다.[85]

다음으로 현행 헌법 제35조는 환경권을 다루고 있다. 그런데 '환경'의 뜻이 모호하다. 3항에서 '쾌적한 주거환경'을 언급하고 있기 때문이다. 따라서 환경권의 개념을 명확하기 위해 3항은 삭제해야 한다. 미세먼지로 온 국민이 고통을 받고 있는 현재 환경의 중요성이 어느 때보다 중요하다. 개헌 이후 지금보다 환경권을 강하게 명시하지 않아도 환경 관련 법률을 잘 지키고 환경부가 제대로 일을 하면 헌법이 보장한 환경권은 잘 구현될 것이다.

마지막으로 헌법에 가족의 정의를 규정하는 것은 바람직하지 않다고 생각한다. 제36조 1항은 아래와 같다.

혼인과 가족생활은 개인의 존엄과 양성의 평등을 기초로 성립되고 유지되어야 하며, 국가는 이를 보장한다.

---

85) 정태호, 「권리장전의 현대화」, 『헌법 다시 보기』, 274쪽; 조유진, 『헌법 사용설명서』, 215-216쪽.

앞에서 설명한 것은 이는 1948년 당시 기독교를 믿은 국회의원들이 동성애를 막기 위해 이 조항에 '남녀동권(男女同權)'이란 단어를 집어넣었다. 한자대로 해석하면 남성과 여성의 권리가 같다는 뜻이다. 내용상 남편과 아내가 평등한 가족을 이뤄야 한다는 뜻이지만, 가족은 남성과 여성의 결혼만 인정한다고 해석된다. 남성과 남성, 여성과 여성의 동성 결혼은 인정하지 않는다는 뜻이다. 필자도 동성애와 동성 결혼을 긍정적으로 보지 않지만, 현행 헌법 제10조에 인간의 존엄성과 불가침의 인권을 규정한 이상, 동성결혼을 허용할 수 있는지 전 국민적인 토론과 논의가 필요하다고 생각한다. 또 빈부의 격차, 결혼 비용 상승, 집값의 앙등으로 결혼하지 못하고 혼자 사는 1인 가정이 증가하고 있다. 이들도 가족으로 봐야 할 것인가? 전에는 혼자 사는 1인 가정의 수가 적었으므로, 이들의 존재와 권리를 무시해도 되었지만, 이들이 차지하는 비중이 무시할 정도가 아니다. 1인 가정도 가족으로 규정하고 그들의 권리를 남성과 여성으로 구성된 가족처럼 인정할 것인가? 따라서 헌법에 가족의 다양한 형태가 있음을 명시하는 대안이 필요하다.

이 밖에 가족의 보건에 관한 조항을 확대하여 시민의 건강과 보건을 국가의 의무로 규정할 필요가 있다. 이를 통해 일부 재벌들에게 혜택이 돌아가는 '의료민영화'를 막고 의료보험의 공공화에 힘써야 한다. 조유진 전 행정관이 주장하는 것처럼 '능력에 따라 균등하게'라는 제31조 1항의 구절을 '균등하게'로 바꿀 필요가 있다. 이는 1948년 헌법 조항의 부활이라는 점에서도 중요하다.

④ 경제 조항

지금까지는 헌법의 경제 조항을 중시하지 않았다. 경제 조항이 우리의 삶에 큰 영향을 주었음은 2권에서 자세히 다룰 것이다. 헌법 조항을 새로 추가하는 것보다 이전 헌법에서 좋은 조항을 부활하거나 손질해서 다시 추가해 보았다.

먼저 헌법 제9호의 제120조 3항 "독과점의 폐단은 적절히 규제·조정한다."를 부활하여 제119조 3항에 추가할 필요가 있다. 이는 현재 재벌들의 독과점의 폐해가 심한 한국의 상황에서 반드시 필요한 조항이다.

이어서 1948년 헌법 제85조를 부활하여 지하자원, 수산자원, 수력 등 자연력을 국유로 하고 이를 이용할 때 생기는 수익을 세금으로 환수하거나 국가 전체의 시민 혹은 해당 지역 주민들에게 기본소득으로 분배하는 규정을 추가해야 한다. 우리 땅에서 나는 물이나 공기, 지하자원, 물고기 등은 어느 개인의 소유물이 아니라 우리 모두의 것이므로 그 이익은 대한민국 시민 전체 혹은 일부가 공유하는 것이 기본소득의 헌법적 근거가 되는 행복추구권 등에도 적합할 것이다.

또 명목상의 경자유전 원칙을 현실화하기 위해 부재지주의 농토 구입을 처벌하는 규정을 헌법 규정으로 신설하고 도시인들이 투기 목적으로 농토를 구입하는 것을 금지해야 한다. 마지막으로 생산자의 입장에서 서술한 소비자보호 조항을 소비자 입장으로 고칠 필요가 있다.

마지막으로 사기 등 경제사범과 조세포탈자는 대통령의 사면·복권·감형 대상에서 제외해야 한다. 현재 한국은 사기 등 경제사범과 조세포탈에 대한 처벌이 너무 가볍다. 그러다보니 사기범들이 거액의 사기를 치고 국외로 도피하거나 돈을 빼돌리고도 솜방망이 처벌을 받는 사례가 많다. 이를 막기 위해 경제사범과 조세포탈자를 무겁게 처벌하고 사면·복권·감형이 불가능하도록 해야 한다.

⑤ 권력구조와 국가기관 개편

대부분의 정치인들은 기본권이나 국민주권보다 권력구조 개편에 관심이 있다. 순수한 대통령중심제가 좋은지, 의원내각제가 좋은지, 양자를 절충한 이원집정부제가 좋은지 판단하기 쉽지 않다.

필자는 1948년 헌법, 아니 1919년 대한민국임시정부로 거슬러 올라가는 국무원을 부활하는 대안을 제시하고자 한다. 특히 1948년 헌법과 그 이후 헌법 조항을 부활시켜 국무원은 행정부의 합의체 기관이고, 중요한 국정 사안을 '의결'하며 의결 방법은 다수결로 한다는 이전의 헌법 조항을 살리면 제왕적 대통령제를 시정할 수 있다. 그리고 대통령에 따라 국무위원 다수를 국회의원으로 임명하고 국무총리에게 권한을 부여하면 사실상 의원내각제의 효과가 나타날 수 있다.

필자가 가장 관심을 가지는 것은 감사원이다. 대통령에 직속하는 감사원을 분할하여 정부의 재정지출과 결산을 감시하는 회계감사원

헌법은 밥이다

과 일반 행정을 감사하는 감사원으로 나누어야 한다. 그리고 회계감사원을 국회, 감사원을 시민의회의 감독을 받도록 해야 한다. 유럽 민주주의의 발달 과정을 보면, 국왕의 자의적인 세금 부과를 막기 위해 납세자의 대표들이 의회를 만들었다. 의회는 세금과 관련된 문제의 동의를 요구하여 관철시켰고, 후에는 세금 사용을 감시하였다. 3권분립의 나라 미국에서 의회에 회계감사원이 있는 이유다. 납세자의 대표들이 모인 의회에서 국민의 세금을 사용하는 행정부의 세입·세출을 승인하거나 감시하는 것은 당연하다. 그러나 한국에서 회계감사를 하는 감사원은 대통령의 직속기관이다. 당연히 대통령과 행정부의 눈치를 볼 수밖에 없다. 국회의 회계감사원을 만들고 국민의 세금이 어떻게 쓰이는지 감사하고 납세자들의 대표인 국회는 이를 보고 받고 정부를 감시해야 한다. 이 문제와 함께 "감사원은 세입·세출의 결산을 매년 검사하여 대통령과 차년도 국회에 그 결과를 보고하여야 한다."라는 제99조도 바꾸어야 한다. 이 조항은 예산 문제의 감사 결과를 대통령에게는 바로 보고하는 반면, 국회에는 다음 해에 보고한다는 규정이다. 다음 해에 보고하면 사실상 보고가 아니라 사후 통고이다. 같은 해에 국회에 보고하고 국회는 예산 문제를 자세히 검토해야 한다. 또 국회의 회계감사원과 함께 행정부를 감시하기 위해 현재의 감사원을 유지시킬 필요가 있다. 즉 국회와 시민의회에 각각 회계감사원과 감사원을 두어 행정부와 공무원을 각각 감시해야 한다.

또 납세자들의 대표인 국회가 예산안을 충분히 심사하기 위해 예산안 제출 기한을 회계연도 120일 전으로 늘리고(현재 90일) 예산안 통과 날짜를 12월 31일로 늦춰서 국회의원들이 충분히 예산안을 심의할 시간을 주어야 한다. 통과되지 못할 경우를 대비하여 예비비 지출에 관한 조항을 두어야 한다. 물론 후자는 이미 이전 헌법에 있던 조항이다. 그리고 1948년 이후부터 정부가 가지고 있는 예산편성권을 국회가 가져야 하는지 고민해야 한다. 물론 국회의원들의 전문성과 양심, 청렴성, 도덕성을 믿을 수 없기 때문에 지금으로서는 국회가 예산편성권을 가져야 하는지 망설여진다. 미국 의회는 의원들의 예산편성을 돕기 위해 의회예산국(Congressional Budget Office)을 두고 예산 담당 공무원들의 도움을 받으며 국회의원들이 정부와 의논하면서 예산안을 법률안의 형태로 만든다. 우리나라의 경우 정쟁만 일삼고 지역구 예산 늘리기에 혈안이 된 국회의원들에게 예산안 편성권을 주는 것이 옳은지 판단을 유보한다. 다만, 대통령과 행정부의 권한을 줄이려고 한다면 필요한 조항이다.

이어서 검찰의 영장청구 독점을 막기 위해 1948년 헌법 제정 이후 헌법 제1~5호의 신체의 자유 조항에 있었던 영장청구 구절을 바꾸어야 한다. 1948년 헌법의 제9조에서 "체포, 구금, 수색에는 법관의 영장이 있어야 한다. 단, 범죄의 현행범인의 도피 또는 증거인멸의 염려가 있을 때에는 수사기관은 법률의 정하는 바에 의하여 사후에 영장의 교부를 청구할 수 있다."라고 하였다. 1948~1961년 사이 헌법에서는 영장의 발급 주체를 법관, 즉 판사로만 규정하였다. 박정희는 권력을 장악한 후 영장청구의 주체를 검찰관(검사)이라는 구절을 추가하였다. 검찰의 영장청구 독점을 위해서다. 1948년 헌법 제9조를 부활할 경우 영장청구의 주체를 명시하지 않았기 때문에 검사의 영장청구 독점이 무력화되고 검사뿐만 아니라 경찰 등 사법기관의 관리들도 영장을 청구할 수 있는 규정이 된다.

게다가 검사의 영장청구 독점을 헌법 조항에서 삭제할 경우 문재인 정부에서 논의되고 있는 고비처(고위공직자비리수사처)를 검찰의 간섭에서 독립시킬 수 있다. 고비처에 회의적인 정치인들은 어차피 검사들이 고비처에 파견되므로 고비처의 기능을 무력화시킬 것이라고 우려한다. 이를 막기 위해 고비처에게도 수사권과 기소권, 영장청구권을 부여해야 한다. 말이 나온 김에 고비처를 둘로 나누어 국회와 대통령이 모두 관할하여 서로를 견제해야 한다.

마지막으로 헌법기관이지만 활동이 적은 국가원로자문회의, 민주평화통일자문회의, 국민경제자문회의 등은 조직을 없애거나 헌법기관에서 제외해야 한다.

⑥ 지방자치

지방자치를 활성화하기 위해 먼저 '지방자치단체'라는 단어를 '지방정부'로 바꿀 필요가 있다. 이에 따라 헌법에 등장하는 국가는 문맥에 따라 '중앙정부'로 바꾸어야 한다. 또 일부학자들의 견해를 받아들여 지방정부의 권한이 주민에게서 나온다는 주민 주권을 명시하고,

지방정부가 처리하는 행정사무의 범위를 넓혀야 한다. 그리고 풀뿌리 민주주의 확대를 위해 읍·면·동 등 기초 행정구역의 장을 직접선거로 뽑는 규정을 포함해야 한다. 또 지방자치를 원활히 하기 위해 지방정부가 재원을 가져야 함을 명시하고, 특히 중앙정부가 지방정부에 위임한 사무에 필요한 비용은 중앙정부가 전액 부담하도록 헌법에 명시해야 한다(보충성의 원리). 박근혜 정권은 대통령 선거공약이자 중앙정부의 정책인 영육아 보육비용을 지방정부, 특히 지방교육청에 떠넘겨 의무급식(무상급식)을 무력화시키려고 하였다. 보충성의 원리를 헌법에 못박아 중앙정부가 지방정부에 비용을 떠넘기는 악행을 막아야 한다. 이 밖에 지방자치에 관한 여러 규정을 헌법에 집어넣는 방법도 있으나, 구체적인 것은 지방자치법 등 법률을 고치면 충분하다고 생각한다.

국회를 견제하기 위해 시민의회를 만든 것처럼 지방정부와 지방의회를 견제하기 위해 지방시민의회(혹은 주민의회)를 만들 필요가 있다. 현재 열심히 일하는 지방의회의원도 있지만, 상당수 의원들은 입법권을 포기하고 시청이나 구청 공무원들이 만들어준 조례를 통과시킨다고 한다. 게다가 국회의원들처럼 관광성 외유를 다녀오고 월급을 마음내로 올리기도 한다. 지방시민의회가 이를 견제하며 시민들의 법률안이나 조례안을 통과시키는 일을 대행하는 역할을 맡아야 한다. 이렇게 하면 토호나 지방유지들로 구성된 지방의회의 전횡을 막을 수 있을 것이다.

헌법은 밥이다

⑦ 용어의 수정

필자가 바꾸거나 삭제해야 한다고 생각하는 헌법조항을 설명하기에 앞서 현행 헌법에서 '자유민주주의'는 '민주주의'로, '국민'은 '시민'으로, '지방자치단체'는 '지방정부'로 바꾸어야 한다고 생각한다. '자유민주주의', 혹은 '자유민주적 질서'는 군사독재정권에서 사용하였고, 학문적인 개념이 아니므로 1948년 헌법의 표현대로 '민주주의'로 바꾸어야 한다.

'국민'은 1919년부터 사용되었지만, 박정희 정권에서는 '국가'를 강조하면서 한국어를 국어, 한국사를 국사처럼 국명보다 '국'을 강조하였다. 제2차 세계대전 때 일본에서 사용하던 표현을 지금까지 사용하고 있다. 나라의 백성이란 뜻으로 국민을 사용한다면 모르겠지만, 한국이 민주주의 국가이므로 '국민'보다 citizen의 번역어인 '시민'을 사용하는 것이 적절하다. 참고로 공산주의 국가인 중국에서도 '국민'이라는 단어를 사용하지 않고 '공민(公民)'이라는 단어를 사용한다. 중국 여행을 다녀온 사람들은 공항에서 이 단어를 한번쯤은 봤을 것이다.

'지방정부'는 앞에서 설명한 대로 중앙과 지방이 수직관계가 아니라 수평관계임을 보이기 위해 '지방자치단체'라는 단어 대신 사용해야 한다. 그리고 헌법에 보이는 '국가' 가운데 일부는 중앙정부로 바꿔야 한다.

⑧ 더욱 논의해야 하는 조항들

실제로 바꾸거나 신설해야 하는 조항이 있지만, 막상 헌법 조문을 써보니 쉽지 않다. 그리고 말이 아니라 진짜로 시민의 합의와 토론이 필요한 내용도 많다. 헌법 조문에 집어넣지 못하고 논의할 필요가 있는 내용을 적어본다.

먼저 대한민국의 국민을 어떻게 규정할까?라는 문제이다. 대한민국의 정체성을 규정하는 것이 제2조이다. 제2조는 대한민국의 국민의 요건과 재외국민 보호 의무를 규정하였다. '재외국민'에는 다른 나라의 영주권자와 중국의 국민이 된 조선족이 포함된다. 노동비 절감을 이유로 외국인 노동자들을 받아들인 결과 한국에 사는 외국인 노동자들이 많다. 이들에게 법적으로 대한민국의 국민으로 대우하고 선거권을 비롯한 권리와 의무를 부여할 것인가? 이미 외국인과 결혼한 '대한민국' 사람들이 많고 그들이 이룬 가족, 즉 다문화가족을 둘러싼 문제가 사회문제가 되고 있다. 헌법이 아니라 법률로 해결할 수 있는 문제라는 비판이 가능하다. 모든 국민들이 생각해보고 합의해야 할 문제이다. 그들은 우리와 함께 사는 사람들이기 때문이다. 박명림 교수도 외국인 노동자(이주노동자) 수가 늘어나는 현실을 반영하여 대한민국 국민뿐만 아니라 대한민국에 사는 외국인들에게도 인권과 기본권을 주어야 한다고 주장하였다.[86] 빈부 격차가 심하고 경제 사정

---

86) 박명림, 「헌법개혁과 한국 민주주의」, 『헌법 다시 보기』, 89쪽.

헌법은 밥이다

이 안 좋은 현재 상황에서 일부 시민들은 외국인, 특히 우리보다 못사는 동남아시아 등 후진국의 외국인을 받아들이자는 주장을 받아들이기 어려울 수도 있다.

국민의 기본권보다 중요하지 않지만, 영토 조항과 통일의 모순 제거, 헌법전문도 다뤄볼 문제이다. 대한민국의 영토를 규정한 조항과 통일을 언급한 조항 가운데 하나는 삭제해야 한다고 생각한다. 대한민국의 영토를 한반도와 부속도서로 규정하면서 통일이 대통령의 주요 의무라고 설정하는 것은 모순이다. 1948년 헌법처럼 영토 조항을 남기면서 '통일'과 관련된 조항이나 문장을 삭제하는 것이 낫다고 생각한다. 그래야 한반도의 유일한 합법정부라는 정체성과 정통성을 지닐 수 있기 때문이다. 반대로 영토 조항을 빼고 '통일'을 언급한 조항을 남기는 방법도 있다. 이 경우 남북 분단을 헌법이 인정하고 한반도의 유일한 정부라는 정통성을 포기해야 하는 부담도 감수해야 한다.

이번 대통령 선거에서 대통령 후보들이 경쟁적으로 동물과 사진 찍는 장면을 연출하거나 개나 고양이와 함께 한 사진을 인터넷에 공개하였다. 1인 가구가 늘어나고 결혼하지 않은 비혼 가구가 증가하여 반려동물을 키우는 사람들이 늘어나자 이들의 호감을 사기 위한 선거 전략이다. 이미 박근혜는 대통령 당선 후 유기견을 청와대에서 기르겠다고 하였으나 대신 진돗개를 길렀다. 언론 보도에 따르면, 박근혜가 살던 삼성동 주민들의 선물 형태를 취했으나 이전에 대통령인 수위원회가 기부하도록 강요했다고 한다. 이 진돗개는 박근혜의 홍보

용으로 사용되었지만, 박근혜가 탄핵되어 청와대를 나온 이후 그대로 버려져 동물애호가들의 공분을 샀다. 어쨌든 동물애호가들과 관련 협회는 개헌 때 동물권을 헌법에 넣자고 한다. 이것이 가능한가? 필요한가? 단순하게 관련 단체의 요구로 헌법 조항에 추가하는 것보다 동물권을 헌법에 넣는 것이 옳은지 국민적인 토론이 필요하다.

여러분이
새 헌법에 넣고 싶은
조항은?

필자는 헌법학자나 헌법전문 변호사가 아니다. 그러나 여러 학자들의 견해를 참조하고 평소 읽었던 헌법 조항들 가운데 바꾸었으면 좋겠다는 조항을 표로 정리해보았다. 여러분들도 이 책에서 소개한 기본권, 경제조항, 정부 구조 등에 대한 조항을 읽어보면서 자신의 헌법 개정안을 만들어 볼 수 있다.

아래의 표에 바꾸거나 삭제해야 하는 조항, 혹은 새로 추가해야 하는 조항을 적고 직접 헌법 조항을 써보고 그 이유도 적어보자. 현행 헌법전문을 보고 싶으면 국가법령정보센터(www.law.go.kr)에서 서비스하는 현행 헌법 조항들을 찬찬히 훑어봐도 좋다. 아니면 이 책 곳곳에서 인용한 헌법 조항들을 참조해도 좋다.

표에 바꿔야 하는 조항과 그 이유를 적었으면 다시 한 번 읽어보자. 그리고 가족이나 주변 사람들과 토론해 보자. 헌법은 정치인들과 헌법 전문가들의 전유물이 아니다. 우리의 것이다. 헌법에 관심을 가지자. 헌법 내용을 기억하자.

헌법은 밥이다

현행 헌법 조항	삭제 · 신설 · 개정 조항	비고

참고 문헌

1. 연구서 · 잡지

강원택 외, 『헌법 개정의 정치』, 인간사랑, 2011

강준만, 『미국사 산책』 7, 인물과사상사, 2010

국사편찬위원회 편, 『대한민국임시정부자료집』, 과천: 국사편찬위원회, 2005~2010

김영수, 『대한민국임시정부헌법론-헌법제정의 배경 및 개헌과정을 중심으로-』, 삼영사, 1980

김승환, 『헌법의 귀환』, Human & Books, 2017

대화문화아카데미 편, 『새로운 헌법 무엇을 담아야 하나』, 대화문화아카데미, 2011

미 하원 국제관계위원회 국제기구소위원회 지음, 김병년 엮음, 『프레이저 보고서-악당들의 시대, 한국현대사와 박정희시대에 대한 가장 완벽한 평가서-』, 레드북, 2014

박홍순, 『헌법의 발견 : 인문학, '시민 교과서' 헌법을 발견하다!』, 비아북, 2015

서중석, 김덕련, 『서중석의 현대사 이야기』 1~8, 오월의봄, 2015~2017

신우철, 『비교헌법사』, 법문사, 2008

유진오, 『헌법기초회고록』, 일조각, 1980

유진오, 『신고 헌법해의』, 일조각, 1953

유진오, 『헌법해의』, 명세당, 1949

정종섭, 『헌법학원론』, 박영사, 2011

조유진, 『헌법 사용설명서-공화국 시민, 헌법으로 무장하라-』, 이학사, 2012

차병직, 윤재왕, 윤지영 지음, 『지금 다시, 헌법』, 로고폴리스, 2016

콘라드 헤세, 계희열 옮김, 『헌법의 기초이론』, 삼영사, 1988

함께하는 시민행동 엮음, 『헌법 다시 보기』, 창비, 2007

2. 연구논문·신문

김상준, 「헌법과 시민의회」, 함께하는 시민행동 엮음, 『헌법 다시 보기』, 창비, 2007

김영미, 「해방 이후 주민등록제도의 변천과 그 성격: 한국 주민등록증의 역사적 연원」, 『한국사연구』 136, 2007

박명림, 「헌법개혁과 한국 민주주의-무엇을, 왜, 어떻게 바꿀 것인가-」, 함께하는 시민행동 엮음, 『헌법 다시 보기』, 창비, 2007

박현정 기자, 「위장전입 처벌 근거 '주민등록법'은 실효성 있나」, 『한겨레신문』 2017. 6. 4.

서희경, 「대한민국 건국헌법의 역사적 기원(1898~1919): 만민공동회·3.1운동·대한민국임시정부헌법의 '민주공화' 정체 인식을 중심으로-」, 『한국정치학회보』 40~5, 2006

서희경·박명림, 「민주공화주의와 대한민국헌법 이념의 형성」, 『정신문화연구』 30~1, 2007

손효숙 기자, 「강경화 거부한 국민의당, 문자폭탄에 홈피 마비로 홍역」, 『한국일보』 2017. 6. 9.

신수정·손효림 기자, 「동양 이혜경 부회장 거액 빼낸 의혹 조사 중」, 『동아일보』 2013. 10. 5.

신우철, 「건국강령(1941. 10. 28) 연구-'조소앙 헌법사상'의 헌법사적 의미를 되새기며-」, 중앙법학』 10~1, 2008

신우철, 「대한민국헌법(1948)의 '민주주의 제 제도 수립'-그 역사적 연속성의 복원을 위하여-」, 『중앙법학』 11~1, 2009

오현철, 「국민주권과 시민의회」, 함께하는 시민행동 엮음, 『헌법 다시 보기』, 창비, 2007

윤석천, 「음지에서 양지로 떠오른 기본소득제」, 『금융』 755, 2017

윤주헌 기자, 「한진해운 부실 키운 최은영 前회장, 사옥 임대료 年 140억 꼬박꼬박 챙겨」, 『조선일보』 2016. 9. 7.

이국운, '대한민국헌법 제1조를 읽는 세 가지 방법', CBS 〈세상을 바꾸는 시간, 15분〉 제46회 2011. 9. 19 방영

이기우, 「지방자치 활성화를 위한 헌법 개정안의 제안」, 함께하는 시민행동 엮음, 『헌법 다시 보기』, 창비, 2007

임지선 기자, 「국정원, 갤럭시 출시 때마다 해킹업체에 "뚫어달라"」, 『한겨레신문』 2015. 7. 14.

임지선 기자, 「해킹 프로그램 산 국정원, '카톡 검열' 기능도 요청했다」, 『한겨레신문』 2015. 7. 13.

임현우 기자, 「인구 3.5% 뭉치면 퇴진… '체노워스 법칙' 한국서도 통했다」, 『한국경제신문』 2016. 11. 29.

정유경 기자, 「당신이 궁금했던 '국정원 해킹사건' 핵심만 추렸습니다」, 『한겨레신문』 2015. 7. 16.

정태호, 「권리장전의 현대화」, 함께하는 시민행동 엮음, 『헌법 다시 보기』, 창비, 2007

정희진, 「헌법의 남성성과 국민 범주의 정치」, 함께하는 시민행동 엮음, 『헌법 다시 보기』, 창비, 2007

한상희, 「민주화시대의 헌법」, 함께하는 시민행동 엮음, 『헌법 다시 보기』, 창비, 2007

한찬희(공공미디어연구소 연구원), 「음원 600원, 수익 20원-58,311건 받아야 '최저임금'-」, 『미디어스』 2015. 1. 22(인터넷판)

홍윤기, 「국민헌법에서 시민헌법으로-세계 경영과 세기 경영을 위한 헌법개혁의 어젠다-」, 함께하는 시민행동 엮음, 『헌법 다시 보기』, 창비, 2007